D1735318

Urs Altmannsberger

Profitabler Einkauf

Urs Altmannsberger

Profitabler Einkauf

Wie Sie als Einkäufer unter Garantie das beste Angebot verhandeln

Leserstimmen

„Urs Altmannsberger lebt, was er lehrt – das wird in diesem unterhaltsamen und praxisnahen Lehrbuch und Nachschlagewerk spürbar.

Einige der aufgezeigten Strategien und Tools sind sogar so genial einfach, dass sie sofort ein- und umsetzbar sind und zu idealen Verhandlungsergebnissen führen.

Kennen Sie das Gefühl der Unsicherheit, ob in der Verhandlung noch was drin gewesen wäre? Wenn Sie die dargestellten Ansätze umsetzen, gehört dieser ungemütliche Gedanke der Vergangenheit an. Die zahlreichen Seminarteilnehmer unseres Unternehmens freuen sich darüber, dass Urs Altmannsberger seinen unbezahlbaren Erfahrungsschatz nun auch in Buchform verfügbar macht."

STEFAN STARK,
INNOVATIONSMANAGER MOBILITY SERVICES,
BMW GROUP

„‚Mindestens 1 Prozent geht immer!' – das ist der einprägsame Slogan und ‚Schlachtruf' des Urs Altmannsberger. Mit dieser Aussage berät er meine Teams seit mehreren Jahren. Ich habe mehrere Verhandlungstrainer in meiner mehr als 15-jährigen Tätigkeit als Einkaufsleiter und Geschäftsführer kennengelernt. Viele haben versucht, seine Art der Verhandlung zu kopieren, allerdings arbeitet keiner derart strukturiert und zielorientiert am Erfolg wie er. Die Verhandlungen in der Praxis beweisen, welch herausragende Ergebnisse seine Methoden zutage befördern.

Das von Urs Altmannsberger hier vorgelegte praxisorientierte Buch zeigt durch einprägsame Beispiele leicht verständlich auf, wie man auf der Beschaffungsseite durch einen strukturierten Aufbau der Verhandlung sehr viel leichter und schneller zum Ziel kommt. Das Buch dient dabei als Handbuch, Ratgeber und Vorbereitungs-Tool für alle Einkäufer, die mehr aus dem Budget holen wollen."

Jens Dunkel,
seit mehreren Jahren in geschäftsführenden
Positionen des Food- und Nonfoodeinkaufes
für Private Label- und FMCG tätig,
derzeit CMO der coop eG

„Wellness für die Verhandlung! Künftig werden die Schweißtropfen auf der Stirn der Verkäufer stehen – und nicht auf Ihrer Stirn als Leser, als Einkäufer. Das ist das Versprechen, das Urs Altmannsberger in seinem vorliegenden Buch gibt – und hält! Diese Aussage kann nur einer glaubhaft treffen, der alle erdenklichen Verhandlungssituationen selbst erfahren hat und sich am Ende die Frage gestellt hat: Wie kann es mir gelingen, eine Verhandlung so zu führen, dass ich ohne Stress erfolgreich bin?

Urs Altmannsberger ist ein exzellenter Verhandlungsprofi, der glücklicherweise bereit ist, seinen Fundus an Erfahrungen weiterzugeben. Und das im Stil: Aus der Praxis für die Praxis. Er hat Verhandlungen aus den unterschiedlichsten Branchen und Unternehmen auf Besonderheiten und Gemeinsamkeiten untersucht. Heraus kam, dass die wesentlichen Einflussfaktoren in allen Verhandlungen gleich sind und sich daraus folgerichtig auch eine allgemeingültige Verhandlungsstrategie ableiten lässt.

Besonders ein Element seiner Verhandlungsstrategie ist mir einprägsam in Erinnerung geblieben: die Startrampe. Die Startrampe verdeutlicht kurz und bündig Ihre Position in einer Verhandlung. Hier entscheidet sich schon, ob die Verhandlung mit einem Fehlstart beginnt oder die richtige Flughöhe erreicht werden kann.

Dieses Buch ist die Startrampe für den dauerhaften Verhandlungserfolg! Aus der Fülle der Praxisbeispiele bietet es Formulierungen und Methoden, um sie direkt in Verhandlungen einbauen zu können. Die nächste Verhandlung wird so zu einer Inszenierung und nicht zum Lotteriespiel."

Roger Ganzert,
Leiter Zentraleinkauf Europa,
Lapp Group

„Endlich ein Fachbuch, das das Thema Einkauf umfänglich und praxisgerecht aufbereitet; ein echter ‚Lebensbegleiter' für alle Einkäufer. Sowohl für Einkaufsprofis als auch für Einsteiger bestens geeignet; darüber hinaus noch erfrischend lebendig geschrieben, was den ‚Wirkungsgrad' der Inhalte nachhaltig steigert."

ANDREAS HEIMANN,
GESCHÄFTSFÜHRER/CEO VERTRIEB WÜNSCHE WERDEN REISE,
DER Deutsches Reisebüro GmbH & Co. OHG

„Sie halten das Top-Handwerkszeug für Verhandler in Händen. Dass nun die Methoden von Urs Altmannsberger in Buchform erscheinen, freut mich sehr! Urs Altmannsberger hat unser Verhandler-Team über mehrere Jahre begleitet und wurde dabei zum vertrauten und kompetenten Coach für jeden einzelnen Einkäufer. Als Person strahlt er die volle Kompetenz des ‚Verhandler-Gens' aus und wirkt in jeder Lage und Verhandlungssituation als souveränes Vorbild.

Ziel des Verhandlungstrainings mit Urs Altmannsberger als Coach war es, aus dem Einkäuferteam das beste Verhandler-Team des deutschen elektrotechnischen Großhandels zu machen. Die genutzten Trainingsmethoden wurden zielführend im Sinne der Einkaufsziele und anwendungsbezogen-praxisnah umgesetzt. Jeder einzelne Teilnehmer konnte, unabhängig von seinen Ist-Fähigkeiten, weitere Werkzeuge in den persönlichen ‚Verhandlungskasten' legen.

Kurzum: Wir haben das oben genannte Ziel nachweislich erreicht – das beste Einkäufer Team wurde gebildet."

PETER BECKER,
IN SEINER FUNKTION ALS DAMALIGER GESCHÄFTSFÜHRER
DER SUPPLY CHAIN HAGEMEYER DEUTSCHLAND GMBH

„Wir waren auf der Suche nach einem ausgewiesenen Experten für Einkaufs- und Verhandlungstrainings, da im Markt überwiegend Verkaufs-Trainer zu finden sind. Bereits nach der ersten Schulung war uns klar, dass wir mit Urs Altmannsberger genau die richtige Wahl getroffen hatten. Wir wollten einen ‚Werkzeugkasten', der unseren Mitarbeitern hilft, in unterschiedlichsten Verhandlungssituationen kontrolliert und konzentriert zu arbeiten und dem Gesprächspartner immer ein bis zwei Schritte voraus zu sein.

Dann haben wir das ‚System Altmannsberger' mit seinem ganzen Potenzial für uns entdeckt und gemeinsam mit ihm nacheinander unsere gesamte Einkaufsorganisation darauf geschult und entwickelt. Die Teams arbeiten jetzt mit gleicher Logik, Tools und Denkweise, wodurch teamübergreifendes Vorbereiten, Arbeiten und Umsetzen perfektioniert wurde. Das größte Kompliment, das man Urs Altmannsberger machen kann (neben den nachweislichen Verhandlungserfolgen), ist, dass Begrifflichkeiten und Formulierungen auch abseits von Verhandlungen in den Sprachgebrauch aufgenommen wurden und in der Kommunikation der Einkäufer fast wie eine Art ‚Geheimcode' genutzt werden – mit einem Lächeln im Gesicht."

JÜRGEN LINDNER,
PRESIDENT, AMPLIFI GERMANY,
DENTSU AEGIS NETWORK

„Urs Altmannsberger ist Einkäufer mit Leib und Seele. In seinen Trainings spürt man die Energie und den Spaß, den er bei der Arbeit hat. Es ist ihm sehr gut gelungen, diese Empathie, Hartnäckigkeit und Freude am Verhandeln in sein Buch zu transportieren!

Neben Tipps zu einer erfolgreichen Vorbereitung und Eröffnung der Verhandlung mit einer entsprechenden Startrampe konstruiert Herr Altmannsberger ein Baukastensystem aus verschiedensten Elementen, vergleichbar mit den Schubladen einer Kommode, die je nach Verhandlungssituation einfach abgerufen werden können. Durch die Fragetechnik, die er nahezu perfektioniert hat, behalten wir in schwierigen Verhandlungssituationen stets die Führung, sammeln Informationen und führen somit unseren Verhandlungserfolg herbei.

Urs Altmannsberger stellt in diesem überaus nützlichen Buch das Handwerkszeug für erfolgreiche und planbare Verhandlungen zur Verfügung – öffnen Sie die Schubladen der Kommode und ‚führen' Sie Ihre Verhandlungen!"

PEER GRABOWSKI,
TEAMLEITER IM ZENTRALEINKAUF EUROPA,
LAPP GROUP

„Dieses Buch dürfte es eigentlich nicht geben! Weil hier alle Verhandlungsstrategien und -kniffe verraten werden – es macht Sie unabhängig im Einkauf.

Der Einkäufer resp. die Einkäuferin an sich hat keine Freunde. Mit dem Lieferanten darf man sich nicht gemein machen – Code of conduct. Die Geschäftsleitung erwartet immer bessere Verträge. Das Controlling erwartet bessere Preise. Die Logistik erwartet schnellere Lieferungen, und der Vertrieb kann sowieso besser verhandeln, weil er den direkten Kontakt zum Kunden (und das Geld von diesem) hat.

Der Druck im Einkauf wächst zunehmend – egal, in welcher Branche. Nun können Sie Bücher von ehemaligen COOs und Einkaufleitern kaufen, die ihr gelebtes Leben (also die Vergangenheit) aufgeschrieben haben. Das hilft dem Einkäufer in seiner Situation nicht – weil diese immer individuell ist.

Das vorliegende Buch ist anders. Es ist von einem 100%igen, erfolgreichen Praktiker und Trainer geschrieben (die Reihenfolge ist wichtig). Urs Altmannsberger hat über zwei Jahrzehnte selbst eingekauft in unterschiedlichen Firmen und Konzernen. Nun ist er seit 2002 als Berater und Trainer unterwegs. In dem Buch kommt die Erfahrung aus all den Jahren zur Geltung – nicht als Denkmal für Urs Altmannsberger –, sondern als Handbuch, als Leitfaden, als Anleitung! Ich habe morgen eine Verhandlung … dann lese ich mir noch z. B. das Kapitel 6 ‚Der erste Preis ist nie der letzte Preis' durch und probiere es aus. Jeder Einkäufer, jede Einkäuferin hat eigene gelebte Erfolgsrezepte für Verhandlungen und Lieferanten-(Jahres-)Gespräche, mit den Tipps aus diesem Buch wird es noch besser.

Jede Verhandlung kann noch besser werden, und Urs Altmannsberger zeigt auf, wie das geht. Keine akademischen Formeln oder Abhandlungen. Hier wird gezeigt, wie eine Verhandlung funktioniert und was dabei zu beachten ist. Welche Tricks hat der Lieferant ‚drauf' und wie gehe ich damit um. Immer gleichwertig und wertschätzend. Hiermit gestalte ich die Verhandlung und die tragende Beziehung zum Lieferanten, egal, auf welcher Ebene! Auf der Basis funktionierender Beziehungen – und auf die zielt das faire Konzept von Altmannsberger auch – lassen sich dauerhafte erfolgreiche Geschäfte und Verträge schließen, die dem Einkauf ein Alleinstellungsmerkmal geben. Daher auch ein Buch für Geschäftsführer und Manager, die selbst verhandeln oder einkaufen."

PETER TSCHÖTSCHEL,
SENIOR CONSULTANT,
T-SYSTEMS INTERNATIONAL GMBH

„Urs Altmannsberger als ein Mann der Praxis zeigt uns auf, was wirklich zählt. Nämlich neben den Konzepten vor allem ein Leitfaden für Einkaufsprofis – und die, die es noch werden wollen – zur Vorbereitung und Durchführung von wichtigen Verhandlungen.

Ich empfehle dieses bemerkenswerte Werk aus eigener Kenntnis zur Standardlektüre in jeder gut geführten Einkaufsgruppe!"

FRANK ELSEN,
CEO FIDELIO CAPITAL UND ZULETZT FÜNF JAHRE CFO
IN EINEM GLOBAL FÜHRENDEN PHARMASERVICEUNTERNEHMEN

„Sehr viele ältere Bücher über ‚Verhandlungsführung' schaffen es nicht, das Thema Verhandlungsführung im Einkauf in einem klar verständlichen Schema aufzubereiten. Nachdem ich Urs Altmannsberger in Trainings und Coachings intensiv kennengelernt habe und erfuhr, dass er ein echtes Praxis-Handbuch über Verhandlungsführung veröffentlichen will, dachte ich mir: ‚Wenn einer, dann ER' – und habe das Buch schon lesen dürfen.

Ich finde das Werk in seiner sofortigen Umsetzbarkeit, klaren Einfachheit und Verständlichkeit extrem gut gelungen. Mit einem einfach anwendbaren Leitfaden kann jeder Leser deutlich Zeit in der täglichen Vorbereitung von Verhandlungen einsparen und im gleichen Zug die Verhandlungsergebnisse deutlich spürbar verbessern. Weiter ist das Buch mit sehr guten alltäglichen Beispielen aus unterschiedlichsten Wirtschaftsbereichen und Situationen gespickt, in denen sich jeder Leser wiederfinden wird, sodass er einfach und wirkungsvoll die Ratschläge und Tipps in die Praxis umsetzen kann.

Mein Fazit: Absolut empfehlenswert."

MARTIN LACHNER,
HEAD OF PURCHASING,
PROFIL VERBINDUNGSTECHNIK GMBH & CO. KG

Bibliografische Information der Deutschen Nationalbibliothek
Die Deutsche Nationalbibliothek verzeichnet diese Publikation
in der Deutschen Nationalbibliografie; detaillierte bibliografische
Daten sind im Internet über http://dnb.d-nb.de abrufbar.

ISBN 978-3-86936-706-4

Programmleitung: Ute Flockenhaus, GABAL Verlag
Lektorat: Anja Hilgarth, Herzogenaurach
Redaktionelle Unterstützung: text-ur text- und relations agentur Dr. Gierke,
Köln, www.text-ur.de
Umschlaggestaltung: Martin Zech Design, Bremen | www.martinzech.de
Autorenfotos: Annemone Taake, Heidelberg/Hamburg
Illustrationen: © by Urs Altmannsberger
Satz und Layout: Lohse Design, Heppenheim | www.lohse-design.de
Druck und Bindung: Salzland Druck, Staßfurt

4. Auflage 2019

© 2016 GABAL Verlag GmbH, Offenbach
Alle Rechte vorbehalten. Vervielfältigung, auch auszugsweise,
nur mit schriftlicher Genehmigung des Verlages.

Wir drucken in Deutschland.

www.gabal-verlag.de
www.facebook.com/Gabalbuecher
www.twitter.com/gabalbuecher
www.instagram.com/gabalbuecher

PEFC zertifiziert
Dieses Produkt stammt aus nachhaltig
bewirtschafteten Wäldern und kontrollierten
Quellen.

www.pefc.de

Inhalt

Vorwort

„Habe ich wirklich das Maximum rausgeholt oder wäre nicht doch noch mehr gegangen?" Haben Sie sich diese Frage nach einer Verhandlung auch schon mal gestellt? Dann halten Sie gerade das optimale Preisverhandlungs-Buch in Händen.

Nie habe ich einen Einkaufs-Verhandler erlebt wie Urs Altmannsberger. Seine Methoden sind kreativer und deutlich wirkungsvoller als alles, was ich je zuvor erlebt habe. Wer meint, in Preisverhandlungen schon alle Tricks und Strategien zu kennen, der lese dieses Buch!

Immer wieder höre ich im Einkäufer-Umfeld Sätze wie „Vertriebler sind besser trainiert als Einkäufer" oder „Wenn der Lieferant schon mit der Fachabteilung gesprochen hat, kann ich im Einkauf kaum noch was rausholen beim Preis". In *Profitabler Einkauf* räumt Urs Altmannsberger nicht nur auf mit vielen falschen Annahmen. Er gibt zudem jedem, der im Einkauf regelmäßig Preise und Konditionen verhandelt, neue überragende Verhandlungs-Tools an die Hand.

In der Preisverhandlung spricht alles für den Einkäufer – und gegen den Vertriebler. Nur genau das sehen die meisten Einkäufer nicht.

Als Vertriebsexperte und -trainer kann ich Ihnen aus der Praxis sagen: Vertriebler denken „Es ist ja so viel einfacher, eine Unterschrift zu geben, als eine zu bekommen". Und sie haben Angst, es könne am Preis scheitern. Vertriebler nehmen ihre eigene Verhandlungsmacht immer deutlich schwächer wahr als die der Einkaufsseite. Das Verblüffende: Dieselbe Fehleinschätzung passiert meist auch auf der anderen Seite des Tisches, beim Einkäufer.

Egal, ob Sie Einsteiger oder versierter Einkäufer sind: Mit den Methoden dieses Buches werden Sie garantiert noch bessere Konditionen in Preisverhandlungen herausholen! Wenn Sie ein- und umsetzen, was Sie auf den nächsten Seiten finden, dann sind Sie immer besser gewappnet als Ihr Verhandlungspartner gegenüber. Ich bin fast geneigt zu sagen, dann ist Ihre „Gegenseite" chancenlos.

Gehen Sie achtsam mit dieser neuen Macht um und denken Sie immer daran: Ihnen sitzt ein Mensch gegenüber. Und Sympathie bringt Savings!

Viel Freude & Inspiration bei der Lektüre!

Tim Taxis
Vertriebsexperte & Bestseller-Autor

Einleitung:
Wobei und wie Ihnen
dieses Buch nutzt

„Als Verhandlungsprofi senden Sie Zeichen in Richtung Kooperation. Sollte sich Ihr Gegenüber allerdings für Kampf entscheiden, so ziehen Sie in der gleichen Art und Weise nach!"

So ähnlich fand ich einen Absatz in einem Lehrbuch für Verhandlungsführung. Meine erste Reaktion, als ich das las: „WAS soll ich machen?" Und meine zweite Reaktion: „WIE soll ich das machen?" Selbst als Verhandlungsprofi war für mich nicht verständlich, was ich nach Meinung des Autors nun wie tun sollte.

Meine Karriere hatte zu dieser Zeit gerade die Weiche passiert, an der ich mich *gegen* eine Festanstellung als Einkaufsmanager und *für* die Selbstständigkeit als „Verhandler 4 rent", Trainer und Coach entschieden hatte. Volle Konzentration auf Verhandlungsführung in allen Facetten und Branchen – das war mein Ziel. Grund genug, die eigenen Erfahrungen als Einkaufsverhandler und Einkaufsleiter mit fundiertem Fachwissen aus Büchern zu ergänzen.

Wie ich Buch für Buch lesend erstaunt herausfand, gab es keinen Ratgeber, der uns Einkäufern konkrete Handlungs- und Sprachmuster für unsere Verhandlungen liefert, die wir in der Praxis direkt einsetzen können. Es gibt keine Sammlung an alternativen Formulierungen, die uns hilft, unseren verhandlerischen Wortschatz aufzupolieren. Genau darauf jedoch kommt es uns aber an. In der heißen Phase der Verhandlung müssen wir mit kühlem Kopf die richtigen Wege und Worte finden. Uns fehlt dann die Ruhe, mit einem Abrakadabra die geniale Formulierung aus dem Stegreif auf die Zunge zu zaubern.

Ab jetzt schon! In diesem Buch finden Sie für all Ihre typischen Einkaufsverhandlungen die besten Lösungen, Strategien, Taktiken und Formulierungen. Meine Motivation ist es, Ihnen in Ihrem Verhandlungsalltag Erleichterung zu bieten. Und das beginnt schon damit, dass wir nicht um den heißen Brei herumreden, sondern gleich hineinspringen in das spannende Thema, wie Sie in Zukunft immer ideale Verhandlungsergebnisse erzielen.

Sie profitieren von zwei EXTRA-VORTEILEN:

- von kostenlosem Zusatzmaterial, das Sie sich von meiner Webseite **www.altmannsberger-verhandlungstraining.de/profitabler-einkauf-buch** downloaden können. Dazu benötigen Sie Ihr Passwort: **STARTrampe**
- von dem kostenlosen (Telefon-) Coaching durch Urs Altmannsberger. Für dieses kostenlose Coaching müssen Sie sich vorher mit dem hinten in diesem Buch abgedruckten Gutschein registrieren.

Und damit Sie dies mit Sicherheit erreichen, stelle ich Ihnen als Leserin oder Leser dieses Buches eine Vielzahl an Tipps, Formulierungsbeispielen und Hilfsmitteln zum kostenlosen Download zur Verfügung.

Mit dem folgenden Dialog präsentiere ich Ihnen das direkt einsetzbare Patentrezept für die Mehrzahl der Einkaufsverhandlungen. In den weiteren Kapiteln finden Sie dann Varianten und Alternativen, aus denen Sie Ihren ganz persönlichen Verhandlungsplan mit authentisch für Sie passenden Formulierungen ableiten können. Los geht's!

Das perfekte Verhandlungsgespräch

Ein Einkäufer des fiktiven Automobilzulieferers „Altmannsberger Automotive" trifft auf den Lieferanten für Büromöbel. Für die Preissenkung nutzt der Einkäufer Methoden, die er aus dem Buch, das Sie gerade lesen, kennt – die entsprechenden Hinweise auf die Buchkapitel habe ich für Sie in den Dialog integriert. Die Herausforderung: Der Fachbereich hat sich bereits für diesen Lieferanten entschieden, zudem steht die Farbe der Büromöbel fest, nämlich Blau. Das weiß der Lieferant nicht – daher kann der Einkäufer vorgeben, Wettbewerber im Topf zu haben. Sein Ziel: den bestmöglichen Preis mit Top-Konditionen für das ausgewählte Produkt zu erreichen.

Einkäufer: *Guten Tag, Herr Lieferant! Willkommen im Hause Altmannsberger Automotive! Nehmen Sie doch bitte hier Platz! Was darf ich Ihnen anbieten?* (deutet auf Softgetränke und Kaffee) (s. Kapitel 3, Startrampe, Stimmung bewusst steuern)
Verkäufer: *Ein Wasser wäre klasse! Vielen Dank.*

Einkäufer: *Wie war Ihre Dienstreise nach Budapest?* (schenkt dabei Getränk ein)
Verkäufer: *Oh ja, sehr schön, wir haben viel gesehen. Besonders gefallen hat mir die Altstadt ...*

Einkäufer: *Wenn es Ihnen recht ist, werde ich – wie bei den anderen Lieferanten auch – zu Beginn kurz die aktuelle Situation darstellen. Ist das in Ordnung für Sie?* (s. Kapitel 5, Führung, Wettbewerb in Szene setzen; Kapitel 3, Startrampe, Baustein 3)
Verkäufer: *Ja, gerne!*

Einkäufer: (s. Kapitel 3, Startrampe) *Es geht um mehrere Abteilungen, die in der nächsten Zeit mit neuen Stühlen bestückt werden könnten. Aktuell sind die Abteilungen vollständig mit Stühlen ausgestattet, einzelne davon müssen dringend ausgetauscht werden, andere sind noch okay. Abhängig vom Preis werden wir entweder nur die absolut notwendige Menge oder im Idealfall sämtliche Stühle austauschen. Das heißt, der beste Lieferant hat die Chance, je nach Preis zwischen 100 und 1.200*

Stühlen abzusetzen. (s. Kapitel 2, Forderungsbegründung, Menge als verhandelbare Masse, Lockstoff als Chance formulieren; Kapitel 3, Startrampe, Baustein 4) *Die Fachbereiche haben sich verschiedene Stuhlmodelle diverser Hersteller näher angesehen* (s. Kapitel 2, Ergebnisfaktoren optimiert) *und daraus die infrage kommenden ausgewählt. Aus Ihrem Portfolio ist der Stuhl B 12 in den Kreis der möglichen Kandidaten gerückt. Leistungsunterschiede der Stühle haben wir – soweit sie für uns relevant sind – im Vergleich berücksichtigt. Über Qualität, Technik und Features brauchen wir also nicht mehr zu sprechen.* (malt dabei unterstützend auf dem Flipchart und hakt dort die entsprechenden Themen als erledigt ab: „Technik" erledigt, „Qualität" erledigt ...) (s. Kapitel 3, Startrampe, typische Einwände verhindern, Baustein 6)

Einkäufer weiter: *Mit den infrage kommenden Lieferanten führen wir diese und kommende Woche die Verhandlungen. Wir werden mit jedem Lieferanten genau ein Mal sprechen. Der dabei erreichte Preis wird unveränderlich in den Entscheidungshut geworfen. Am Freitag kommender Woche wird auf dieser Basis dann die finale Entscheidung getroffen. Stand jetzt wären Sie mit Ihrem Preis auf jeden Fall draußen.* (s. Kapitel 3, Startrampe, Lockstoff und Konsequenzen, Baustein 4) *Da wir jedoch wissen, dass das erste Angebot selten das letzte Angebot ist, wollen wir jetzt von Ihnen wissen, wie weit Sie im Preis runtergehen.* (schreibt das Euro-Symbol und ein leeres Kästchen auf das Flipchart) (s. Kapitel 5, Führung und Fragetechnik) *Zu welchem Preis sind Sie bereit?*

Verkäufer: *Na ja, ein bisschen was habe ich ja tatsächlich mitgebracht, aber sooooo viel geht auch nicht!*

Einkäufer: *Konkret, was ist Ihr Angebot?* (s. Kapitel 6, Zugeständnisse ohne Gegenleistung)

Verkäufer: *Na ja, 3 Prozent kann ich Ihnen auf jeden Fall anbieten!*

Einkäufer: (schaut leicht enttäuscht) *Mit 3 Prozent bewegen Sie sich im Wettbewerbsfeld nicht nach vorne. Was wäre ein realistischer Preis?*

Verkäufer: *Das ist schon ein realistischer Preis! Aber gut, ich bin bereit, auf 6 Prozent Nachlass zu gehen.*

Einkäufer: *Jetzt sagen Sie erst 3 Prozent und dann 6 Prozent.* (schaut nachdenklich, holt Luft und setzt fort) *Ich erkenne an, dass Sie uns entgegenkommen wollen. Allerdings reichen diese Schritte nicht aus. Was ist tatsächlich Ihr preisliches Limit?*

Verkäufer: (stöhnt und rechnet) *Im äußersten Fall bin ich bereit, Ihnen 7,3 Prozent anzubieten.*

Einkäufer: (schüttelt leicht den Kopf)

Verkäufer: *Dann sagen Sie mir, was der Wettbewerb anbietet! Dann kann ich vielleicht noch etwas machen!*

Einkäufer: *Wissen Sie, ich könnte Ihnen zwar sagen, wo aktuell die Angebote Ihrer Wettbewerber liegen. Letzten Endes ist das aber noch im Fluss und wird sich noch deutlich verändern. Das hilft Ihnen nicht weiter.* (s. Kapitel 6, Konter für die Budgetfrage; Kapitel 5, Führung behalten) – *Unter welchen Umständen könnten Sie denn noch einen Schritt nach unten gehen?* (s. Kapitel 7, Zugeständnisse mit Gegenleistung)

Verkäufer: *Wann würden Sie die Ware denn abnehmen?*

Einkäufer: *Ach so. Wenn ich Sie richtig verstehe, würde der Abnahmezeitpunkt den Preis beeinflussen?* (s. Kapitel 5, Frage als den Preis beeinflussenden Faktor erkennen; Kapitel 5, Führung behalten, nicht antworten)

Verkäufer: *Ja, wenn Sie noch dieses Quartal abnehmen, kann ich Ihnen weiter entgegenkommen!*

Einkäufer: (stöhnt und blufft) *Puh, das muss ich prüfen, ob ich das so weit vorziehen kann.* (sucht nach weiteren Preisbeeinflussern) (s. Kapitel 5, Puh-Technik) *Was, neben dem Abnahmezeitpunkt, würde den Preis noch positiv beeinflussen?* (s. Kapitel 7, nicht auf das erste Pferd springen, alle Preisbeeinflusser sammeln)

Verkäufer: *Welche Farbvariante wollen Sie denn?* (s. Kapitel 5, wieder stellt der Verkäufer eine Frage, Gefahr, Führung zu verlieren)

Einkäufer: *Was wäre denn die günstigste Variante?* (s. Kapitel 5, durch Gegenfragen entscheidende Informationen sammeln und Führung behalten, Fragetechnik)

Verkäufer: *Schwarz.*

Einkäufer: *Puh, Schwarz war jetzt eigentlich nicht das, was wir uns vorgestellt hatten. Aber ich nehme es mal auf.* (s. Kapitel 7, erst den Wert eines Zugeständnisses kennen, bevor man entscheidet, ob die Farbwahl fix ist)

Einkäufer weiter: *Bei einer Abnahme noch dieses Quartal, in Schwarz – was darüber hinaus würde den Preis beeinflussen?*

Verkäufer: *Natürlich auch die Menge.*

Einkäufer: *Na ja, die hängt ja gerade vom Preis des jeweiligen Anbieters ab. Was würde dennoch zu einer Preissenkung führen?* (s. Kapitel 7, sämtliche Preisbeeinflusser sammeln)

Verkäufer: *Eigentlich nichts mehr. Höchstens noch, wenn Sie bereit wären, mir den Auftrag heute und sofort mitzugeben.*

Einkäufer: *Heute? Das wäre nur möglich, wenn Ihr Preis dermaßen gut ist, dass ich voraussehen kann, dass kein Lieferant das unterbieten wird.* (s. Kapitel 7, erst den Wert erkennen, dann die Entscheidung treffen)

Einkäufer: *Nehmen wir mal an, wir würden* (nutzt bewusst den Konjunktiv!) *die Stühle tatsächlich in Schwarz nehmen, dazu die maximale Menge von 1.200 Stück. Das würden wir alles noch vor Ende des Quartals abnehmen und Ihnen die Bestellung tatsächlich heute in die Hand drücken – was wäre dann Ihr zusätzliches Entgegenkommen?* (s. Kapitel 7, Best-Case-Price in Erfahrung bringen)

Verkäufer: *Dann kann ich on top noch mal 12 Prozent geben.*

Einkäufer: *12 + 7,3 ...* (denkt nach), *dann sind Sie bei 20 Prozent round about.* (macht eine abwägende Geste und rundet den Wert zu seinen Gunsten auf) *Da liegen wir gerade mal auf Höhe des Wettbewerbs* (s. Kapitel 6 und 7, Reaktion auf Preisnennung), *der bei diesem Preis keinerlei Sonderwünsche wie Farbe oder Abnahmezeitpunkt gestellt hat. Wie weit können Sie denn da noch runter, wenn die Farbe Blau ist und wir am Freitag bestellen?* (Damit lenkt der Einkäufer auf das Wunschprodukt zurück, s. Kapitel 5, Führung)

Verkäufer: *Also die 20 Prozent waren ja eigentlich für Schwarz und sofortige Bestellung. Aber gut, ich sage 22 Prozent, aber das ist dann auch das Ende der Fahnenstange!*

Einkäufer: *22 Prozent?* (schwerer Atemzug, Kopfschütteln) *Was können Sie uns denn neben dem Preis noch anbieten, das Ihr Angebot attraktiver erscheinen lassen würde?* (s. Kapitel 7, Wechsel auf verhandelbare Elemente)

Verkäufer: *Da geht gar nichts mehr, allerhöchstens kann ich noch dafür sorgen, dass einer meiner Mitarbeiter beim Aufbau der Stühle hilft.*

Einkäufer: *Ein Mitarbeiter beim Aufbau. Was könnte es noch sein?* (s. Kapitel 7, nicht auf das erste Pferd setzen)

Verkäufer: *Nein, sonst geht da wirklich nichts mehr.*

Einkäufer: (fasst zusammen) *Wenn ich Sie richtig verstehe, ist Ihr Angebot: 22 Prozent bei Bestellung am Freitag nächster Woche, Stühle in Blau, Anlieferung dieses Quartal.* (immer noch unzufriedenes Gesicht, bedauerndes, mitfühlendes Kopfschütteln) (Tief durchatmen und dann mit Schwung weiter) *22 Prozent reichen da nicht! Wollen SIE es jetzt tatsächlich daran scheitern lassen?* (s. Kapitel 8, Mauerbrecher)

Verkäufer: (zögert) *Na ja ... scheitern würde ich es jetzt nicht dran lassen. Aber da geht allerhöchstens noch kosmetisch etwas.*

Einkäufer: *Wie viel ist das konkret in Zahlen?*

Verkäufer: *Allerhöchstens noch ein Prozent.*

Einkäufer: *Puh, 25 Prozent?* (verrechnet sich absichtlich, um die Reaktion des Verkäufers zu prüfen)

Verkäufer: *Nein, 23 Prozent! Kein Cent mehr!*

Einkäufer: *Dann logge ich den Preis minus 23 Prozent jetzt für Sie ein. Gesetzt den Fall, Sie liegen am Ende damit ganz knapp daneben – soll ich Sie dann noch mal anrufen?* (s. Kapitel 8, Gummimauern durchbrechen)

Verkäufer: *Ja, rufen Sie mich noch mal an.*

Einkäufer: *Bis zu welchem Wert würde das noch Sinn machen?*

Verkäufer: *Bis 24 Prozent.*

Einkäufer: *Und bei 25 Prozent?*

Verkäufer: *Nein, 24 Prozent ist mein letztes Wort. Sollte das nicht reichen, verzichte ich auf den Auftrag.*

Einkäufer: (Schulterzucken) *Gut, dann schreibe ich mir Ihr letztes Angebot auf: 24 Prozent Nachlass, Stühle in Blau, Abnahme dieses Quartal, Menge 100 bis idealerweise 1.200 Stück, Aufbauhilfe ...* (eventuell schriftlich bestätigen lassen)

Einkäufer weiter: *Am Freitag kommender Woche kann ich Ihnen dann sagen, ob es gereicht hat. Ich persönlich würde mich ja freuen, wenn ich Ihnen den Auftrag geben könnte. Sie sind mir menschlich sympathisch. Letzten Endes aber wird eben der Preis entscheiden.* (s. Kapitel 8, geschlossenes Ende mit Zusage oder Absage)

Verkäufer: *Dann bin ich mal gespannt. Würde mich freuen, wenn es klappt. Mit 24 Prozent haben Sie echt die allerbesten Konditionen. Die Qualität des Stuhles wird Sie überzeugen.*

Beide verabschieden sich.

Ihr Start: Systematische Struktur entwickeln

Was halten Sie von dem Verhandlungsergebnis diese Einkäufers? Wünschen Sie sich, in Ihren Verhandlungen ähnliche Ergebnisse zu erzielen? Dann können Sie natürlich jetzt sofort die im Dialog genannten Kapitel und Passagen lesen – ich empfehle Ihnen aber, einfach mit der aufmerksamen Lektüre des ersten Kapitels zu beginnen. Denn dort erfahren Sie, dass die Entwicklung einer systematischen Struktur der erste Schritt in die Richtung solch idealer Verhandlungsergebnisse ist, wie sie der Dialog soeben gezeigt hat.

EXTRA-VORTEIL:
Noch mal mein Tipp:
Nutzen Sie als Käufer und Leser dieses Buches Ihre **Extra-Vorteile:**

- die kostenlosen Downloads, die überall im Buch gekennzeichnet sind:
  www.altmannsberger-verhand-lungstraining.de/profitabler-ein-kauf-buch, Passwort: STARTrampe
- und die Möglichkeit, sich bis zu 20 Minuten lang von mir gratis coachen bzw. unterstützen zu lassen: Die einfache Registrierung dafür finden Sie hinten im Buch.

Gestatten Sie aber zuvor noch zwei Anmerkungen. Zunächst einmal: Grundannahme im gesamten Buch ist, dass der Preis das Element ist, das zur Verhandlung ansteht. Damit erleichtern wir die Lesbarkeit des Werkes. Ist der Preis nicht im Fokus, ist nur ein kleiner zusätzlicher Schritt notwendig:

- Ersetzen Sie den Preis jeweils durch das zu verhandelnde Element.
- So wird aus „Wie weit können Sie den Preis senken?" ein „Wie weit können Sie die Lieferzeit optimieren?".

Danach bleiben im Wesentlichen alle Strategien und Schritte der gelungenen Verhandlung gleich.

Natürlich können Sie mit mir auch direkt Kontakt aufnehmen, indem Sie eine Mail an ua@altmannsberger-verhandlungs-training.de senden. Oder melden Sie sich für die kostenlosen Verhandler-Tipps an: www.altmannsberger-verhandlungstrai-ning.de/verhandler-tipp.

Ihr Ablaufplan – so gelangen Sie systematisch und methodisch zu Ihrem idealen Verhandlungsergebnis

1

Was Sie in diesem Kapitel erfahren

→ Sie erfahren, wie Sie die Verhandlungs-Schweißtropfen auf Ihrer Stirn vermeiden – und wie es gelingt, sie stattdessen auf der Stirn Ihrer Verhandlungspartner hervorzurufen.

→ Sie lernen einen Ablaufplan für Ihr Verhandlungsgespräch kennen, den Sie auf Ihre zukünftigen Verhandlungsgespräche übertragen können.

→ Sie erkennen, wie Sie mithilfe einer systematischen Struktur Ihren Vorbereitungsaufwand auf ein Minimum reduzieren – und zugleich maximalen Verhandlungserfolg erzielen.

1.1 Mit System zum Erfolg – das leistet ein guter Verhandlungsplan

Ihr Verhandlungsalltag wäre sehr viel leichter, wenn Sie sich nur ein einziges Mal vorbereiten müssten und von diesem Zeitpunkt an alle Verhandlungen optimal abschließen könnten. Die gute Nachricht: Das ist tatsächlich möglich!

Lassen Sie mich, um uns dem Weg zu dieser guten Nachricht zu nähern, eine Metapher wählen, die Ihnen vertraut sein dürfte: Sicher fahren Sie Auto? Dann sind Sie einmal den Weg gegangen, der Sie zum Führerschein geführt hat. Das hat am Anfang einen höheren Aufwand nach sich gezogen – und zahlt sich dann ein Leben lang aus. Denn im Leben eines Autofahrers kommt es immer wieder zu ähnlichen Situationen: zum abgestellten Fahrzeug gehen, aufschließen, einsteigen, anschnallen, Motor starten usw. Abweichend davon gibt es Besonderheiten: Montagmorgens ist Stau, im Winter dauert es bei Schneefall länger, ohne Sprit fährt das Auto nicht, ganz selten ist der Reifen platt. Beim Autofahren gilt: Die immer gleichen Vorgänge sollten wir aus dem Effeff heraus beherrschen. Anschnallen, starten, lenken, bremsen. Auf die Besonderheiten dagegen sollten wir wenigstens vorbereitet sein. Indem wir montags früher losfahren und damit den Stau vermeiden, nicht von einem leeren Tank überrascht werden, indem wir die Tankuhr regelmäßig prüfen, und für den seltenen Plattfuß ein Reserverad dabeihaben.

Übertragen Sie das nun auf Ihre Verhandlungssituationen: Sie wissen, dass eine Verhandlung ansteht? Dann sorgen Sie für genügend Sprit in Ihrem Verhandlungstank, indem Ihr Argumentenköcher stets gut gefüllt ist. Und auf den Einwand des Verkäufers „Da geht nun gar nichts mehr" sollten Sie ebenfalls vorbereitet sein. Sie dürfen sich dabei aber nicht nur auf Ihre Intuition und Ihre Erfahrungen verlassen – das spielt natürlich auch eine Rolle. Von entscheidender Bedeutung ist: Sie haben einen festen Ablaufplan im Kopf, den Sie konsequent verfolgen. Dieser Plan gibt Ihnen Sicherheit. Und er bietet Ihnen zugleich genügend Freiheiten und Freiraum, bei ungewöhnlichen Entwicklungen mit ungewöhnlichen Maßnahmen zu reagieren.

Damit dies gelingt, erhalten Sie in diesem ersten Kapitel einen Überblick über den gesamten Methodenkoffer und das Zusammenspiel der Methoden untereinander. Das ist wichtig! Denn so wie Ihnen der Zündschlüssel im Auto nur dann weiterhilft, wenn auch Sprit im Tank ist, so hilft Ihnen die Verhandlungstechnik nur dann weiter, wenn der Lieferant nicht bereits eine Zusage vom Fachbereich bekommen hat. Erst mit dem Zusammenspiel aller Bausteine schöpfen Sie das volle Potenzial aus. Sie finden im zweiten Kapitel konkrete Baukastensysteme und Schritt-für-Schritt-Anleitungen zu jedem der im Folgenden genannten Bausteine.

Jetzt aber lernen Sie erst einmal den Aufbau der Struktur kennen, um schließlich Ihren Verhandlungs-Schubladen-Schrank mit 1a-Methoden und -Anleitungen aus den weiteren Kapiteln zu füllen. Mit diesem durchdachten Ablaufplan und Verhandlungsgerüst besitzen Sie in der Zukunft in den heißen Phasen Ihrer Verhandlungen eine klare Orientierung. Die Konsequenz: In Zukunft werden Sie Ihre Verhandlungsziele direkter, schneller und bequemer erreichen.

1.2 Der Ablaufplan ist Ihr wiederholbares Patentrezept

Sparen Sie künftig Ihre wertvolle Zeit. Der Plan ist mehr-, ja zigfach abspielbar. Nachdem Sie mithilfe dieses Buches Ihren persönlichen Ablaufplan entwickelt haben, können Sie ihn in beliebig vielen Verhandlungen bequem abspielen. Ich selbst nutze diesen Plan in *allen* Verhandlungen erfolgreich – und auch Sie sollten ihn in den kleinsten Verhandlungen, in denen Sie als eher unwichtiger Kunde auftreten, bis hin zu millionenschweren Verhandlungen, in denen Sie als zentraler und wichtigster Kunde hofiert werden, nutzen.

Der Plan funktioniert privat wie geschäftlich. Meiner Erfahrung nach sind dabei keine oder nur geringe Anpassungen notwendig. Trotzdem werden Sie sich vielleicht fragen: Was haben Sie davon, einen Plan immer wieder zu wiederholen?

Bisher mussten Sie sich vermutlich vor jeder Verhandlung anstrengen, um optimal vorbereitet zu sein. Jetzt legen Sie sich Methoden samt Formulierungen zurecht, die Sie in der Verhandlung einfach nur abrufen müssen.

Das bedeutet auch: Sie müssen sich nicht mehr auf Ihre Spontanität und Eingebungen verlassen, um im Falle eines Falles richtig zu reagieren. Sie können endlich vorhersehbar planen. Das macht Ihren Kopf frei! Es gibt Ihnen Sicherheit und Souveränität und öffnet eigene Ressourcen für andere wichtige Gedanken und Beobachtungen.

Schubladenschrank mit schnellem Zugriff

Ein weiterer Vorteil: Durch die klare Struktur haben Sie schnelleren Zugriff auf wiederkehrende Methoden bei wiederkehrenden Situationen. Ich vergleiche die vorgeschlagene Verhandlungsstruktur mit einer Kommode, die mehrere Schubladen hat: Die Schubladen sind nach den verschiedenen Meilensteinen und herausstechenden Landschaftsmarken einer Verhandlung beschriftet.

Ein Beispiel: Sie werden bald über eine Schublade verfügen, die mit den Worten „Da geht nichts mehr!" beschriftet ist. Haben Sie diese Situation bereits in der Vergangenheit erlebt? Natürlich! Oder zumindest: Vermutlich schon! Jetzt, wo Sie sich mithilfe dieses Buches intensiv darauf vorbereiten, werden Sie leichter mit dieser Situation zurechtkommen und so bessere Verhandlungsergebnisse erzielen. Denn künftig öffnen Sie einfach diese Schublade, sobald der Verkäufer die Situation „Da geht nichts mehr!" aufruft. In der Schublade liegen dann Ihre erfolgversprechenden Methoden, die sich in der Vergangenheit bewährt haben. Sie entscheiden sich dann ruckzuck für eine der Methoden und wenden sie an. Ergebnis: Situation stressfrei gelöst.

Woher kommen die Erkenntnisse?

In dem vorgeschlagenen Ablaufplan steckt die Erfahrung von unzähligen Verhandlungen in den verschiedensten Branchen und Unternehmen, die ich im Laufe meiner Tätigkeit gesammelt habe. Sie profitieren als Leser direkt vom gesammelten Know-how unterschiedlichster Verhandlungssituationen. Dieser Plan wurde von mir permanent optimiert und verfeinert. Ich habe ständig neue Methoden auf Basis der Erfahrungen entwickelt und diese wiederum im harten Alltag auf ihre Tauglichkeit getestet, suboptimale verworfen und andere weiter verbessert. Alles, was Sie hier finden, stellt das beste zur Verfügung stehende Material dar, das es für professionelle partnerschaftliche Verhandlungen im Business auf der Einkaufsseite gibt.

So ist endlich auch ein Ungleichgewicht beseitigt, das es den Einkäufern bisher erschwert hat, zielführende Verhandlungen zu führen. Ein Blick in den Bücherschrank (bei Ihnen zu Hause, aber auch bei Amazon & Co.) zeigt: Tipps und Tricks für die Verkäuferseite gibt es in der Literatur zuhauf. Doch für die Einkäuferseite hat sich niemand bisher die Mühe gemacht, diesen gewinnbringenden Weg zum optimalen Verhandlungsergebnis zu beschreiben. Doch damit hat es nun ein Ende.

Der Entwicklung der Methoden liegen zum einen Live-Verhandlungen zugrunde. Also Verhandlungen, die im echten Business stattgefunden haben. Aber auch simulierte Verhandlungen haben ihren Beitrag geleistet – Verhandlungen, die in meinen Trainings und Coachings durchgeführt wurden. Ein großer Unterschied zur üblichen Praxis in Unternehmen: Jede dieser Verhandlungen wurde detailliert analysiert, die praktischen Verhandlungen ebenso wie die simulierten. Jede Verhandlung wurde kritisch von uns unter die Lupe genommen:

- Was taugt in der Praxis, was nicht?
- Wo zeigen sich Risiken, wo liegen Chancen?

Die Strategien und Methoden, die in der Praxis und im Trainingsraum das gehalten haben, was sie versprochen haben, sind dann zu einem systematischen Konzept zusammengewachsen.

Doch jetzt ist es an der Zeit, dass Sie jenen Ablaufplan endlich kennenlernen.

1.3 Der Ablaufplan im Überblick

Mit dem Ablaufplan bewegen Sie sich in Verhandlungen zielsicher auf den Verhandlungserfolg zu. Erst sorgen wir für einen reibungslosen Start. Oft vernachlässigt, ist er ausschlaggebend für Ihr Ergebnis. Und dann führt Sie der Plan von einem vertrieblichen Honigtopf zum nächsten – strukturiert und planvoll.

Die vier Bereiche des Ablaufplans

Der Plan gliedert sich in vier große Bereiche und diese wiederum in einzelne Aktivitäten. Die vier großen Bereiche unterscheiden sich durch die klar abgegrenzte Art der Aktivitäten:

1. Vorbereitungsphase (Planung)
2. Sagephase
3. Fragephase
4. Entscheidungsphase

Die Abbildung 1 zeigt, was mit den einzelnen Phasen gemeint ist:

Übrigens: Sie haben die Möglichkeit, sich den Ablaufplan in Farbe von der Website zu laden.

EXTRA-VORTEIL: Sie als Leser können den kompletten Ablaufplan als farbige PDF-Datei laden. Sie benötigen dazu nur die URL der Landingpage (www.altmannsberger-verhandlungstraining.de/profitabler-einkauf-buch) und das Passwort („STARTrampe").

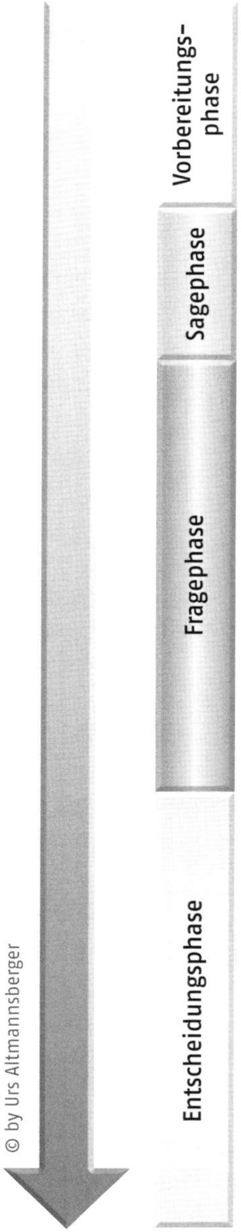

Vorbereitungsphase: Sie bereiten sich selbst, die Situation, alle Beteiligten und das Unternehmen auf die anstehende Verhandlung vor. Es geht um die strategische und taktische Vorausplanung.

Sagephase: Die Vertreter des Lieferanten sitzen Ihnen gegenüber. Sie treffen wohlformulierte und ausgewählte Aussagen. Damit rücken Sie den Lieferanten in die richtige Position und die Verhandlung in das richtige Licht.

Fragephase: Sie erfragen die Wege zu Ihrem Ziel. Sie sammeln dabei Informationen und Reaktionen. Und Sie bewegen sich geradlinig auf das optimale Ergebnis zu.
Meine Beobachtungen in der Praxis zeigen: keine unbedachten Aussagen treffen. Bleiben Sie bei Ihren vorbereiteten Fragen! Sie werden entspannt zum Ziel kommen. Versprochen!

Entscheidungsphase: Sie kennen nun das konditionelle Areal, in dem Ihr Lieferant zum Abschluss bereit ist: Preise, Zahlungskonditionen, Zugaben. Ist der Abschluss mit diesem Lieferanten der beste Weg oder stehen bessere Alternativen zur Verfügung? Diese Entscheidung treffen Sie, nachdem alle Karten auf dem Tisch liegen.

Vorbereitungs-phase

Sagephase

Fragephase

Entscheidungsphase

© by Urs Altmannsberger

Abbildung 1: Die vier Phasen des Ablaufplans

Dazu, Herr Altmannsberger, habe ich noch eine Frage!

Haben Sie für die Phasen festgelegte Zeiten? Steht also fest, wie lange jede Phase dauert?

Urs Altmannsberger: Eine Festlegung, die sich in Minuten ausdrückt, gibt es nicht. Ganz allgemein, alle Verhandlungen in einen Topf geworfen und umgerührt: Die Vorbereitungsphase wird bei Ihnen zukünftig etwas länger werden. Viele Verhandlungen kranken an lascher Vorbereitung. Etwa den Fachbereich auf Ihre Verhandlung einzuschwören, ist wichtig und wertvoll, kostet Sie aber Zeit im Vorfeld. Dafür hat es eine hohe Auswirkung auf das Ergebnis.
Die beiden folgenden Phasen gab es auch bei Ihnen bisher vermutlich nicht so klar getrennt. Durch die Struktur des Ablaufplans wird die Verhandlung hier viel schneller voranschreiten als bisher. Das sehen wir tagtäglich in den Trainings. Dort stehen 14 Minuten zur Verfügung, die von Übung zu Übung immer besser genutzt werden. Das gilt gerade in der letzten Phase, wenn wir wissen wollen, ob das Optimum erreicht werden konnte. Dort werden Sie zukünftig viel Zeit sparen.

Das gehört zukünftig zu Ihrer Vorbereitungsphase

Zur Vorbereitungsphase und damit auch zur Strategie gehört es, die Einflussfaktoren optimal einzustellen und sich damit einen Vorsprung für die Verhandlung zu sichern. Stellen Sie sich die Fragen:

- Was hindert mich daran, zu einem besseren Ergebnis zu gelangen?
- Was steht im Weg?
- Wie kann ich das verbessern?

Aus dieser Vorarbeit lässt sich die Forderungsbegründung leicht ableiten, die Sie später in der Startrampe (Kapitel 3) nutzen werden. Der Verkäufer will wissen: „Was rechtfertigt die Forderung des Einkäufers?", bevor er entgegenkommt. Mit der richtigen Begründung kommen Sie leichter zu Ihrem Ziel.

Abbildung 2: Elemente der Vorbereitungsphase

Die Startrampe ist eine Sagephase

Die Startrampe ist vergleichbar mit einem Eingangsstatement, mit dem Sie dem Verkäufer kurz und bündig Ihre Position verdeutlichen und die Basis für eine erfolgreiche Verhandlung legen. Mit der Startrampe holen Sie den Schwung, den Sie benötigen, um Ihre Verhandlungsziele zu erreichen.

Abbildung 3: Die Sagephase

Hier zeigt sich, wie zielführend Ihre Vorarbeit in der Vorbereitungsphase war. Richtig dargestellt, erscheint Ihre nachfolgende Verhandlung in einem ganz anderen Licht. Zwei Dialoge verdeutlichen den Unterschied:

- **Startrampe unvorbereitet:** Einkauf: „Wir haben uns Ihr Angebot angesehen. Inhaltlich gefällt es uns sehr gut. Mein Chef meint aber, dass da noch was im Preis gehen müsste. Jetzt wollte ich von Ihnen wissen – bevor ich bestelle –, was Sie da noch machen können und wann Sie dann liefern werden."
  Die Analyse dazu: „Der Chef meint", der Einkäufer aber nicht? Das schwächt die Ausgangsposition. Der Teilsatz „bevor ich bestelle" zeigt dem Verkäufer: Den Auftrag habe ich bereits in der Tasche.

- **Startrampe vorbereitet:** Einkauf: „Sie sind einer von mehreren Lieferanten, die für uns inhaltlich infrage kommen. Mit den jetzigen Preisen würden Sie allerdings nicht zum Zuge kommen. Bevor wir Ihnen absagen, gebe ich Ihnen aber noch mal die Chance, den Preis deutlich zu senken. Erfahrungsgemäß ist das erste Angebot nicht das finale." – Das ist übrigens nur eine Kurzversion. Im dritten Kapitel lernen Sie ausführlichere Varianten kennen, bei denen die Mentalität Ihres Gesprächspartners, die Verhandlungssituation sowie der Verhandlungsgegenstand Berücksichtigung finden.
  Die Analyse dazu: Diese Startrampe verbessert die Ausgangsposition des Einkäufers. Vorhandener Wettbewerb und die Konsequenz „bei jetzigem Preis nicht zum Zuge kommen" versetzen den Verkäufer in Zugzwang.

Durch den zielgerichteten Gesprächseinstieg setzen Sie der Verhandlung bereits vom Start weg die Siegerkrone auf.

Gehen Sie gerne ins Theater? Dann wissen Sie: Im Theater verleiht das Bühnenbild jeder Szene die passende Stimmung. Mit der Startrampe geben Sie Ihren Verhandlungen den gewünschten Anstrich. Legen Sie mit der Startrampe fest, dass das Bühnenbild lieber „Wettbewerb" statt „Ich bin Ihnen ausgeliefert" signalisiert. Wer hier die richtigen Akzente setzt, hat es in der nachfolgenden Verhandlungsphase um einiges leichter.

Die Startrampe ist der optimale Platz für Argumente. Dem Verkäufer soll das zur Verhandlung stehende Geschäft besonders attraktiv erscheinen. Regen Sie seine Bereitschaft zu besonders hohen Nachlässen an und rufen Sie so eine Preissenkung hervor.

Wohlüberlegt und wohlformuliert treffen Ihre Argumente das Ziel. Diese Chance können Sie mithilfe der Startrampe nutzen. Bedenken Sie dabei: Die ersten Züge eines Schachspiels können Sie frei wählen. Sie haben in diesem Moment noch viel gestalterischen Freiraum. Dieser Freiraum wird Ihnen während der Verhandlung nach und nach immer mehr genommen. Die Interaktion zwischen Einkauf und Verkauf wird dann unkalkulierbar einen ganz eigenen Weg finden und damit die geplante Platzierung Ihrer Argumente erschweren. Und darum sollten Sie in dieser Sagephase alle Möglichkeiten nutzen, den Verhandlungsfahrtwind in Ihrem Sinn und zu Ihrem Vorteil zu beeinflussen.

Die Kernaspekte der Fragephase

Kommen wir zur Fragephase. Hier steht Ihre Verhandlungstechnik im Mittelpunkt, mithin die Strategien, Methoden und Vorgehensweisen, die wir in den folgenden vier Fragefeldern einsetzen.

Gehen wir nun die vier Segmente der Fragephase durch:

Zugeständnisse OHNE Gegenleistung verhandeln

Die erste Frage schließt sich generell direkt an die Startrampe an und führt damit von der Sagephase in die Fragephase über. Sie klären mit dem Verkäufer die Frage:

■ Was geht unter den jetzigen Bedingungen? Wie weit ist der Verkäufer bereit, den Preis zu senken, ohne dass sich andere Konditionen verändern?

Diese Frage stellen Sie in verschiedenen Formulierungen, und zwar so lange, bis sie zu keinen weiteren – neuen – Ergebnissen führt:

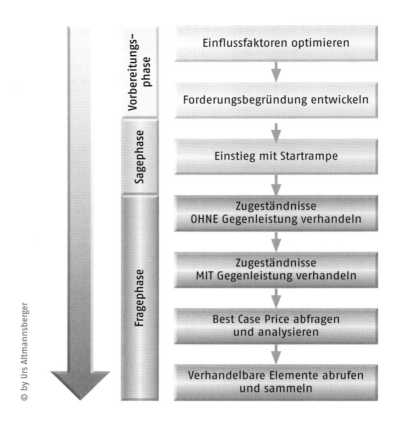

© by Urs Altmannsberger

Vorbereitungs-phase

- Einflussfaktoren optimieren
- Forderungsbegründung entwickeln

Sagephase

- Einstieg mit Startrampe

Fragephase

- Zugeständnisse OHNE Gegenleistung verhandeln
- Zugeständnisse MIT Gegenleistung verhandeln
- Best Case Price abfragen und analysieren
- Verhandelbare Elemente abrufen und sammeln

Abbildung 4: Die Fragephase

Einkäufer (am Ende der Startrampe): „ … *Erfahrungsgemäß ist das erste Angebot nicht das finale. Wie weit sind Sie bereit runterzugehen?"*
Verkäufer: *„2 bis 3 Prozent sind möglich!"*
Einkäufer: *„Kommen Sie! 3 Prozent reichen nicht! Was ist wirklich Ihr Limit?"*
Verkäufer: *„Unter den gegebenen Bedingungen bin ich bereit, bis maximal 4,5 Prozent zu gehen."*

Zugeständnisse MIT Gegenleistung verhandeln
Hier klären Sie die Frage:

- Unter welchen Bedingungen geht noch mal mehr? Was müssen wir verändern, damit der Verkäufer den Preis weiter senkt?

Im konkreten Dialog heißt das für Sie zum Beispiel:

- *„Unter welchen Umständen würden Sie über 4,5 Prozent hinausgehen?"*

Auch diese Frage stellen Sie, bis Sie alle Informationen auf dem Tisch liegen haben. Sie bekommen vom Verkäufer dabei Faktoren genannt, die den Preis beeinflussen, etwa ein bestimmter Liefertermin oder ein besonderes Bestellverfahren. Diese sogenannten Bewegungsfaktoren sammeln Sie vollständig, um anschließend den damit verbundenen Gegenwert „Best Case Price" zu analysieren.

Best Case Price abfragen und analysieren
Der Best Case Price gibt Ihnen eine Vorausschau, was unter optimalen Bedingungen das beste Angebot sein könnte. Selbst wenn Sie die Bedingungen in der Folge nicht erfüllen oder beeinflussen können, gibt Ihnen dieser Wert doch interessante Aufschlüsse über das Angebotsverhalten des Lieferanten, die sie für sich nutzen können:

Einkäufer: *„Gesetzt den Fall, wir nehmen die Ware zum geforderten Liefertermin ab und lassen uns auf das Bestellverfahren via Internetportal ein: Was wäre dann Ihr zusätzliches Entgegenkommen?"*
Verkäufer: *„Dann kann ich Ihnen on top weitere 15 Prozent anbieten!"*

Sobald Sie den Wert „Leistung zu Gegenleistung" kennen, entscheiden Sie über die Machbarkeit, mithin darüber, ob Sie eine Umsetzung weiterverfolgen oder die Idee fallen lassen. Nicht vorher!

Verhandelbare Elemente abrufen und sammeln
Mit den verhandelbaren Elementen grasen Sie weitere Zugeständnisse ab, die sich nicht direkt in Preis und Nachlass ausdrücken. Dazu klären Sie mit dem Anbieter die Frage:

■ Wenn im Preis nichts mehr geht, welche Zugabe kann dann das Angebot attraktiver machen?

In der Praxis erhalten Sie an dieser Stelle beispielsweise das Angebot der frachtfreien Lieferung oder der kostenlosen Schulung für den Umgang mit einem Produkt, vielleicht auch eine bevorzugte Belieferung bei Materialengpässen und unzählige andere Dinge. Womöglich senkt das nicht direkt den Kaufpreis, sondern bietet indirekt Vorteile für Ihr Unternehmen – wie der folgende Dialog exemplarisch zeigt:

Einkäufer: *„In Summe käme ich damit auf 19,5 Prozent. Puh, das reicht noch nicht, um die Entscheidung in Ihre Richtung zu drehen. Wenn Sie sagen, dass im Preis nichts mehr geht, was können Sie mir zusätzlich außerhalb des Preises anbieten, was Ihr Angebot attraktiver macht?"*
Verkäufer: *„Ich könnte Ihnen noch eine Garantie geben, dass Sie bei Materialengpässen priorisiert beliefert werden."*
Einkäufer: *„Was wäre darüber hinaus noch möglich?"*

Das Gespräch setzt sich fort. Wenn von Verkaufsseite keine Ideen mehr folgen, stochern Sie anhand Ihrer eigenen Ideensammlung noch mal weiter. Schließlich haben Sie die gesamte Konditionenwiese abgegrast und auch die versteckten Ecken der Vorteilswiese zum Vorteil Ihres Unternehmens genutzt.

Das bringt Sie „irgendwann" an den Punkt, wo „angeblich" nichts mehr geht. Sie erreichen diese Mauer! Oje? Nein, alles gut!

Die Mauer durchstoßen

Sie werden überrascht sein: Aber diese Mauer ist doch tatsächlich etwas Schönes! Denn an der Mauer angelangt, hätten Sie Ihre Aufgabe erfolgreich erfüllt. Mit den Mauerbrecher-Fragen und weiteren Methoden überprüfen Sie vorher die Aussage „Nichts geht mehr!" souverän auf ihren Wahrheitsgehalt:

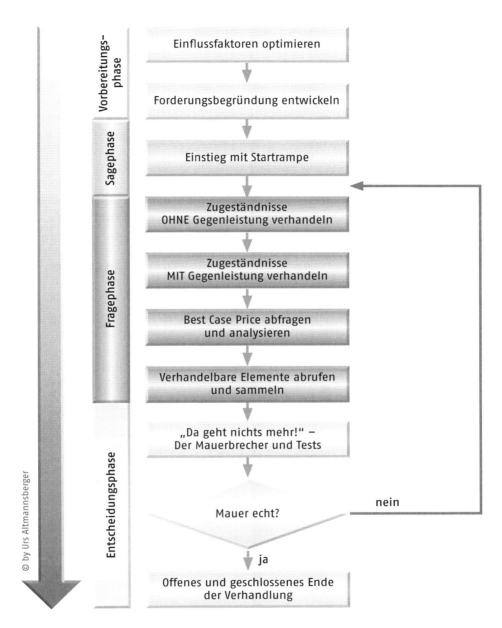

Abbildung 5: Die Mauer durchbrechen

- Ist es nur ein Bluff? Dann geht es doch noch weiter und Sie steigen rollierend wieder in die Fragephase ein.
- Ist es dem Verkäufer wirklich ernst? Die Mauer ist hart? Auch gut! Sobald die Behauptung des Lieferanten anhand der Methoden bestätigt ist, haben Sie ein entscheidungsreifes Ergebnis in der Hand. Dann haben Sie Ihren Job erledigt!

Die Verhandlung beenden

Im nächsten Schritt wählen Sie aus, ob Sie ein offenes oder geschlossenes Ende der Verhandlung vorziehen.

Das geschlossene Ende der Verhandlung
Der Druck wird abgelassen. Der Auftrag wird erteilt. Sie sagen dann:

- *„Okay, dann schlage ich ein, auch wenn es noch nicht zu 100 Prozent meiner Vorstellung entspricht. Die Bestellung geht Ihnen in den nächsten Stunden zu."*

Oder der Auftrag wird nicht erteilt – für den Fall heißt es:

- *„Dann tut es mir leid. Von meiner Seite her hätte ich Ihnen den Auftrag durchaus erteilt. In diesem Fall treffen sich unsere Preisvorstellungen jedoch nicht. Vielleicht klappt es beim nächsten Mal. Ich würde mich freuen, dann wieder mit Ihnen rechnen zu dürfen."*

Oder der Druck ist raus aus der Verhandlung und kein Nachbieten mehr möglich. Aber die Entscheidung wird erst später gefällt. Sie könnten dann formulieren:

- *„Gut, dann schreibe ich mir Ihren finalen Wert von XYZ auf. Am kommenden Mittwoch kann ich Ihnen sagen, ob es gereicht hat."*

Das offene Ende der Verhandlung

Mit dem offenen Ende lassen Sie den Druck bestehen, um vielleicht doch noch weitere Zugeständnisse zu erhalten:

- *„Nun, dann werde ich den finalen Wert von XYZ in die Entscheidungsfindung einloggen. Weil Sie mir sympathisch sind, lege ich Ihnen jedoch nahe, noch mal spitz zu kalkulieren. Wenn Sie bis Dienstag noch einen besseren Wert einreichen, würde ich den ausnahmsweise noch berücksichtigen."*

Damit sind wir aber noch nicht am Ende – Sie finden in diesem Buch noch zwei weitere Kapitel:

Ausloten und Führung übernehmen

Die Abbildung 6 zeigt ganz rechts noch zwei weitere Aspekte, die parallel zum Ablaufplan stehen: „Bestmöglich ausloten" und „Planung durch Führung umsetzen".

Zum einen gilt: In der Fragephase loten Sie aus, zu was der Verhandlungspartner bereit ist. Sie wollen erfahren, wo dessen Grenzen liegen. Darum ist es kontraproduktiv, fixe Forderungen zu stellen und mit absoluten Zahlen zu arbeiten. Halten Sie sich in dieser Verhandlungsphase alle Möglichkeiten offen, indem Sie mit relativen Forderungen arbeiten.

Ausloten statt fixe Forderungen stellen – das gehört zu den Grundlagen einer erfolgreichen Verhandlungsführung. Kurz gefasst: Es gibt zum Beispiel beim Preis keine berechenbare und exakt festlegbare Schmerzgrenze. Vielmehr fluktuiert der Preis, er fließt, er steht in Abhängigkeit von der Verhandlungssituation, dem Verhandlungsgegenstand und dem Verhandlungspartner. Das gilt auch für andere Faktoren – heute gibt es einen Nachlass, morgen nicht.

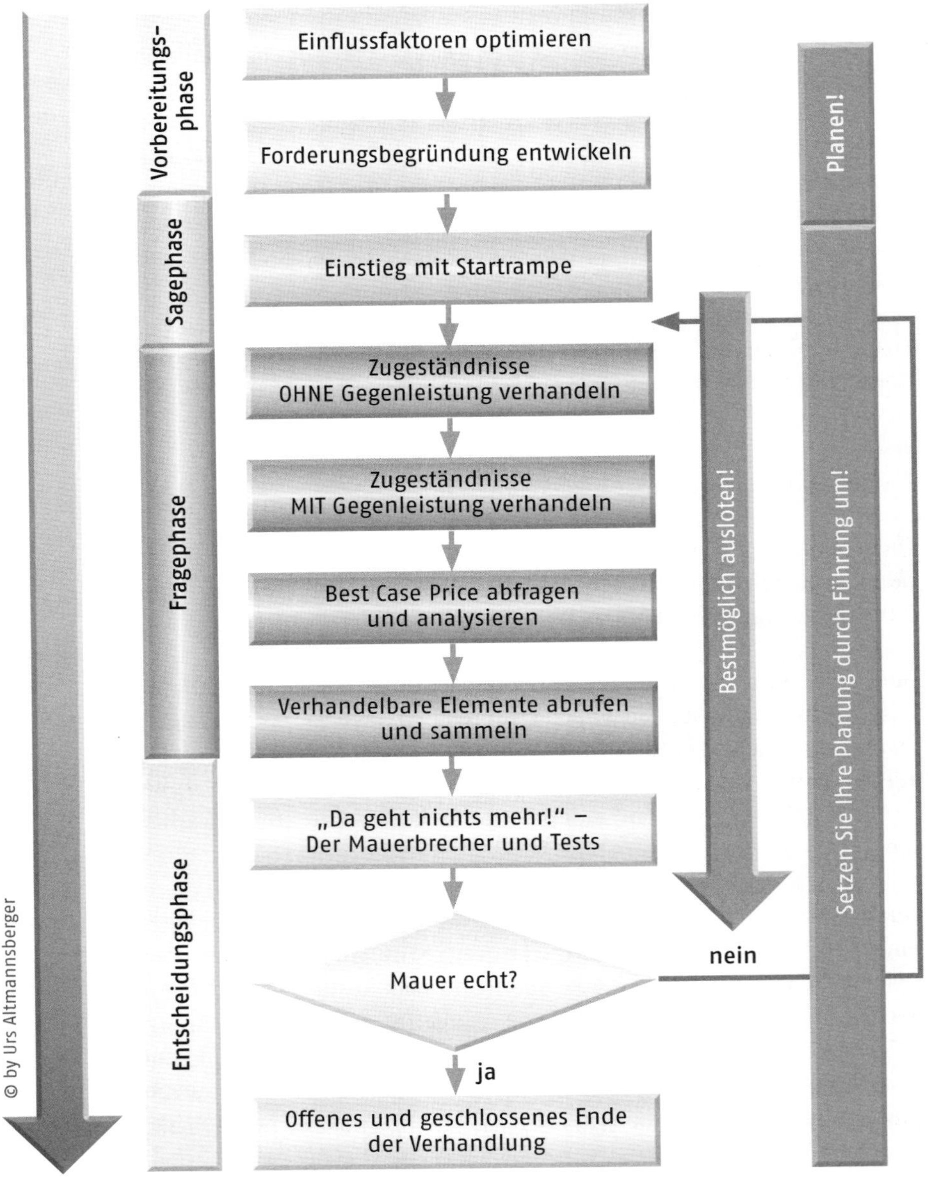

Abbildung 6: Der gesamte Ablaufplan im Überblick

© by Urs Altmannsberger

In Trainings gelangen wir regelmäßig zu der Überzeugung, dass Einkäufer den besten Preis niemals vorhersagen können. Sicher, als versierte und erfahrene Einkäufer haben wir natürlich eine Idee, wohin die Reise geht. Der Ablaufplan hilft Ihnen, herauszufinden, was tatsächlich das Limit ist.

Zwei gekürzte Dialoge zeigen den Unterschied zwischen den Vorgehen, bei denen Sie mit absoluten bzw. mit relativen Forderungen arbeiten. Bei der fixen Forderung mit einem absoluten Wert sieht der Dialog so aus:

Einkäufer: *„Ich biete Ihnen für dieses Bauteil 500 Euro statt der 700 Euro, die auf dem Preisschild stehen."*
Verkäufer: *„Ja, okay, gerne!"*

Natürlich schlägt der Verkäufer gerne ein, etwas Besseres hätte ihm nicht passieren können. Beim Ausloten mit relativen Forderungen hingegen gehen Sie anders vor:

Einkäufer: *„Für 700 Euro werde ich das Bauteil nicht bei Ihnen kaufen! Wie weit gehen Sie runter?"*
Verkäufer: *„Nun, weil Freitag ist, wäre ich bereit, auf 400 Euro zu gehen."*

Sie sehen: Im ersten Beispiel begrenzt der Einkäufer durch seine absolute Forderung die Zugeständnisse des Verkäufers – und verliert damit 100 Euro. Das wird Ihnen nach der Lektüre dieses Buches nicht mehr passieren, weil Sie genau wissen, wie Sie „bestmöglich ausloten".

Kommen wir zu dem zweiten Aspekt: Was hilft Ihnen der schönste Plan, wenn er sich nicht in die Realität umsetzen lässt? Darum lernen Sie praxisgerechte Methoden kennen, mit denen Sie Ihren Plan tatsächlich umsetzen können. Sie erfahren, wie Sie die Führung im Verhandlungsprozess übernehmen, und auch, wie Sie die Führung zurückgewinnen, falls sie Ihnen doch mal verloren geht.

Der Ablaufplan bietet Ihnen Ihr ganz persönliches Entspannungs-programm: Wellness für die Verhandlung! Künftig werden die Schweiß-tropfen auf der Stirn der Verkäufer stehen – und nicht auf Ihrer Stirn.

Dazu zwei Fragen, Herr Altmannsberger!

In welcher Phase gibt es denn Ihrer Erfahrung nach die größten Probleme? Und wie lassen sie sich lösen?

Urs Altmannsberger: Da fällt mir spontan das Ende der Startrampe ein: Der Einkäufer baut den Übergang von der SAGEphase zur FRAGE-phase und fordert den Verkäufer auf: „Wie weit sind Sie bereit runterzugehen?" Oft antwortet dann jedoch der Verkäufer nicht und stellt stattdessen eine Gegenfrage: „Wann würden Sie denn bestel-len?" Das gleicht dann einer Weiche, die entscheidet, wer diese Verhandlung allein schon aufgrund der besseren Verhandlungs-technik gewinnt. Antwortet der Einkäufer, geht dessen Führung verloren. Infolgedessen verlässt er seinen Plan, also seinen roten Faden, kommt taktisch ins Trudeln und verliert. Ein kleiner Fehler, der Dominostein-ähnlich alle Vorbereitung über den Haufen wirft.

Und wie sollte der Einkäufer reagieren?

Altmannsberger: Er verbindet stattdessen die Gegenfrage mit seiner Planung: „Der Bestellzeitpunkt hängt von Ihrem Angebot ab. Wenn Sie direkt einen Top-Preis abgeben, den Ihre Wettbewerber unmög-lich unterbieten, können wir schneller abschließen. Was können Sie denn anbieten?" So macht er direkt einen Riesenschritt nach vorn. Übrigens: Die Gegenfrage des Verkäufers kommt nicht unerwartet, daher können Sie sich darauf vorbereiten.

→ Erstellen Sie Ihren persönlichen Ablaufplan, den Sie zukünftig für jede Ihrer Verhandlungen einsetzen.

→ Passen Sie die genannten Formulierungsbeispiele an Ihre Verhandlungsrealität an. Legen Sie sich also Formulierungen zurecht, die Sie in Ihren Verhandlungen nur abrufen müssen.

→ Nehmen Sie sich jede der vier Phasen (Vorbereitungsphase, Sagephase, Fragephase, Entscheidungsphase) des Ablauf- modells vor und fragen Sie sich: „Wie bin ich bisher vorge- gangen? Was kann und muss ich ändern?"

2 Optimieren Sie Ihre Einflussfaktoren: Bremsklötze erkennen und beseitigen

Was Sie in diesem Kapitel erfahren

→ Um das verhandlerische Tauziehen mit dem Verkäufer zu gewinnen, müssen Sie alle Einflussfaktoren auf den Prüfstand stellen und zu Ihrem Vorteil optimieren.

→ Sie lernen die Faktoren kennen, die darüber entscheiden, ob Sie Ihre Ziele entweder nicht erreichen, gerade so erreichen oder besser: übertreffen.

→ Sie erfahren, wie Sie die Bremsklötze beseitigen, die Ihnen auf dem Weg zum Verhandlungsziel das Verhandlungsleben schwer machen.

→ Mit Best-Practice-Bausteinen formulieren Sie Ihre optimierte Forderungsbegründung.

Verkäufer wollen einen möglichst hohen Preis erzielen. Dafür sind sie bereit, Strategien und Taktiken zu nutzen. Unser Ziel als Einkäufer dagegen ist, den Preis auf das notwendige und für uns optimale Niveau zu bringen. Daraus entwickelt sich ein verhandlerisches Tauziehen: Der Mächtigere gewinnt.

Dabei ist das Tauziehen nicht allein durch stärkeres Ziehen am Tau zu gewinnen. Viel besser ist es, bereits im Vorfeld für bessere Start-Voraussetzungen zu sorgen. Also: Ziehen Sie dem Verkäufer das Tau schon weg, bevor das Spiel beginnt! Sie nennen das „unfair"? Vielleicht beim Sport! Profi-Verhandler nennen das Strategie!

Schaffen Sie vor- und frühzeitig beste Voraussetzungen, um die Verhandlung zu gewinnen!

2.1 Erkennen und verändern Sie die Einflussfaktoren auf Ihr Verhandlungsergebnis

Befragen Sie Praktiker, herrscht die Meinung vor, jede Verhandlungssituation sei anders, ein individuell hochkomplexes Gebilde, das mit einer standardisierten Herangehensweise nicht lösbar ist. Und tatsächlich: Verhandlungen sind komplex! Da stimme ich allen voll zu.

Als Verhandler habe ich unzählige Beratungskunden aus unterschiedlichsten Firmen quer durch alle Branchen kennengelernt. Die verhandlerische Welt scheint aus unendlich vielen Sonderinseln zu bestehen. Hier ganz einzigartig, dort ganz besonders. Jede Verhandlung ganz einzigartig!? Kann das wirklich sein?

Ich habe schon früh Verhandlungen der unterschiedlichsten Branchen und Firmen auf Besonderheiten und Gemeinsamkeiten hin untersucht. Eigentlich habe ich unterschiedliche Spielregeln und Spielfelder erwartet, die das Ergebnis einer Verhandlung beeinflussen. Und darum hat mich das Ergebnis überrascht: Die Einflussfaktoren sind in allen Verhandlungen gleich. Nicht unterschiedlich, sondern gleich! Dagegen ist das Tuning der Faktoren höchst unterschiedlich. Das zeigt auch gleich der wichtigste Einflussfaktor, den Sie als Verhandlungsprofi berücksichtigen müssen.

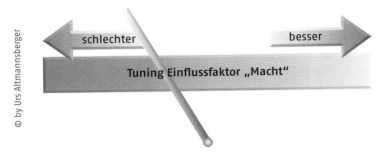

Abbildung 7: Das Tuning des Einflussfaktors „Macht"

Macht ist der stärkste Einflussfaktor auf das Verhandlungsergebnis. „Wie ist die Macht verteilt?" – das unterscheidet Verhandlungen. Statt vermuteter Branchenbesonderheiten entscheiden oft eher die Machtverhältnisse, wer die Verhandlung gewinnt. Konkret: Benötigt der Lieferant dringend Aufträge, ist es gut für uns. Gibt es dagegen mehr Nachfrage als Angebot, ist es eher schlecht. Ist die Macht extrem ungleich verteilt, verlaufen Verhandlungen oft ergebnislos. Hat der Lieferant die gesamte Macht, legt er die Konditionen fest – und Schluss! Verhandlungen wären dann überflüssig. Jegliche Methodik wird durch dieses Naturgesetz ausgehebelt.

Die Macht entscheidet, ob Sie gewinnen oder nicht. Macht ist der größte Einflussfaktor. Darum gilt es, die Machtverhältnisse vor der Verhandlung zu verbessern.

Neben der Macht gibt es weitere Einflussfaktoren:

- **Einflussfaktor Konsequenz:** Wenn Sie über Alternativen verfügen, können Sie für den Verhandlungspartner die Konsequenzen beschreiben, was etwa beim Scheitern der Verhandlung geschieht. „Falls wir uns auf keinen fairen Preis einigen, geht der Auftrag an den Wettbewerb!" Das zwingt den Verkauf in die Knie.
- **Einflussfaktor Rückendeckung:** Holen Sie sich Rückendeckung. Ein heißes Thema in vielen Unternehmen! Steht das eigene Unternehmen – insbesondere die Geschäftsführung – voll hinter dem Einkäufer, also auch hinter Ihnen? Oder gibt es intern abweichende Interessen? Leider weichen die Interessen etwa des Fachbereichs, des Anwenders oder eines Marktleiters oft von den Zielen des Einkaufes ab. Dann haben Sie es schwer!
- **Einflussfaktor Verfügbarkeit:** Fragen Sie sich: Ist das Produkt bei jedem Lieferanten unbegrenzt verfügbar? Oder ist das Produkt in zu geringen Mengen bei nur einem Lieferanten erhältlich und die Kunden schlagen sich darum? Beispiele wie seltene Erden oder Bauland in Ballungszentren töten die Verhandlernerven der Einkäufer.

2.2 Verändern Sie die Machtverhältnisse

Betrachten wir nun einige der Einflussfaktoren, die Sie auf jeden Fall in den Griff bekommen sollten. Beginnen wir mit dem Faktor Macht: Die Macht ist ein Naturgesetz. Die Auswirkung des Machtfaktors ist simpel. Derjenige, der die größere Macht hat, kann das Ergebnis diktieren. Das erkennen wir, wenn Staaten sich streiten, das erkennen wir in der Ehe oder wenn die Polizei Autofahrer herauswinkt, die eventuell zu schnell unterwegs sind.

Das Besondere dabei: Naturgesetze sind unumstößlich! Und das bedeutet: Wir können diese Gesetze weder wegdiskutieren noch durch gutes Zureden verändern. Hat unser Lieferant die uneingeschränkte Macht, dann sind wir machtlos. Im wahrsten Sinne des Wortes. Wie aber gewinnen wir die Verhandlung trotzdem? Die Lösung liegt darin, das Naturgesetz zum eigenen Vorteil zu nutzen, statt es verändern zu wollen. Das zeigt das Beispiel „Verhandlungen mit Monopolisten".

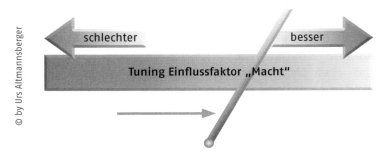

Abbildung 8: Den Einflussfaktor zum Besseren tunen

Echte Monopolisten verhandeln nicht

Zunächst einmal: Monopolen ist mit der reinen Verhandlungsführung nicht beizukommen. Denn Monopolisten verhandeln nicht! Der Monopolist weiß: Wer das Produkt benötigt, rührt sich von selbst und zahlt den aufgerufenen Preis! Damit sind solche Verhandlungen schwer oder gar nicht zu gewinnen. Untergliedern Sie Ihre Verhandlungen mit Lieferanten darum in zwei Gruppen:

Situation	Technik
Verhandlungsbereite Lieferanten ⇒	Sie können die Methode „Verhandlungsführung" einsetzen.
Monopolisten, die nicht zu Verhandlungen bereit sind ⇒	Verschieben Sie erst die Machtbalance, um Ihr Gegenüber zu sinnvollen Verhandlungen zu bewegen.

Wer die Verhandlung mit dem Monopolisten dennoch gewinnen will, muss Vorarbeit leisten: Denn beide Seiten müssen zu Verhandlungen bereit sein. Der Monopolist muss die Sicherheit, dass er die Verhandlung auf jeden Fall gewinnt, verlieren. Also:

Sie müssen das Monopol zuerst einmal aufweichen. Verlassen Sie sich dabei nicht allein auf Ihre Kraft. Meist ist die Kraft Ihrer gesamten Firma gefragt, um einen Monopolisten von dessen Thron an den Verhandlungstisch zu bewegen.

Dabei gilt der Grundsatz: Der Monopolist wird dann verhandeln wollen, wenn Ihre Reaktion als Einkäufer oder Kunde eine wahrnehmbare Auswirkung auf seinen Geschäftserfolg hat. Sie sollten dann in zwei Schritten vorgehen.

Schritt 1: Fragen Sie sich: „Was hält das Monopol stabil?"

Monopole knacken Sie nur, indem Sie strategisch denken und die Machtbalance verschieben. Nehmen wir als Beispiel ein Chemiewerk. Dort fließen durch zahlreiche Rohre verschiedene Chemikalien. Diese Rohre werden durch Schieber geöffnet und geschlossen (stellen Sie sich das als eine Art großen Wasserhahn vor). Der Hersteller dieser Schieber wurde vor Jahren von einem Ingenieur ausgewählt. Seitdem wurde unverhandelt bei ihm bestellt, wenn weitere Schieber notwendig waren. Die Schieber haben sich bewährt. Es kam zu keinem Ausfall. Über die Jahre erkennt der Lieferant die große Treue seines Kunden und nutzt sie für Preiserhöhungen aus. Seit einigen Jahren erhöht er seine Preise gegenüber dem Chemiewerk – jedes Jahr um 20 Prozent. Verhandlungen werden ignorant abgelehnt. Gerne würde der Einkäufer den Lieferanten wechseln, es gibt genügend. Der ehemalige Entscheider im Chemiewerk lebt jedoch nicht mehr. Aus Angst, bei Störungen verantwortlich zu sein, will kein anderer im Werk das Thema anfassen. Der Einkäufer sieht sich einem selbst gemachten oder selbst verschuldeten Monopol gegenüber.

Was hält das Monopol in diesem Beispiel stabil? Natürlich: Die Angst vor Verantwortung ist die Wurzel! Hier müsste der Einkäufer bzw. sein Unternehmen ansetzen.

Schritt 2: Suchen Sie die Lösung: „Wie lässt sich das Übel an der Wurzel packen?"

Die Geschäftsführung könnte beispielsweise von den Ingenieuren die Benennung von Alternativprodukten einfordern, das Risiko des Wechsels decken oder deckeln und dem Einkäufer damit den Weg freiräumen. Wären Sie der Einkäufer, könnte dies so ablaufen:

1. Sie machen die Geschäftsführung auf den Missstand aufmerksam und schlagen den Weg vor: „Angst vor Verantwortung bereinigen".
2. Die Geschäftsführung weist den Fachbereich an, alternative Lieferanten zu suchen.
3. Der Fachbereich sucht und findet Alternativlieferanten und meldet dies der Geschäftsführung samt möglichen Einwänden (Angst) zurück.
4. Die Geschäftsführung entscheidet und nimmt dem Fachbereich die Angst (übernimmt die Verantwortung).
5. Sie bekommen als Einkäufer das Zepter für die Verhandlungen in die Hand, aus den Alternativlieferanten die attraktivste Lösung zu wählen.

Damit wäre die Wurzel des selbst gemachten Monopols beseitigt. Mit dem drohenden Kundenverlust konfrontiert, wird der Schieberhersteller eher bereit sein, seinen Preis auf ein marktgerechtes Niveau zu senken. Er wird verhandlungsbereit.

2.3 Sorgen Sie dafür, dass Sie mit Konsequenz verhandeln können

Es ist von zentraler Bedeutung, die Wurzel des Problems genau zu erkennen. Oft ist dort die beste Lösung vergraben und will ans Tageslicht gefördert werden. Wer Probleme an der Wurzel anpackt, verändert direkt die Ursache – und nicht nur die Auswirkungen der Ursache.

Aber wie gelangen Sie an die Wurzel? Analysieren Sie zuerst die Situation und die Faktoren, die das Ergebnis bremsen. Ein gewaltiger Bremsklotz besteht in einer fatalen Kombination: Die mangelnde Konsequenz des Einkäufers trifft auf fehlende Alternativen zum angestrebten Verhandlungsziel. Der Einkäufer hat dann nicht die Möglichkeit, dem Lieferanten gegenüber Konsequenzen auszusprechen, die er auch einhalten kann. Wenn er sagt: „Herr Verkäufer, entweder gehen Sie im Preis runter – oder ich kaufe trotzdem (weil ich keine anderen Optionen habe)!", hat er natürlich ganz schlechte Verhandlungskarten.

Die Chance auf ein gutes Verhandlungsergebnis ist begrenzt, solange der Einkäufer weder den Lieferanten noch das Produkt und die Menge beeinflussen oder (ver)ändern kann.

Was, bitte schön, erwartet die Führungsetage als Ergebnis, wenn dem Einkäufer keine Steuerungsmöglichkeiten an die Hand gegeben werden? Und warum sollte der Verkäufer Nachlässe gewähren, wenn er den Auftrag doch ohnehin sicher bekommt? Allerhöchstens schüttet der Verkäufer in diesen Situationen Anerkennungsrabatte aus – aus Freundschaft zum Einkäufer und um Missstimmung beim Kunden zu verhindern.

Sie müssen also alles dafür tun, um über möglichst viele Alternativen und Optionen zu verfügen. Dann können Sie gegenüber dem Verhandlungspartner auch deutliche Konsequenzen formulieren, die es für ihn hat, wenn er sich nicht auf Ihr Verhandlungsziel einlassen will.

2.4 Bremsklötze lösen und die PS auf die Straße bringen

Natürlich wird der Verkäufer versuchen, Ihnen Optionen zu nehmen und Bremsklötze in Ihren Verhandlungswagen einzubauen. Manchmal aber sind die Bremsklötze auch hausgemacht. Wie können Sie diese lösen?

So lösen Sie den Bremsklotz „Der Fachbereich hat bereits entschieden"

Bei Produktionsunternehmen liegt die Ursache mangelnder Verhandlungsergebnisse meist im Fachbereich oder beim Anwender, also bei den Bedarfsträgern, die das zu beschaffende Produkt einsetzen werden. Das Problem ist also hausgemacht. Noch bevor der Einkauf auf den Plan gerufen ist, hat sich der Fachbereich bereits mit Lieferanten unterhalten und eine Produktauswahl getroffen. Nicht selten gehen in diesem Prozess entscheidende Informationen an den Verkäufer – Informationen, die ihn zu der Einschätzung gelangen lassen, er sei der „Auserwählte". Wenn das so ist, dann ist die Verhandlung für Sie als Einkäufer verloren – wie das Beispiel zeigt.

„Die Schwierigkeiten für den Einkäufer lassen sich kaum noch steigern!" Das war mein erster Gedanke, als ich zur Rettung einer Verhandlung herbeigerufen wurde. Es ging darum, den Preis für den Bau eines Kellers mit dem Bauunternehmer zu verhandeln. Das Problem dabei: Der Keller war längst fertiggestellt und wurde von zwei darüber liegenden Stockwerken gekrönt. Irgendwie war die Preisverhandlung verschlafen worden.
Klar, dass es dem Einkäufer in dieser Situation schwerfiel, den Preis noch nachträglich zu drücken. Er konnte keine Konsequenzen aussprechen. Der Zug war längst abgefahren, der Keller fertig.
Der Kellerbau allein wäre also nicht mehr zu retten gewesen. Die Lösung fanden wir in einem zukünftigen Bauabschnitt, der noch nicht vergeben war. An dem war der Bauunternehmer besonders interessiert. Erst als wir diesen neuen Bauabschnitt vom Entgegenkommen beim Kellerthema abhängig machten, ließ sich der Bauunternehmer zu fairen Vereinbarungen bewegen.

Die folgende Tabelle zeigt weitere Strategien, wie Sie den Bremsklotz „Der Fachbereich hat bereits entschieden" lösen können.

Strategie	Umsetzung
Sofortlösung: Noch mal aufbrechen, und zwar mit der Rückendeckung der Geschäftsführung für neue Verhandlungen	Wurzel des Übels ziehen! Ziehen Sie dem Lieferanten/Verkäufer den Teppich der Sicherheit unter den Füßen weg! Verschaffen Sie sich die Rückendeckung der Geschäftsführung (oder der nächsthöheren Führungsebene), um die verfahrene Situation zu retten. Formulierung in der Verhandlung: „Aufgrund der Preise hat die Geschäftsführung die Vorentscheidung des Fachbereichs gekippt. Wir werden nun eine weitere Preisabfrage bei allen Lieferanten durchführen. Am kommenden Freitag werde ich dann der Geschäftsführung die Entscheidungsvorlage unterbreiten. Stand jetzt würde die Entscheidung zugunsten des Wettbewerbs fallen. Haben Sie grundsätzlich noch Interesse an einer Kooperation? Wenn ja: Wie weit können Sie im Preis nachlassen?"
Sofortlösung: Noch mal aufbrechen mit Rückendeckung der Fachabteilung	Der Fachbereich hat selbst seinen Bremsklotz bemerkt und hilft Ihnen, das wieder in Ordnung zu bringen. Formulierung in der Verhandlung aus dem Munde des Fachbereichs: „Aufgrund der Preise haben wir unsere Vorentscheidung noch mal gekippt. Da Ihre Preise zu hoch sind, starten wir gemeinsam mit dem Einkauf eine weitere Preisabfrage bei allen Lieferanten. Am kommenden Freitag werden wir die finale Entscheidung gemeinsam treffen. Stand jetzt würde einer der Wettbewerber gewinnen! Haben Sie grundsätzlich noch Interesse an einer Kooperation? Wenn ja: Wie weit können Sie im Preis nachlassen?"
Langfristige Konsequenzen nutzen	Stehen uns keine direkten Konsequenzen zur Verfügung, lohnt ein Blick in die Zukunft! Gibt es dort Lockstoffe, die für den Lieferanten interessant sind? Folgen in der Zukunft mögliche Aufträge, die wir vom jetzigen Entgegenkommen abhängig machen können? Wenn ja, sollten wir diese einsetzen, um die jetzige Situation zu retten. Formulierung: „Uns – und sicher auch Ihnen – ist klar, dass wir uns in einer Zwangssituation befinden. Der Fachbereich hat es Ihnen bereits verraten: Sie werden den Auftrag erhalten. Dennoch erwarten wir von Ihnen einen marktgerechten Preis! Nur dann kann ich Ihnen auch Chancen auf den zukünftigen Auftrag einräumen. Wie weit können Sie von Ihrem jetzigen Angebotspreis runtergehen?"

Strategie	Umsetzung
Parallele Konsequenzen nutzen	Alternativ zu langfristigen Konsequenzen bieten sich parallele Konsequenzen als Druckmittel an. Gibt es Aufträge, die ebenfalls für den jetzigen Lieferanten infrage kommen, bei denen wir jedoch *nicht abhängig* sind? Gleiche Formulierung wie oben angepasst: „... Nur dann haben Sie Chancen auf das Parallelprojekt!"
Trainieren Sie die Mitarbeiter im Fachbereich (generelle, langfristige Lösung)	Bereits mit geringem Aufwand kann der Fachbereich Ihnen den Rücken stärken. Der Fachbereich muss gegenüber dem Lieferanten den Schein wahren: „Sie sind einer von mehreren Lieferanten, die für uns infrage kommen. Gemeinsam mit einer Lieferantenbewertung werden wir dem Einkauf die Alternativen übergeben. Danach ist es allein Entscheidung des Einkaufs, welche der Alternativen zur Umsetzung kommt. Viel Glück!"
In der Zukunft früher verhandeln	Bei vorhersehbaren Beschaffungsvorgängen ziehen Sie die Aufgabe der Preisverhandlung zeitlich vor die Gespräche des Fachbereichs. Womöglich müssen Sie dafür in die Prozessplanung und Arbeitsabläufe eingreifen. Binden Sie alle betroffenen Stellen und vor allem die Führungskräfte ein, die ein hohes Interesse an günstigen Einkaufskonditionen haben.
Das gleiche Produkt noch mal abfragen – ohne Druck	In einigen Fällen bietet sich die Chance, das gleiche Produkt noch mal unter einem anderen Deckmantel zu verhandeln und Rückschlüsse aus dem dann genannten Preis zu ziehen. Formulierung: „Für einen anderen Bereich haben wir ebenfalls eine Anfrage zu Produkt A. Allerdings sind die hochgradig preissensibel. Es hängt stark vom Preis ab, ob der Auftrag kommt. Was können Sie uns in diesem Fall anbieten?" Antwort/Verkauf: „Maximal noch 2 Prozent." Einkauf: „Tut mir leid, dann muss ich direkt absagen. Schade für Sie!" Verkauf: (grübelt) „Na gut. In dem Fall bin ich zu 7 Prozent bereit!"

Dazu zwei Fragen, Herr Altmannsberger!

In vielen Fällen wird der Fachbereich nicht mitspielen wollen, was mache ich dann?

Urs Altmannsberger: Spielt der Fachbereich nicht mit, obwohl es im Unternehmensinteresse richtig wäre, so ist die Führungsetage gefragt. Ziehen Sie sich nicht den Schuh an, Erzieher für den Fachbereich zu werden. Das würde auch ins Auge gehen. Sie klären auf, aber belehren nicht. Regeln stellt dagegen die Führungsetage auf. Vorgaben liegen in deren Verantwortung. Ihr Fachbereich sollte also so einsichtig sein, dass er sowohl sein eigenes Interesse an seinen Lieblingslieferanten sieht als auch die Notwendigkeit eines angemessenen Preises erkennt. Fehlt dem Fachbereich die Erkenntnis dieser Zusammenhänge, sollten Sie durch die entsprechenden Erklärungen für Aufklärung sorgen.

Und wenn der Fachbereich einfach nur zu bequem ist?

Altmannsberger: Dann muss zur Not eine Order durch die Geschäftsführung das richtige Verhalten sicherstellen, also eine Anweisung von oben herab erfolgen. In der Praxis behindern oft auch persönliche Vorzüge des Fachbereichs die Zusammenarbeit mit dem Einkauf. Führt der direkte Kontakt des Fachbereichs zum Lieferanten zu erstrebenswerten Messeeinladungen oder Geschenken, so wird das häufig nicht offiziell ausgesprochen, tickt aber im Hintergrund mit und verhindert eine Lösung im Sinne des Unternehmens. Wir bezeichnen diesen Zusammenhang als „Maverick-Buying-Effekt": Kollegen und Nichteinkäufer im Unternehmen beeinflussen Einkaufsprozesse aufgrund persönlicher Vorteile.

So lösen Sie den Bremsklotz
„Der B2B-Endkunde hat bereits entschieden"

Etwas anders – aber leider nicht besser – sieht es im Handel aus. Auch hier werden Entscheidungen kommuniziert, bevor die Preisverhandlung abgeschlossen ist. Zwar fällt der Bremsklotz des Fachbereichs im Handel weg, dafür schiebt aber der Endkunde seinen Klotz an die gleiche Stelle. Nehmen wir ein Beispiel aus dem B2B-Bereich.

Eine Versicherung nutzt bereits einen Großrechner des (fiktiven) Computerherstellers GRH. Eine geplante Erweiterung des Großrechners wurde von der technischen Seite bereits langfristig mit dem Hersteller GRH diskutiert und vorbereitet. Die Entscheidung, wieder GRH einzusetzen, ist gefallen. GRH vertreibt seine Computer über ein Handelsnetz mit drei Partnern. Der Handelspartner, der mit dem Aufbau, der Inbetriebnahme und der Wartung betraut werden soll, soll noch per Ausschreibung ausgewählt werden. Darüber ist ein Preiskampf der Händler untereinander entbrannt. Die ohnehin schon geringe Handelsmarge verbrennt zusehends.

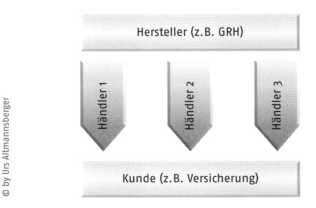

Abbildung 9: Hersteller und Kunde in guter Verhandlungsposition

Die Abbildung 9 bringt zum Ausdruck: Hersteller und Kunde sind in guter Verhandlungsposition. Auf deren Ebene gibt es keinen Wettbewerb. Unsicherheit besteht nur bei den Händlern. Dort kann einer von drei Wegen beschritten werden. Daher versucht der Endkunde, dort den Druck auf den Preis auszuüben. Das ist jedoch ungeschickt. Denn die Händler haben nur eine geringe Handelsmarge. Größere Zugeständnisse kann nur der Hersteller GHR leisten. Der ist aber entspannt und sieht keinen Zugzwang für sich selbst: „Es steht fest, dass mein Produkt gekauft wird. Daher brauche ich nicht nachzulassen!"

Das Problem wurzelt in der bereits getroffenen Entscheidung auf der Herstellerebene:

- Die *großen* Nachlässe hätte man vor allem beim Hersteller realisieren können. Dort steht die Entscheidung aber schon fest. Der verspürt keinen Druck mehr! Ergebnis: kein Zugeständnis.
- Jetzt können nur noch die *kleinen* Nachlässe in der Handelsstufe realisiert werden. Der Preis scheint zwar noch verhandelbar, der Bewegungsspielraum ist jedoch erheblich verringert. Ergebnis: kleine Zugeständnisse.

Eine Alternativlösung sieht wie folgt aus:

→ Stellen Sie sich die Frage: Welche Partner in der Produktions- und Handelskette haben das größte Potenzial für Zugeständnisse? Wer hat die höchste Marge?
→ Leiten Sie Ihren Druck dorthin, indem die Entscheidung demjenigen gegenüber als offen gilt! Kooperieren Sie dazu mit Ihrem Endkunden.

In dem Beispiel hat GRH als Hersteller das größte Potenzial für hohe Nachlässe. Wenn Ihr Endkunde, also die Versicherung, mit Ihnen gemeinsam GRH in Wettbewerb zu einem anderen Hersteller setzt, kommt dort Druck auf. GRH ist dann – im Gegensatz zur ursprünglichen Situation – unsicher, ob er Lieferant wird. GRH wäre dann eher bereit, Nachlässe zu gewähren, um die Chance auf den Auftrag zu verbessern.

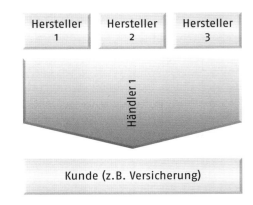

© by Urs Altmannsberger

Abbildung 10: Endkunde und Handel in guter Verhandlungsposition

Die Abbildung 10 zeigt: Endkunde und Handel sind in guter Verhandlungsposition. Auf deren Ebene gibt es keinen Wettbewerb mehr. Der Endkunde (Versicherung) kooperiert mit einem ausgewählten Handelspartner, um gemeinsam die Hersteller unter Druck zu setzen. Den Hersteller stellen beide in (echten oder inszenierten) Wettbewerb und schaffen sich damit eine optimale Verhandlungssituation. Die Folge: Der Hersteller wird von seiner attraktiven Marge abgeben und das Angebot günstiger gestalten. Dem Handelspartner bleibt Luft, seine Leistungen sinnvoll anzubieten, der Endkunde erhält ein günstiges Angebot.

Die folgenden Strategien helfen Ihnen, den B2B-Handels-Bremsklotz zu lösen.

Strategie	Umsetzung
Kooperation Handel mit dem Kunden	Die beste Methode ist wieder: Wurzel des Übels ziehen! Wettbewerb an die richtige Stelle schieben. Um an die großen Nachlässe heranzukommen, empfiehlt sich die Kooperation zwischen Endabnehmer und Handelspartner. Als Wettbewerber werden nicht die Handelspartner untereinander benutzt, sondern die unterschiedlichen Hersteller. Gemeinsam mit Ihrer Verkaufsabteilung treten Sie dann an Ihren Kunden heran. Schaffen Sie Aufklärung, wie wertvoll die Kooperation sein kann. Schmieden Sie gemeinsam mit dem Endkunden eine sinnvolle Preisverhandlungsstrategie: Erst wählt der Endkunde einen Handelspartner aus und verhandelt mit ihm eine Leistungspauschale. Im zweiten Schritt verhandeln Endkunden und Handelspartner gemeinsam mit den infrage kommenden Herstellern. Zumindest soll der Schein gewahrt sein.

So lösen Sie den Bremsklotz
„Der B2C-Endkunde hat bereits entschieden"

Der Lösungsansatz im B2C-Handel ist etwas anders gelagert. Hier stellt sich die Situation wie folgt dar: Die Kunden greifen automatisch zum Produkt des Herstellers, weil deren Entscheidung bereits gefallen ist – konkret: Aufgrund jahrelanger Werbekampagnen ist ein bestimmter Brotaufstrich im Kopf der Kunden als besonders attraktiv verankert. Will eine Mutter ihren Kindern ein besonders leckeres Frühstück bieten, greift sie nach der betreffenden Sorte. Das weiß der Hersteller. Damit besitzt er momentan die Macht. Erhöht dieser Hersteller die Preise, ist das Handelsunternehmen ohnmächtig. Es ist gezwungen, den Preisunterschied entweder zu schlucken oder an die Kunden weiterzugeben.

Dabei gilt: Rauswurf geht nicht! Das Produkt einfach aus den Regalen zu nehmen, funktioniert nicht. Kunden würden unter Umständen zum Wettbewerber des Supermarkts wechseln, um dort den gewünschten Brotaufstrich zu kaufen. Im schlimmsten Fall verliert der betroffene Supermarkt nicht nur den Umsatz des Brotaufstrichs, sondern auch damit verbundene Einkäufe: Der Kunde geht in einen anderen Supermarkt, kauft dort den Brotaufstrich und alles andere, was er auch noch besorgen wollte. Ungeschickt ist zudem: Die Kundin „Mutter" wird ihre Entscheidung im Stillen treffen, den Markt also nicht zu einer Verhandlung bitten.

Die Abbildung 11 veranschaulicht: Der Hersteller hat keinen Wettbewerb, da die Verbraucher sich für sein Produkt entschieden haben. Der Handel ist in der Wettbewerbs-Not, die Verbraucher zu locken, erhält jedoch weder vom Hersteller noch von Kundenseite Unterstützung.

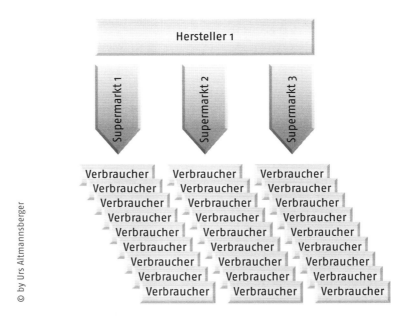

Abbildung 11: Hersteller ohne Wettbewerb, Handel in der Wettbewerbs-Not

Die Wurzel liegt in der getroffenen Entscheidung des Endkunden: „Ich will diesen ganz speziellen Brotaufstrich und keinen anderen!" Und: Durch die große Zahl der Endkunden ist eine Kooperation (Endkunde mit Handel) wie im vorangegangenen Beispiel nicht abbildbar.

Und so löst der Händler das Problem direkt an der Wurzel:

Lösungsbausteine: „Der Endkunde hat im B2C-Handel bereits entschieden"

Strategie	Umsetzung
Entmachten Sie den Hersteller, lassen Sie den Kunden die Entscheidung neu treffen.	Schaffen Sie einen neuen Entscheidungsprozess! Wie wäre es, wenn der Kunde – bevor er nach dem üblichen Brotaufstrich greift – ähnliche Brotaufstriche testen kann (im Blindversuch, ohne dass er die Marke erkennt)? Jetzt wird eine Chance für eine neue Entscheidung oder Umorientierung gegeben. Die Entscheidung des Kunden wird nicht durch das Label getroffen, sondern über die Geschmacksnerven.
Entmachten durch neuen Wettbewerb, Kunden aktiv beraten	Wir sprechen über ein weites Feld unterschiedlichster Produkte. Sind diese Produkte wertvoller als nur ein Brotaufstrich, können Sie den Kunden aktiv beraten. Führen Sie ihm die Alternativprodukte vor, lassen Sie ihn ausprobieren, demonstrieren Sie die Funktionen, lassen Sie ihn schmecken, zeigen Sie Vorteile. Hiermit erreichen Sie, dass der Kunde seine Entscheidung neu überdenkt und trifft. Treffen Sie sich mit Lieferanten und Herstellern, die Ihre Unternehmensinteressen besser erfüllen als der bisherige Lieferant. Etablierte Lieferanten haben es nicht nötig, auf Ihre Interessen einzugehen. Aufstrebende Lieferanten dagegen sind stärker an kooperativer Zusammenarbeit interessiert.
Lösen Sie sich von fremdgesteuerten Marken, schaffen Sie Ihre eigenen Marken. Werden Sie der Entscheider für Ihre Kunden. Entscheiden Sie, was in der Packung steckt, nach der Ihr Kunde automatisch greift.	Handelsunternehmen sind es leid, Marionetten der namhaften Marken zu sein. Der Einkauf soll nicht länger reaktiv die Regale nachfüllen, sondern aktiv das Sortiment gestalten. Dazu muss die Entscheidung des Endkunden „Ich kaufe Brotaufstrich Marke A" verändert werden. Besser für das Handelsunternehmen ist: „Ich kaufe den Brotaufstrich des Handelsunternehmens." Beobachten Sie bei Ihrem wöchentlichen Supermarkteinkauf, wie sich die Landschaft dort verändert hat. Immer mehr Eigenmarken geben dem Handelseinkäufer die Freiheit, den Lieferanten zu wechseln, ohne gleichzeitig die Marke im Regal zu verändern. Das ist auch in Ihrer Branche möglich.
Abhängigkeit des Kunden selbst nutzen	Ist der Kunde auf ein Produkt unveränderlich festgefahren? Ist sein Einkaufsverhalten in Stein gemeißelt? Dann gilt das nicht nur für die MARKE, nach der er greift, sondern auch für den MARKT, in dem er kauft. Nutzen Sie diese Abhängigkeit für Ihre Ziele.

So lösen Sie den Bremsklotz
„Sachzwänge und teure nachträgliche Änderungen"

Ganz besonders schlechten Einfluss haben Sachzwänge auf Ihr Ergebnis. Beispielsweise besteht der Zwang, bei einem bestimmten Lieferanten zu ordern. Noch schwerer wiegt bei Sachzwängen: Der Lieferant weiß das in der Regel auch! Es geht aus dem Sachzusammenhang hervor, dass Sie unter Zwang stehen. Geschickte Anbieter planen dies sogar ein – zum Beispiel:

- ■ Um ein Gerät weiter betreiben zu können, ist spezifisches Verbrauchsmaterial notwendig, das es nur aus einer Quelle gibt.
- ■ Um Gewährleistungs- und Garantieansprüche geltend zu machen, müssen ausgewählte Betriebe für die Wartung beauftragt werden.
- ■ In der IT soll ein Programm erweitert werden. Der ehemalige Programmierer soll plötzlich das Doppelte kosten. Andere Programmierer müssten sich erst langwierig einarbeiten.

Sachzwänge sind Gründe, die einen Kunden an einen bestimmten Lieferanten binden. Sie führen also für den Einkäufer zu einer strategisch schlechten Ausgangssituation für die Konditionsverhandlungen.

Kommen wir zu den teuren nachträglichen Änderungen: In großen Ausschreibungen steigt die Abhängigkeit von einzelnen Lieferanten, je weiter der Prozess voranschreitet. Dem Einkäufer stehen während der Ausschreibung mehrere Lieferanten zur Wahl. Um den Auftrag zu erhalten, unterbieten sich die Lieferanten gegenseitig mit immer besseren Angeboten. Das ist gut! Dann jedoch endet die Ausschreibung mit der Vergabe an den besten Lieferanten. Damit ist die Abhängigkeit da. Sollte es jetzt zu Änderungswünschen am Produkt kommen – und das passiert in der Praxis oft –, wird es teuer.

© by Urs Altmannsberger

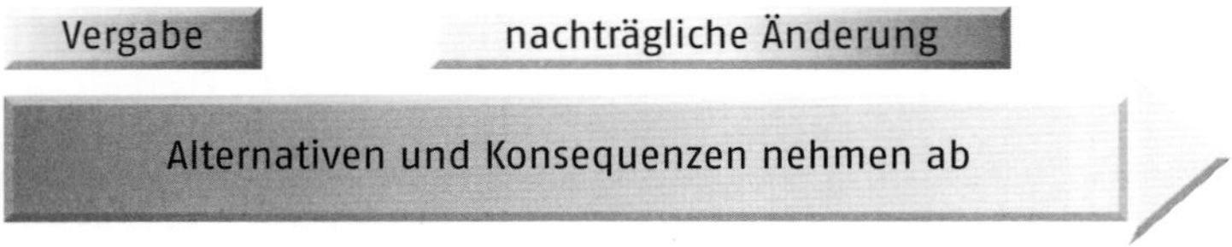

Vergabe	nachträgliche Änderung

Alternativen und Konsequenzen nehmen ab

Abbildung 12: Der Zwang, bei einem Lieferanten zu kaufen, steigt, die Verhandlungsposition verschlechtert sich

Der Lieferant weiß zu diesem Zeitpunkt: Die Ausschreibung ist beendet, den Wettbewerbern wurde abgesagt, und meistens steckt der Kunde schon mitten in der Arbeit. Ein Wechsel zu einem anderen Lieferanten wäre mit erheblichen Mehrkosten für ihn verbunden. Während also in der Vergabe noch richtig Druck auf dem Lieferanten und seinem Preis lag, kann er jetzt ungeniert das Geld wieder reinholen.

Einige Lieferanten erkennen das erst, wenn der Änderungswunsch vom Kunden ausgesprochen wird. Andere Lieferanten wiederum vertagen die Gewinnaussicht ganz bewusst auf die erste Veränderung – und zwar mit voller Absicht.

In allen Fällen fehlt es dem Einkauf an der Macht, an einer Konsequenz oder auch an Alternativen. Und für den Lieferanten macht es keinen Unterschied, ob er dem Einkäufer entgegenkommt oder nicht. Er erhält so oder so den Auftrag. Ein nennenswerter Nachlass würde das Verhandlungsergebnis nicht verbessern. Das verschlechtert die Position des Einkäufers. Das darf und muss nicht sein, wie die Lösungsbausteine zeigen.

Lösungsbausteine: „Sachzwänge und teure nachträgliche Änderungen"

Strategie	Umsetzung
Preise für Verbrauchsmaterialien und Wartung vor der Entscheidung vereinbaren und in die Entscheidung mit einbeziehen	Der Bedarf an Verbrauchsmaterial und Wartung ist vorhersehbar. Daher ist es leicht, diese Aufwendungen schon vor der Entscheidung einzukalkulieren. Vereinbaren Sie mit dem Lieferanten, was im Nutzungszeitraum verbraucht wird und welche Wartungen für den Erhalt der Gewährleistung/Garantie notwendig sind. Verhandeln Sie die Kosten genauso wie das eigentliche Produkt. Beziehen Sie diese Aufwendungen in Ihre Lieferantenwahl ein.
Multi-Lieferanten-Strategie: Lieferantenwechsel während der Serienproduktion ermöglichen	In einigen Fällen sinnvoll und möglich: Was ist notwendig, um auch während der Serienproduktion von einem zum nächsten Lieferanten zu springen? Einheitliche Maschinen? Portable Werkzeuge? Lieferanten mit einheitlichen Prozessen? Vergleichen Sie die Einsparpotenziale mit dem notwendigen Mehraufwand.
Lieferanten während der Serie mit Wettbewerbern vergleichen und mit *späteren* Konsequenzen konfrontieren – auch wenn ein Wechsel nicht möglich ist	Vergleichen Sie: Was würde die gleiche Änderung oder das gleiche Zusatzteil bei einem Wettbewerber kosten? Warnen Sie den Verkäufer vor der späteren Konsequenz: „Wenn Sie uns in dieser Zwangslage keinen marktüblichen Preis für die Erweiterung anbieten, fühlen wir uns ungerechtfertigt benachteiligt. Gerne möchte ich mit Ihnen eine faire Vereinbarung treffen. Sollten wir feststellen, dass das nicht möglich ist, sehen wir uns gezwungen, den zu viel bezahlten Betrag bei künftigen Projekten im Wettbewerbsvergleich aufzuschlagen. Mein Vorschlag daher ..."
Lieferanten während der Serie dennoch mit Wettbewerbern vergleichen und mit *direkten* Konsequenzen konfrontieren	Was würde die gleiche Änderung bei einem Wettbewerber kosten und welche Mehrkosten wären bei einem jetzigen Wechsel zu tragen? Strategie-Tipp: *Lassen Sie den Nutznießer des Wechsels die Kosten tragen!* Inwieweit ist der neue Lieferant bereit, die Wechselkosten ganz oder teilweise zu übernehmen? Warnung gegenüber dem jetzigen Lieferanten: „Wenn Sie uns keinen marktüblichen Preis für die Erweiterung anbieten, fühlen wir uns über den Tisch gezogen. Gerne möchte ich mit Ihnen eine faire Vereinbarung treffen. Sollten wir feststellen, dass das nicht möglich ist, habe ich die Freigabe ... a) ... der Geschäftsführung, die Kosten für den Wechsel zu einem Wettbewerber einmalig aufzuwenden. Allerdings wäre ab diesem Moment eine Zusammenarbeit mit Ihrem Unternehmen behindert/erschwert/unmöglich. Mein Vorschlag daher ...!"

Strategie	Umsetzung
	b) ... des neuen Lieferanten, dass dieser die Wechselkosten trägt. Allerdings nur, wenn wir einer Kooperation für mindestens 36 Monate zustimmen. Für Sie wären wir also ab diesem Moment auf lange Zeit verloren! Mein Vorschlag daher: Bieten Sie uns einen besseren Preis ..." c) ... Sie für die nächsten Projekte (auch gegen den Wunsch des Fachbereichs) komplett zu sperren!" Beachten Sie dabei: Drohungen und Warnungen, die als Bluff entlarvt werden, schwächen den Verhandler lange Zeit.
Nachteile zu Vorteilen wandeln ⟶	Stimmen Sie im Vorfeld mit der Führungsetage ab, was die Konsequenz sein wird, wenn der Lieferant sich stur stellt und überhöhte Preise verlangt. Formulierungsvorschlag: „Sollten wir uns entschließen, die Kosten für einen Lieferantenwechsel auf uns zu nehmen, werden wir sicher nicht in der darauffolgenden Periode wieder zurückwechseln. Mit Ihrem Angebot stellen Sie also nicht nur die Weichen für die anstehende Änderung, sondern im Wechselfall für eine lange Zeit."

Dazu eine Frage, Herr Altmannsberger!

Was aber, wenn Wettbewerber keine Angebote abgeben, weil sie ohnehin außen vor sind?

Urs Altmannsberger: Dann schaffen Sie Anreize für den Wettbewerbslieferanten! Wenn der seine Chancen durch ein aktuelles Angebot auf die nächste Vergabe verbessern kann, wird er gerne auch zwischendrin die Preise zusammenstellen, solange der Aufwand nicht den Rahmen sprengt.

EXTRA-VORTEIL:
Erhalten Sie kostenlos regelmäßig weitere Tipps, wie Sie Ihre Verhandlung noch geschickter gestalten. Erfahren Sie innovative Taktiken und Antworten auf wichtige Fragen aller Einkäufer. Hier können Sie sich zu den Verhandler-Tipps anmelden:
www.altmannsberger-verhandlungs-training.de/verhandler-tipp

So lösen Sie den Bremsklotz „5-Sterne-Lösung"

In vielen Unternehmen wünschen sich die Fachbereiche besonders aufwendige Lösungen und Produkte. Selbst wenn der zusätzliche Effekt auf die Aufgabenlösung und der On-top-Nutzen für das Unternehmen nur recht gering sind, ist es natürlich bequem, mit dem Besten vom Besten zu arbeiten. Die sogenannten 5-Sterne-Lösungen führen dazu, dass nur einer (oder ganz wenige) Lieferanten infrage kommen. Gleichzeitig bewegen sich die 5-Sterne-Lösungen am oberen Ende der Preisskala. In den meisten Fällen wird der Lieferant von den hochgesteckten Wünschen des Fachbereichs Kenntnis haben. Damit weiß der Lieferant auch, dass er nicht im breiten Wettbewerb steht. Im besten Falle für den Lieferanten steht er allein an der Spitze. Wieder haben wir die Situation, dass Preisnachlässe unwahrscheinlich sind.

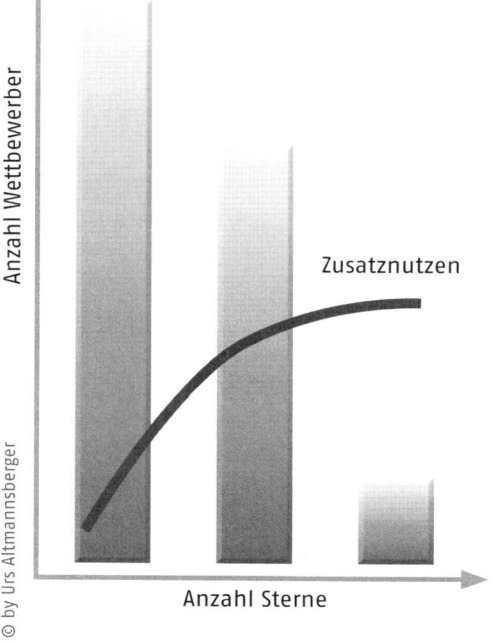

Die Abbildung 13 zeigt: Der Fachbereich reduziert die Zahl der Wettbewerber durch Wünsche, die nur ein Lieferant erfüllen kann. Der Zusatznutzen ist gering. Der Nachteil in der Verhandlung dagegen groß. Aber auch dieses Problem lässt sich lösen.

Abbildung 13:
5-Sterne-Lösung

© by Urs Altmannsberger

Lösungsbausteine: „5-Sterne-Lösungen"

Strategie	Umsetzung
Ansprüche reduzieren	Wiederum ist unser erster Gedanke, an der Wurzel anzupacken: Welche Anforderung hat zum Ausschluss der Wettbewerber geführt? Wie wichtig ist diese Anforderung für das betriebliche Ergebnis? Schrauben Sie unnötige Anforderungen zurück – dabei müssen Sie nicht auf ganzer Breite bei allen Anforderungen Abstriche machen.
5-Sterne-Lösungen gegen 4-Sterne-Lösungen setzen, Preis- und Leistungsunterschied zur Entscheidung geben	Nehmen wir an, der Fachbereich besteht auf der 5-Sterne-Lösung, Sie können das jedoch nicht nachvollziehen. Da der Einkäufer in der Regel nicht der Vorgesetzte des Fachbereichs ist, steht uns die Entscheidung nicht zu. Die Entscheider erwarten jedoch von Ihnen, über gewinnrelevante Vorkommnisse informiert zu werden. Tragen Sie dazu bei: Stellen Sie einen einfachen Vergleich zwischen 5-Sterne- und 4-Sterne-Lösung her und setzen Sie die Kostenunterschiede in Relation dazu. Helfen Sie damit der Führungsetage, die richtige Entscheidung zu treffen. Wird die 5-Sterne-Lösung dann als richtige Wahl vorgegeben, haben Sie dennoch mit Ihrer Arbeit zur Entdeckung möglicher Einsparpotenziale beigetragen.
„Handicap" vom Fachbereich vergeben lassen – wie viel teurer darf die Lieblingslösung sein?	Bewegen Sie den Fachbereich zu nachvollziehbaren Bewertungen. Wenn die 5-Sterne-Lösung gegenüber der 4-Sterne-Lösung angeblich ja soooo wichtig ist, dann lassen Sie den Fachbereich den Mehrwert in Euro oder als Faktor bewerten: „Lieber Fachbereich, wie viel Prozent darf die 5-Sterne-Lösung aus Ihrem Blickwinkel über der 4-Sterne-Lösung liegen?" a) Gibt der Fachbereich Ihnen utopisch hohe Werte an, so wird die Führungsetage sicher ihre ganz eigene Idee dazu haben. Legen Sie der Führungsebene die Bewertung vor, und lassen Sie die Entscheider darüber befinden, ob das akzeptabel ist. b) Gibt der Fachbereich Ihnen realistische Werte, haben Sie ein hervorragendes Tool für Wettbewerbsvergleiche. Alle Lieferanten bleiben im Rennen und werden über den vorher festgelegten Faktor verglichen. Jetzt sind Sie als Verhandler gefragt! Der Fachbereich hat Ihnen brauchbare Vorgaben geliefert und überlässt Ihnen das Feld. Sie können die Angebote direkt miteinander vergleichen und Ihre Verhandlungen mit allen Lieferanten (eben nicht nur mit dem bevorzugten) weiterführen.

Übung: Bessere Ausgangsbasis schaffen,
Bremsklötze identifizieren und beseitigen

 Rufen Sie sich eine Ihrer typischen Verhandlungen in den Sinn. Denken
Sie bewusst an eine der häufiger vorkommenden Verhandlungssituationen! Dann hilft Ihnen die Übung nicht nur in einer einzelnen Sonder-
situation, sondern auch im verhandlerischen Alltagsgeschäft.

Schritt 1: Sammeln Sie die Einflussfaktoren.

Notieren Sie sich in einem Notizheft:
- Was beeinflusst in Ihrem gewählten Fall das Ergebnis?
- Welche Faktoren verhindern ein besseres Ergebnis?
- Welche Unternehmensteile (Abteilungen oder einzelne Funktionen,
  Personen) haben widersprüchliche Interessen, arbeiten eher gegen
  Ihre Ziele?

Zum Beispiel: Der Fachbereich hat vor allem seinen Produktionsstart
als drängenden Termin vor Augen. Daher gibt er schon vorab den Auftrag
an den Lieferanten, damit die Fräsmaschinen rechtzeitig vor Ort
bereitstehen.

Schritt 2: Greifen Sie die einzelnen Faktoren nacheinander auf.

Überlegen Sie sich (notieren Sie Ihre Antworten wiederum im Notizheft):
- Was würde die Situation verbessern?
- Wen müsste ich dafür einbinden?
- Wer gibt mir die notwendige Rückendeckung?
- Wie kann ich gleichzeitig die Interessen aller Beteiligten erfüllen?

Zum Beispiel: Ich muss früher vom Fachbereich erfahren, was er benötigt, damit genug Zeit für die Verhandlungen mit den Lieferanten bleibt.
Dafür sollte ich mich schon in der Planungsphase in den Prozess einklin-
ken. Gleichzeitig stimme ich mich mit dem Fachbereichsleiter ab – er soll
dem Lieferanten gegenüber den Wettbewerb offenhalten: „Sie sind einer
von mehreren Lieferanten, die für uns infrage kommen!"

2.5 Forderungsbegründung formulieren

Nachdem Sie bisher in diesem Kapitel die Faktoren, die Sie bremsen und Ihren Verhandlungserfolg gefährden könnten, erkannt und so Ihre Ausgangssituation deutlich verbessert haben, sollten Sie nun noch eine darauf abgestimmte Forderungsbegründung formulieren.

Auf der Basis Ihrer Verhandlungsstrategie lässt sich die Forderungsbegründung leicht ableiten, die Sie später in der Startrampe nutzen werden. Der Verkäufer will wissen: „Was rechtfertigt die Forderung des Einkäufers?", bevor er Ihnen entgegenkommt. Mit der richtigen Begründung kommen Sie leichter zu Ihrem Ziel.

■ Bremsklotz erkannt: Ihr Fachbereich hat sich schon auf einen Lieferanten mit 5-Sterne-Produkt festgelegt und das auch kommuniziert.
■ Bremsklotz beseitigt: Sie haben mit Rückendeckung der Geschäftsführung die Entscheidung aufgeweicht und die Anforderungen auf 4 Sterne zurückgeschraubt. Damit sind nun mehrere Lieferanten im Boot.
■ **Forderungsbegründung:** „Der Lieferant ist einer von mehreren, die infrage kommen. Der Preis entscheidet über die Auswahl. Der jetzige Preis reicht nicht zum Auftragsgewinn! Der Lieferant muss den Preis senken!"

Die Forderungsbegründung ist die Bodenplatte Ihrer Verhandlungstaktik, die Grundaussage, die fest und sicher ist, auf die Sie sich jederzeit verlassen können. Darum: Formulieren Sie die Forderungsbegründung klar und druckvoll, um die eigene Position zu stützen. Alle Beteiligten, die bei der Verhandlung auf Ihrer Seite stehen, müssen die Begründung verstanden haben und sie mittragen.

In der folgenden Tabelle haben wir bewusst gute und auch weniger gute Forderungsbegründungen aufgeführt. Welche der Forderungsbegründungen nutzen Sie? Lesen Sie dazu die Kommentare und treffen Sie Ihre zukünftige Auswahl.

Beispiele zu Forderungsbegründungen und Bewertung

Forderungsbegründung	Wertung
„Wettbewerb ist bei gleicher Leistung günstiger!"	Die beste aller Forderungsbegründungen, weil sie sich auf ein Naturgesetz stützt.
„Ich bin Einkäufer, daher müssen Sie im Preis runtergehen."	Sehr schwach. Aufgrund der Berufsbezeichnung einen Nachlass fordern? Nicht optimal. Wenn Sie dennoch Zugeständnisse erreichen, dann ist das nur das Sahnehäubchen. Da geht sicher noch mehr.
„Sie haben freie Kapazitäten; Mitarbeiter und Maschinen sind nicht ausgelastet!"	Damit pushen Sie die Kalkulation des Verkäufers zu Opportunitäten. Wo sonst Herstellkosten plus Gewinnaufschlag gilt, steht jetzt der Vergleich: „Was ist besser? Kein Auftrag und die Mitarbeiter drehen Däumchen – oder ein Auftrag mit deutlichem Nachlass, aber immer noch akzeptablem Deckungsbeitrag?"
„Durch die Produktionsverlagerung in Best-Cost-Countries haben Sie mehr Luft."	Standortverlagerungen sind oft kostenmotiviert. Von den Einsparungen können wir uns als Kunde etwas abschneiden.
„Weil zwölf Monate vergangen sind!"	Falsch! Oftmals werden in Jahresgesprächen (also in Verhandlungen mit Lieferanten, die im Jahresrhythmus wiederholt werden) die zwölf Monate als Alibi genannt. Unsinn! Die zwölf Monate sind nur der Rhythmus, in dem die Konditionen überprüft werden. Die Forderungsbegründung ergibt sich dann durch die veränderte Situation. Etwa wenn sich die Rohstoffpreise verändert haben oder die Produktion optimiert oder die Menge gesteigert wurde. Und dann sind Rohstoffpreis, Optimierung und Menge die Forderungsbegründung.
„Der Rohstoff ist günstiger geworden!"	Okay, Sie müssen aber nachvollziehbare Zahlen vorbereiten.
„Wir haben kalkuliert: Sie haben noch deutlich Luft!"	Gut, wenn Sie dem Lieferanten vorrechnen können, dass er sich die Taschen füllt. Gerade dann, wenn Sie weniger verdienen, ist das eine gute Forderungsbegründung.
„Nach drei Jahren sind Ihre Abschreibungen für die Anfangsinvestitionen durch."	Sehr wichtiger Punkt! Lieferantenkalkulationen wechseln nach einigen Jahren in eine profitablere Zone. Werkzeuge, Planungskosten etc. sind abgeschrieben und belasten die Kalkulation nicht mehr. Die richtige Zeit, den eigenen Anteil einzufordern.

Forderungsbegründung	Wertung
„Wir haben die Menge deutlich gesteigert."	⟹ Gut! Damit verteilen sich Fixkosten auf eine größere Menge. Ergo muss der Stückpreis runter.
„Sie erfahren durch die Zusammenarbeit mit uns eine Aufwertung Ihrer Marke."	⟹ Ein Beispiel für immaterielle Forderungsbegründungen: Der Lieferant genießt besseres Ansehen, seit er an uns liefert? Dann kann er für diesen Image–Effekt Teile seines Werbebudgets bei uns ausschütten. Passt!

Übung: Optimieren Sie Ihre Forderungsbegründung

Formulieren Sie nun für die von Ihnen gewählte typische Verhandlungssituation eine Forderungsbegründung. Sammeln Sie im ersten Schritt
mehrere unterschiedliche Forderungsbegründungen. Versuchen Sie nicht
gleich die einzige und allerbeste mit dem ersten Schuss zu treffen. Das
hemmt nur Ihr Denken. – Also:

■ Was könnte Ihre Forderung nach Zugeständnissen in Ihrem typischen
  Verhandlungsfall rechtfertigen? (Nutzen Sie Ihr Notizheft.)
■ Betrachten Sie nun in Ruhe Ihre Forderungsbegründungen: Welche
  ist aus Sicht des Lieferanten die druckvollste? Entscheiden Sie sich für
  eine Forderungsbegründung.
■ Formulieren (und notieren) Sie diese Forderungsbegründung jetzt
  nochmals neu. Achten Sie bei der optimierten Formulierung darauf,
  dass sie für den Verkäufer/Lieferanten verständlich und auf dessen
  vermutete Ziele ausgerichtet ist.

Nehmen wir an, wir vermuten, dass der Verkäufer den Auftrag erhalten
möchte. Und die Forderungsbegründung lautet bisher: „Der Wettbewerb
ist günstiger!" Dann würde die optimierte Formulierung so lauten: „Mit
dem jetzigen Preis erhalten Sie keinen Auftrag!"

Die Forderungsbegründung ist ein wesentlicher Bestandteil Ihrer Verhandlungsstrategie – und jederzeit Ihr Rettungsanker! Sie wissen ja: Die Verhandlung ist ein heftiges Tauziehen: Der Verkäufer lenkt immer wieder vom Preis ab und versucht über Qualität und Technik zu diskutieren. Vor lauter Antworten und Diskussionen über die Qualität raucht Ihnen der Kopf.

Mein Tipp: Legen Sie einen STOPP ein! Besinnen Sie sich kurz auf Ihren Rettungsanker und werfen Sie ihn dem Verkäufer im übertragenen Sinne an den Kopf, etwa so:

▨ *„Mit dem jetzigen Preis erhalten Sie keinen Auftrag!",*

um dann zielgerichtet fragend zu ergänzen:

▨ *„Wie weit gehen Sie runter?"*

Wenn Sie bereits etwas Übung haben, können Sie auch wie folgt argumentieren:

▨ *„Wir können gerne später noch über Qualität und Technik sprechen. Allein für die Auftragsvergabe hat das im jetzigen Prozess keine Bedeutung. Die Leistungsunterschiede der Wettbewerber untereinander wurden vom Fachbereich geprüft und abgehakt. Jetzt ist allein der Preis das noch fehlende Element. Mit dem jetzigen Preis erhalten Sie den Auftrag nicht. Wenn Sie den Auftrag also haben wollen, müssen Sie ein besseres Angebot abgeben. Wie weit können Sie im Preis noch runtergehen?"*

Bedenken Sie dabei:

Der Preis steht in diesem Buch stellvertretend für alle vorstellbaren Forderungen.

Das bedeutet: Statt des Preises ist die Lieferzeit der Verhandlungsgegenstand? Dann tauschen Sie einfach die Wörter aus: „Mit dem jetzigen Liefertermin erhalten Sie den Auftrag nicht: Wenn Sie den Auftrag haben möchten, müssen Sie früher liefern. Wie viele Tage schneller können Sie ...?"

Fazit:

→ Fragen Sie sich im Vorfeld anstehender Verhandlungen: „Was bremst mich und meine Verhandlung?"

→ Finden Sie die Bremsklötze, und setzen Sie alles daran, ungehinderte Fahrt zu bekommen.

→ Strategie bedeutet, die beste Startposition aktiv zu gestalten! Mit der Beseitigung von Bremsklötzen haben Sie die höchstmögliche Chance auf die Poleposition.

→ Machen Sie sich bewusst: Alles Nachfolgende, jede Taktik, jedes Wort in der Verhandlung baut auf dieser Ausgangssituation auf.

→ Formulieren Sie – für alle Beteiligten, die auf Ihrer Verhandlungsseite stehen – die stärkste gemeinsam akzeptierte Forderungsbegründung. Diese ist ab jetzt Ihre Basis und Ihr Rettungsanker. Immer wenn es brenzlig wird, greifen Sie darauf zurück.

3

Starten Sie mit Rückenwind in Ihre Verhandlung: Nutzen Sie die Startrampe, um richtig Schwung zu holen

Was Sie in diesem Kapitel erfahren

→ Sie lernen, wie Sie künftig mithilfe einer Startrampe in wenigen Minuten Ihren Verhandlungseinstieg planen und effektiv durchführen.

→ Sie erfahren, welche zehn Bausteine zu einer zielgerichteten Verhandlungseröffnung gehören. Dabei lernen Sie, wie Sie aus fertigen Bausteinen Ihre individuelle Startrampe zusammenbauen.

→ Sie erhalten ein konkretes und sofort ein- und umsetzbares Tool, um Ihre Verhandlungen zu optimieren.

Die Startrampe, das wissen Sie schon, ist Ihr Eingangsstatement, mit dem Sie dem Verkäufer in wenigen Minuten Ihre Position verdeutlichen, die Grundlagen für ein erfolgreiches Gespräch legen und sich Vorteile verschaffen, die Ihnen Schwung und Elan für weite Sprünge auf der Verhandlungssprungschanze verleihen.

3.1 Warum Ihr Einstieg in die Verhandlung so wichtig ist

Bevor wir zu den konkreten zehn Bausteinen einer Startrampe kommen, lassen Sie uns zunächst einmal „die Gegenseite" und ihre psychologische Ausgangsposition betrachten.

Für den Verkäufer geht es ums Ganze

Versetzen Sie sich in einen typischen Verkäufer: Nehmen wir an, der Verkäufer fährt mit seinem schicken Firmenwagen zum Kunden, sucht und findet tatsächlich einen Parkplatz. Für mögliche Staus und die Mühen der Parkplatzsuche hat er einen ausreichenden Zeitpuffer eingerechnet, damit er auf jeden Fall pünktlich sein wird. Denn käme er zu spät, verschlechterten sich seine Chancen auf die Auftragszuteilung – denkt er.

Die verbleibende Zeit bis zum Termin nutzt der Verkäufer, um seinen Auftritt und seine Argumentation nochmals durchzugehen. Die Krawatte wird das x-te Mal gerichtet, der Eyeliner oder der Lippenstift immer wieder noch mal überprüft – je nach Geschlecht. Die Aufregung steigt und damit der verkäuferische Pulsschlag und die Feuchtigkeit unter den Achseln.

Es gibt mindestens zwei Momente bei einer Verhandlung, in denen ein Verkäufer besonders sensibel und aufmerksam ist:

1. Der Einstieg in die Verhandlung. Hier lernt er die Stimmung kennen, die in der Verhandlung herrschen wird.
2. Ihre Reaktion auf seine erste Preisnennung innerhalb der Verhandlung.

Machen Sie sich bewusst: Für den Verkäufer hängt sehr viel mehr an einem solchen Verhandlungstermin, als Sie, als es der Einkäufer vermutet.

Für Verkäufer geht es ums Ganze! Während wir als Einkäufer in der Regel darüber sprechen, zu welchem Preis oder wann wir die Ware erhalten, steht für den Verkäufer sehr viel mehr auf dem Spiel. Für ihn geht es in der Regel um die alles entscheidende Frage, ob er den Auftrag nun erhält oder eben nicht.

Das heißt: Für Sie als Einkäufer geht es um Graustufen, beim Preis um ein paar Euro mehr oder weniger oder bei der Lieferung um ein paar Tage früher oder später. Im Fokus der Verhandlung steht meist nicht unser eigenes Geld. Wir können folglich recht ruhig und gelassen bleiben. Für den Verkäufer hingegen geht es ums Ganze: Auftrag oder kein Auftrag. Gewinnen oder verlieren. Und im Gegensatz zu uns Einkäufern hängt sein Einkommen (oft) maßgeblich vom Erfolg der Verhandlung ab.

Der Verkäufer kommt nun also zur vermeintlich alles entscheidenden Verhandlung und ist entsprechend unruhig. Seine größte Sorge dreht sich um den Auftragsgewinn. Darum legt er bereits Ihre ersten Worte auf die Goldwaage und versucht – überspitzt gesagt –, aus jedem Händeschütteln und Kaffee-Angebot und jeder Ihrer Äußerungen herauszulesen, welche Chancen er in der kommenden Verhandlung auf den Auftrag haben wird. Aus meiner Arbeit mit Verkäufern kann ich Ihnen versichern, wie nervös diese oft vor einer Verhandlung sind. Zuweilen glauben wir Einkäufer, die Verkäufer seien vor allem „selbstsicher" – das entspricht aber häufig nicht der Realität.

Praxis-Erlebnis A: Die nervöse Vertriebsdelegation

Der Vertriebsleiter eines Dienstleistungsunternehmens trifft gemeinsam mit einem seiner Mitarbeiter zu einer Angebotspräsentation beim Kunden ein. Beide werden von einem Assistenten in den Verhandlungsraum geführt. Um einen ovalen Tisch herum stehen zehn Stühle. Der Blick aus dem 34. Stockwerk schweift weit über die süddeutsche Großstadt. Die beiden Vertriebler sind schwer beeindruckt. Was wird wohl auf sie zukommen?

Man bereitet sich vor. Jeder erklärt dem anderen, was er in der Präsentation dem Kunden rüberbringen möchte. Selbst die Vorstellungsrunde wird noch einmal geprobt. Die Folge: Die Teilnehmer machen sich gegenseitig kirre. Der Puls ist inzwischen so weit gestiegen, dass es ihnen jetzt sogar schwerfällt, die Vorstellungsrunde zu proben. Als dann endlich die ersten Vertreter des Kunden den Verhandlungsraum betreten, scheint die Nervosität den Höchststand erreicht zu haben.

Der Einkäufer und die weiteren Beteiligten von Kundenseite hatten zuvor noch keine Chance gehabt, sich untereinander abzustimmen, und bitten daher die Vertreter des Dienstleisters, noch mal für einige Minuten vor die Tür zu gehen. Diese glauben jedoch an ein taktisches Manöver – die Nervosität steigt in ungeahnte Höhen.

Als die Dienstleister schließlich mit der Präsentation starten dürfen, ist der Vertriebsleiter derart nervös, dass seine Stimme wacklig und kurzatmig ist. Er hat sichtlich Schwierigkeiten, seinen Namen und den Firmennamen auszusprechen, ohne zwischendurch nach Luft zu schnappen.

Welchen Schluss ziehen wir daraus? Sicher gibt es Ausnahmen, bei denen ein Verkäufer sich des Auftrags zu 100 Prozent sicher sein kann. Meistens jedoch ist die Verhandlung mit dem Einkauf der kritische Moment, in dem die Entscheidung für oder gegen das Angebot des Verkäufers gefällt wird. Das führt bei den Verkäufern zu einer extrem hohen Anspannung. Ich habe aber auch schon anderes erlebt.

Praxis-Erlebnis B: Der entspannte Verkäufer

Der Verkäufer wird beim Hereinkommen vom Einkäufer persönlich begrüßt, direkt mit einer großen Getränkeauswahl beglückt, bekommt den

besten Platz im Raum angeboten und hört als Erstes Dankesworte für die letzte Lieferung, die ja doch noch gut geklappt hat, obwohl die Produkte eigentlich schwer verfügbar waren.

Was denken Sie? Welche Auswirkungen werden die Eingangssituationen in den Beispielen A und B vermutlich auf die Zugeständnisbereitschaft der Verkäuferdelegation bzw. des Verkäufers haben?

Richtig: Begegnet der Verkäufer einem so angenehmen Eingangsszenario wie in Beispiel B, wird er sich wohl relativ schnell entspannen. Seine Aufregung wird nachlassen. Würde man ihn in diesem Moment nach seinen Chancen auf den Auftrag befragen, käme er vermutlich zu einem recht positiven Ergebnis. Wir können davon ausgehen, dass er in solch einem Fall nur sehr zögerlich von seinem ursprünglichen Angebot abrücken wird. Immerhin lassen die Begrüßung und die äußerst freundliche und höfliche Aufnahme im Haus des Kunden darauf schließen, dass er als Lieferant und Mensch besonders gerne gesehen ist. Und besonders gern gesehene Lieferanten dürfen auch höhere Angebote abgeben als irgendein dahergelaufener Wettbewerber. Das bedeutet: Der Verkäufer wird wohl versuchen, einen möglichst hohen Preis bei Ihnen zu platzieren.

Stimmung zu Beginn der Verhandlung bewusst steuern

Wir müssen also gerade zu Beginn einer Verhandlung hochgradig aufmerksam sein, welche Signale wir in Richtung der Verkäufer senden. Auf keinen Fall dürfen diese Signale unserem eigenen Ziel im Wege stehen. Sie sollten uns vielmehr helfen, uns den Weg zu unseren Zielen zu ebnen.

Was bedeutet das für den Gesprächseinstieg mit dem Verkäufer? Nun: Wie eingangs beschrieben, haben wir den Vorteil, dass Verkäufer in der Regel etwas nervös in die Verhandlung gehen. Und das kann durchaus ein Vorteil für uns sein. Oft genügt es schon, wenn wir diese Grundnervosität für uns vorteilhaft nutzen. Es gilt dann, die vom Verkäufer mitgebrachte Befürchtung „Wird der Kunde zu dem angebotenen Preis

überhaupt bei mir kaufen? Oder verliere ich den Auftrag an den Wettbewerb?" weiter zu fördern. Wir müssen lediglich die Sorge des Verkäufers vor dem Auftragsverlust weiter schüren.

Natürlich gibt es auch Verkäufer, die vor anstehenden Verhandlungen davon ausgehen, den Auftrag sicher zu gewinnen. Aus meiner langjährigen Erfahrung als Einkaufsleiter und der Arbeit mit Verkäufern kann ich Sie jedoch beruhigen: Diese Verkäufer gibt es selten. Und selbst wenn es uns äußerlich so erscheint, als sei der Verkäufer sich seiner Sache sehr sicher, so sieht es in seinem Innern doch meist anders aus.

Und das hat seine Gründe: Oft werden die Verkäufer von ihrer Vertriebsleitung mit sehr sportlichen – und damit hohen – Umsatz- und Gewinnzielen ins Feld geschickt. Um diese Ziele zu erreichen, müssen sie neue Kunden hinzugewinnen, neue Aufträge erhalten und gleichzeitig den bestehenden Kunden- und Auftragsstamm hegen und pflegen. Der Verlust eines bestehenden Kunden würde ein tiefes Loch reißen. Gerade bei bestehenden Kunden geht die Vertriebsleitung davon aus, dass der Verkäufer diesen Umsatz ohnehin ins Unternehmen einbringt. Dementsprechend wird er dafür nur gering belohnt. Die Vertriebsleitung setzt diese Umsätze als Selbstverständlichkeit voraus. Der Verlust eines Stammkunden wird folglich als schwere Verfehlung gewertet und durch Abzüge in der Provision bestraft.

Und darum ist der Verkäufer der Normalfall, der mit wackeligen Knien in die Verhandlung startet, weil er sich in diesem Moment nichts dringlicher wünscht, als den Auftrag zu erhalten.

Sie sollen den Verkäufer nicht belügen, über den Tisch ziehen oder sonstwie ungerechtfertigt benachteiligen.

Ihr Ziel sollte darin bestehen, dass der Verkäufer die ihm möglichen Zugeständnisse Ihnen gegenüber möglichst schnell und ohne Umschweife offen auf den Tisch legt. Um das zu erreichen, planen Sie am besten einen speziell darauf ausgerichteten Gesprächseinstieg.

Früher hart: der böse Start

In früheren Zeiten gab es dafür ein einfaches Patentrezept: Der Verkäufer wurde unter erheblichen Druck gesetzt und mit Lieferproblemen, Schlechtlieferungen, Defekten, falschen Stückzahlen und vielen weiteren Verfehlungen konfrontiert. Wir nennen das den „bösen Start". Der Puls des Verkäufers, ohnehin schon auf einem hohen Niveau, wurde schlagartig und mit massiver Gewalt weiter beschleunigt. Es kam zu regelrechten Panikattacken mit zittrigen Händen und nassen Achseln.

Vom Verkäufer wurde anschließend Wiedergutmachung in Form höherer Nachlässe gefordert. Der Verkäufer, mit den Defiziten der Vergangenheit konfrontiert, wollte dieser unangenehmen Situation dann schnellstmöglich entrinnen. Der Einkäufer oder Einkaufsleiter hatte ihm ja bereits durch seine Forderung nach hohen Nachlässen den Weg gezeigt, der ihm ein Schlupfloch ermöglichte. Verständlicherweise griff der Verkäufer gerne nach diesem Notanker und gewährte einen hohen Rabatt in der Hoffnung, so den Auftrag und den Kunden für die Zukunft doch noch zu retten.

Diese harte Gangart gegenüber den Verkäufern war zwar vom Ergebnis her akzeptabel, würde jedoch in der heutigen Zeit für Missstimmung auf der Lieferantenseite sorgen und die Beziehung auf eine Art und Weise eintrüben, die nicht wünschenswert ist.

Respekt ist heute nicht mehr aus dem Berufsleben wegzudenken. Jeder – selbst der Angeklagte vor Gericht – kann erwarten, angemessen und respektvoll behandelt zu werden. Das hat zur Folge, dass ohne Respekt aller Beteiligten untereinander das eigentliche Thema ins Abseits gerät. Behandeln Sie den gegenübersitzenden Verkäufer respektlos, so müssen Sie mit nachteiligen Reaktionen für Ihr Ergebnis rechnen. Selbst dann, wenn es ebenfalls zum Nachteil des Verkäufers wäre. Unlust, Trotz und Gegenwehr sind die häufigsten Reaktionen. Allen ist gleich, dass ihr eigenes Ziel in weite Ferne rückt. Sie erhalten kein Zugeständnis, wenn Sie Ihr Gegenüber respektlos unter Druck setzen oder gar beleidigen.

Heute zielorientiert: der gute Start

Kommen wir jetzt zum „guten Start" – im Gegensatz zum „bösen Start". Ein guter Start gelingt, wenn Ihre Startrampe die folgenden Aspekte umfasst:

1. **Stimmung:** Sorgen Sie mit Ihrer Startrampe für eine förderliche Nachlass-Stimmung, in der Sie einen Rabatt oder ein Zugeständnis erhalten.
2. **Fakten vorteilhaft zeigen:** Selektieren und formulieren Sie Fakten und Tatsachen bewusst und auf das Ziel hin ausgerichtet.
3. **Umgangsformen:** Alle Beteiligten müssen sich angemessen und respektvoll behandelt fühlen.
4. **Aktivierung:** Der Verkäufer soll sich bzw. die Preise/Konditionen bewegen.
5. **Ergebnis:** Eine ideale Startrampe sorgt für ein Ergebnis. Nicht irgendwann, sondern so direkt wie möglich.

Der richtige Zeitpunkt für Ihre Startrampe

Idealerweise ist die Startrampe direkt nach dem sogenannten Warm-up und vor der eigentlichen Verhandlung platziert. Als Warm-up bezeichnen wir die erste Phase eines Gesprächs. Die Beteiligten tauschen sich über – meist belanglose – Themen aus: Beim wohl bekanntesten Warm-up geht es um das Wetter. Gerade im deutschen Kulturkreis wird auch oft über die Anreise gesprochen.

Dem Warm-up folgt die eigentliche Verhandlung. Zuerst wird durch das Warm-up eine geeignete persönliche Basis für die Verhandlung geschaffen, um schließlich direkt im Anschluss ein Hintergrundbild zu zeichnen, das besonders förderlich für das Verhandlungsergebnis ist.

In Verhandlungsübungen und Trainings kommt es immer wieder dazu, dass Warm-up und Startrampe in einen Topf geworfen werden – also gleichgesetzt werden. Das ist so nicht korrekt. Das Warm-up soll vor allem dem Beziehungsaufbau dienen. Im Gegensatz dazu werden

in der Startrampe Themen aufgegriffen, die ganz konkret auf den Verhandlungsgegenstand ausgerichtet sind.

Mit dem Warm-up schaffen Sie zwischenmenschlich, mit der Startrampe auf der Verhandlungsebene den Einstieg in das Gespräch.

Mit dem Warm-up sorgen Sie für eine angemessene Stimmung und bekunden dem Gesprächspartner gegenüber Ihren Respekt. In dieser Phase der Verhandlung kommen sich die beteiligten Personen menschlich näher. Unzählige Untersuchungen haben gezeigt, dass für eine vernünftige Verhandlung neben der Sachebene die Beziehungsebene ausschlaggebend ist. Das ist nicht zu unterschätzen und gilt selbst für harte Verhandlungen. Je nach Kulturkreis ist die Bedeutung des Warm-ups höher zu bewerten, als wir es im deutschen Kulturraum gewohnt sind.

Orientieren Sie das Warm-up an Ihrer Zielsetzung

Für unsere Betrachtung bezüglich der Startrampe erscheint das Warm-up zusätzlich in einem weiteren Licht. Mit einem ausgesprochen herzlichen Warm-up würden wir bereits ein hinderliches Signal an den Verkäufer senden. Ist das aber überhaupt erwünscht? Bewerten Sie die folgenden – leicht zugespitzten – Beispiele selbst. Wie schätzen Sie die Auswirkung auf das Verhandlungsergebnis ein?

Einkäufer Harmo Nie:
„Herr Verkäufer! Ich freue mich, Sie wiederzusehen! Toll sehen Sie aus! Mensch, wie lange haben wir uns schon nicht mehr gesehen. Ich bin glücklich, dass Sie für mich einen Termin freiräumen konnten. Nehmen Sie doch bitte in unserem bequemsten Sessel Platz. Darf ich Ihnen einen Kaffee anbieten? Mit Zucker oder Süßstoff? Mit Milch oder schwarz? Ein bisschen Kakaopulver? Ein Schnittchen dazu? ..."

Einkäuferin Mili Tär:
Im militärischen Stil: „Setzen!! Preis ist zu hoch!!! Runter oder raus!!!!"

Meine Erfahrung im Umgang mit Einkäufer Harmo Nie ist: Aus einer überschwänglich netten Begrüßung wird jeder Verkäufer seine Rückschlüsse auf besonders gute Auftragschancen ableiten. Ein typischer Verkäufer, der besonderen Wert auf hohe Margen legt, wird diese Gelegenheit nutzen und möglichst hochpreisig abschließen wollen. Sie sehen: Eine zu freundliche Begrüßung wird mit einiger Wahrscheinlichkeit für unsere Verhandlungsergebnisse zu nachteilig sein.

Bei Einkäuferin Mili Tär hingegen gilt: Diese Gesprächseröffnung bleibt dem Verkäufer sicher noch einige Tage in Erinnerung und führt bei ihm zu Panikreaktionen. Die Einkäuferin agiert derart rüde, dass sicher einige Verkäufer schlicht die Lust verlieren, mit dieser Person in eine Verhandlung einzusteigen.

Extreme Begrüßungsformeln verhindern optimale Verhandlungsergebnisse. Wählen Sie bewusst zielführende Eröffnungen!

Lassen Sie uns jetzt einmal schauen, wie Sie Ihren Gesprächseinstieg grundsätzlich aufbauen könnten.

3.2 Die Startrampe: So gestalten Sie den optimalen Gesprächseinstieg

Damit Sie einen Überblick bekommen und schnell zur optimalen Gesprächseröffnung finden, lesen Sie sich am besten die Startrampe unseres Einkäufers Peter Plan durch. Dessen kurze und zielgerichtete Startrampe mit kleinem vorgeschaltetem Warm-up sieht so aus:

Einkäufer Peter Plan:

Beispiel

- *„Guten Tag, Herr Verkäufer! Kommen Sie doch bitte herein!* (auf den Platz deutend) *Darf ich Ihnen einen Kaffee anbieten?* (schenkt ein) *Bitte bedienen Sie sich gerne mit Milch und Zucker.*
- *Mit welchem Verkehrsmittel sind Sie angereist? Wie war die Lage am*

Flughafen? Haben Sie die Auswirkungen des Pilotenstreiks bemerkt? – Wann fliegen Sie zurück?

▨ *Gerne können wir für Sie nachher ein Taxi bestellen, dann haben Sie damit keine Mühe.*

▨ *Dann lassen Sie uns direkt mal in das Projekt (XY oder) „Getränkeabfüllung" reinschauen.*

▨ *Wir haben unter anderem auch Sie zu den abschließenden Verhandlungen eingeladen. Lassen Sie mich zu Beginn daher kurz die Situation skizzieren, wie sie sich für alle Lieferanten darstellt: ...*

▨ *Diese und die kommende Woche werden wir mit den infrage kommenden Lieferanten zusammensitzen, um am darauffolgenden Mittwoch die Entscheidung zu treffen, wer den Zuschlag für die Anlage erhält.*

▨ *Die technische Seite, qualitative Fragen und auch Leistungsunterschiede sind so weit abgehakt. Darüber hinaus gibt es mit keinem der jetzt ausgewählten Lieferanten noch Gesprächsbedarf. Dort, wo wir für uns relevante Unterschiede festgestellt haben, sind diese im Vergleich berücksichtigt. Damit ist eine faire Vergleichbarkeit – auch bei etwaigen Unterschieden – sichergestellt.*

▨ *Folglich reduziert sich die Entscheidung in der nun laufenden Phase allein auf den Angebotspreis. Für die einzelnen Lieferanten ist es daher jetzt ausschlaggebend, wer welchen Preis final abgibt. Genau wie bei den anderen Lieferanten kann ich mir vorstellen, mit Ihnen zusammenzuarbeiten. Dafür wäre aber eine deutliche Reduzierung Ihres Angebotspreises nötig.*

▨ *Wollen Sie grundsätzlich den Auftrag?* (Hier wird der Verkäufer mit Ja antworten, sonst wäre er ja nicht im Verhandlungsraum.)

▨ *Wie weit sind Sie in der Lage, runterzugehen, was ist Ihr bestmöglicher Preis?"*

Meine Kurzanalyse der Startrampe ist: Peter Plans Startrampe liegt im Mittelfeld – will heißen: Sie ist nicht zu hart, aber auch nicht zu weich. Dem Lieferanten wird deutlich aufgezeigt, dass er nicht alleine im Feld steht, sondern mit interessierten Wettbewerbern konkurrieren und um den Auftrag kämpfen muss. Der Einkäufer zeigt sowohl im Warm-up als auch in der Startrampe eine sachliche Härte, gepaart mit einer persönlichen Offenheit. Dann wird noch – ganz wesentlich – das entscheidungsrelevante Kriterium ausgesprochen: der Preis.

Entdecken Sie Ihre Lieblings-Startrampe

Bevor Sie mit der Zusammensetzung Ihrer persönlichen Startrampe beginnen, hier noch einige Vorbemerkungen: Wählen Sie die Elemente der Startrampe nicht blind, sondern mit Bedacht aus. Je nach Situation kann die optimale Zusammenstellung Ihrer Startrampe individuell abweichen. Vermutlich werden Sie jedoch feststellen, dass Sie eine Lieblings-Startrampe für sich entwickeln können. Eine Startrampe, die wahrscheinlich auf die meisten Ihrer anstehenden Verhandlungen passt. Von dieser Lieblings-Startrampe weichen Sie in der Praxis dann nach rechts und links ab, um sie optimal an die gegebene Situation anzupassen.

Von Vorteil ist es, mehrere Startrampen unterschiedlicher Art im Portfolio zu haben. Insbesondere wenn Sie mit den Lieferanten in kurzen Abständen häufiger verhandeln, verhindern Sie so einen Gewöhnungseffekt. Es wäre doch schade, wenn der Lieferant Ihre Startrampe schon auswendig mitsprechen und inhaltlich aushebeln könnte.

Diese Art der Vorbereitung zahlt sich um ein Vielfaches aus! Haben Sie erst einmal Ihre Standard-Startrampe für sich gefunden und diese nach mehreren Einsätzen auch in Ihr persönliches Sprachrepertoire übernommen, wird es Ihnen zukünftig deutlich leichter fallen, flexibel auf die verschiedenen Situationen im Einkauf einzugehen.

Ihre Standardformulierung sollten Sie auf jeden Fall auswendig, wie im Schlaf, können. Das gibt Ihnen in der heißen Phase der Verhandlungseröffnung mehr Ruhe und Gelassenheit. Sie sorgen für einen freien Kopf und können die Reaktionen des Verkäufers besser beobachten.

Selbstverständlich werden Sie darauf achten, dass Sie Ihre Startrampe niemals herunterleiern. Sie muss glaubwürdig und authentisch beim Verkäufer, der in dieser Situation hochgradig aufmerksam ist, ankommen.

Bauen Sie mit zehn Bausteinen Ihre ganz persönliche Startrampe

Und das sind Ihre zehn Bausteine zum Verhandlungserfolg:

1. Begrüßung
2. Verhandlungsgegenstand klären
3. Wettbewerb in Szene setzen und am Leben halten
4. Lockstoff ausbringen, Konsequenz: positiven, zielgerichteten Druck aufbauen
5. Zeitraum, in dem die Entscheidung wirken wird
6. Einwände vorwegnehmen
7. Entscheidungskriterium nennen
8. Rahmen der Verhandlung abstecken
9. Fokusfrage am Ende der Startrampe stellen
10. Einwandbehandlung – das Zepter in der Hand behalten: „Komme ich gleich zu!"

Baustein 1: Begrüßungsformel und Temperatur der Verhandlung
Der Baustein „Begrüßungsformel und Temperatur" soll in erster Linie zu Ihnen und Ihrer Persönlichkeit passen. Gehören Sie beispielsweise einer regionalen Kulturgruppe an, deren Begrüßung vom deutschen Standard abweicht, so können Sie durchaus diese Begrüßung nutzen. So wird es beispielsweise im bayerischen Sprachraum durchaus authentischer sein, den Lieferanten mit einem „Grüß Gott" willkommen zu heißen als vielleicht mit einem schweizerischen „Grüezi". Ist klar, oder?

Vermeiden Sie die überschwängliche Begrüßung. Ein „Herzlich willkommen!" mag in Ausnahmebereichen akzeptabel sein, ist generell jedoch eine unangemessene Begrüßung.

Dazu noch eine Frage, Herr Altmannsberger!

„Herzlich willkommen" ist doch nur eine ganz normale Begrüßung! Man will höflich sein, Punkt!

Urs Altmannsberger: Da haben Sie recht, was die Intention des Einkäufers oder der Einkäuferin angeht! In meinen Seminaren kommt diese Diskussion regelmäßig auf. Die Frage ist nur, wie eine solche Begrüßung in der Wahrnehmung des Verkäufers ankommt, wie er Ihre Begrüßung interpretiert. Diese Interpretation muss nicht immer mit dem übereinstimmen, was Sie zu senden glauben – nämlich einfach nur eine gut gemeinte Begrüßung.

Das müssen Sie näher erläutern.

Altmannsberger: Wir haben darüber mit vielen Verkäufern gesprochen und deren Meinung abgefragt. Dabei kam heraus, dass ein Großteil der Verkäufer bewusst oder unbewusst aus dem „herzlich" der Begrüßungsformel Rückschlüsse auf besonders gute Chancen, auf eine besonders gute Beziehung zum Einkäufer zieht. Der Verkäufer würde mit einem für ihn besonders guten Verhandlungsergebnis rechnen. Seine Bereitschaft, in einem Punkt nachzugeben, würde sinken. Das würde also für den Einkäufer einen Nachteil bedeuten – entstanden durch eine zu herzliche Begrüßung.

Für mein Verhandlungsergebnis ist also entscheidend, was der Verkäufer glaubt wahrzunehmen, nicht das, was ich meine, ausgesagt zu haben, in diesem Fall einfach eine herzliche Begrüßung?

Altmannsberger: Richtig. Darum: Beachten Sie das bereits bei der Wahl Ihrer Begrüßungsformel!

Da es genügend höfliche Begrüßungsformeln gibt, können Sie sich aus den zahlreichen Formeln diejenige aussuchen, die sowohl Ihrer Persönlichkeit als auch Ihrem persönlichen Befinden und gleichzeitig dem Ziel Ihres Lieferantentermins Rechnung trägt. Achten Sie auch darauf, dass Ihre Begrüßung vom Verkäufer nicht in einem Sinn interpretiert werden kann, der für Sie von Nachteil ist.

Sie haben die Wahl! Welche der Begrüßungen liegen Ihnen persönlich?

BAUSTEIN 1: Begrüßung

Formulierung		Bemerkung
Guten Tag Herr/Frau Sales! Wie geht es Ihnen? Nehmen Sie bitte Platz. Was kann ich Ihnen zu trinken anbieten?	⇒	Kurz, knapp, trocken, ausreichend respektvoll
Willkommen zur Vergaberunde 4711! Bitte nehmen Sie dort drüben schon mal Platz. Wir sind gleich startbereit.	⇒	Kurz. Direkt zum Start ein kleiner Seitenhieb (= „Vergaberunde") auf die Anwesenheit des Wettbewerbs
Ich freue mich, Sie zu sehen. Kommen Sie doch schon mal rein. Entschuldigen Sie bitte, ich muss gerade noch das Kaffeegeschirr von Ihrem Wettbewerber in die Küche bringen: Dann bin ich auch gleich schon für Sie da. Soll ich Ihnen auch einen Kaffee mitbringen?	⇒	Eine eher persönliche, freundliche Begrüßung, gepaart mit einem subversiven Hinweis auf den Wettbewerb
Grüß Gott! Nehmen Sie doch bitte Platz.	⇒	Sachlich, zielgerichtet, südlich der geografischen Grenze des Mains
Willkommen im Hause Garten-Schmidt! Es ist schön, dass Sie den Termin einrichten konnten. Wir werden noch in diesem Monat die Entscheidung treffen. Und zuvor wollten wir mit allen Lieferanten gesprochen haben. Nehmen Sie doch bitte Platz. Wollen Sie einen Kaffee?	⇒	Eine menschlich weiche Variante: freundlich, gleichzeitig ohne das Wort „herzlich". Mit Dank und gleichzeitig Hinweis auf den Wettbewerb und die anstehende Entscheidung. Übrigens: Diese Begrüßungsformel ist mein persönlicher Favorit!
Willkommen, Frau ... Habe die Ehre ... Servus, Herr ... Moin moin ...	⇒	Weitere verschiedene Begrüßungsformeln ohne Gefahr der Fehlinterpretation durch den Verkäufer

Baustein 2: Verhandlungsgegenstand beschreiben

Recht früh in der Verhandlung sollten alle Parteien darüber Klarheit gewinnen, über was konkret verhandelt wird. Radieren Sie bitte Unklarheiten direkt aus! Diese würden unweigerlich zu einem späteren Zeitpunkt für Verwirrung sorgen.

Mein Expertentipp: Alle Parteien einer Verhandlung müssen die gleiche Vorstellung vom Gegenstand der Verhandlung haben!

Regelmäßig erlebe ich in der Praxis, dass ganze Verhandlungen im Nachgang unsinnig werden, weil zu spät festgestellt wird, dass es bezüglich des Verhandlungsgegenstandes unterschiedliche Auffassungen gibt.

05. Januar, Einkäufer Brosse telefoniert mit einem Hotel nahe der Hannover Messe, auf der im März jährlich die weltweit größte IT-Messe CeBIT stattfindet: „ … *Haben Sie freie Zimmer?"* Er gibt aber keinen Zeitraum an.

Empfangschef Wuchtig geht davon aus, dass es sich um Zimmer für den heutigen Tag handelt: *„Ja, ich kann Ihnen freie Zimmer anbieten. Wie viele Zimmer benötigen Sie denn?"*

Brosse: *„Zehn Zimmer für je fünf Tage. Was kostet denn ein Zimmer?"*

Wuchtig: *„Die Zimmer kosten 79 Euro inklusive reichhaltigem Frühstücksbuffet."*

Brosse: *„Das ist okay, bitte buchen Sie die Zimmer für unsere Firma. Wir reisen dann zur Eröffnung der CeBIT an!"*

Wuchtig: *„Halt, halt, halt! Ich dachte, Sie reisen heute an! Für die CeBIT sind wir schon auf Jahre hinaus ausgebucht. Wir haben dann sicher keine freien Zimmer, schon gar nicht zu 79 Euro!"*

Sie sehen: Es empfiehlt sich, hundertprozentige Transparenz zu schaffen. Generell passt dieser Baustein sehr gut in die Eröffnungsphase einer Verhandlung, weswegen wir ihn hier als Standardbaustein aufnehmen. In der folgenden Tabelle finden Sie einige Formulierungsbeispiele, die Sie auf Ihre jeweilige Verhandlungssituation abstimmen sollten.

Formulierung	Bemerkung
Wir haben aktuell einen Leasingvertrag für fünf Firmenwagen mit der Firma A. Dieser wird in drei Monaten auslaufen. Für uns steht offen, mit wem wir zukünftig zusammenarbeiten möchten. Sowohl für den bisherigen Anbieter als auch für namhafte andere Anbieter bestehen hier faire Chancen.	Aktuelle Situation schlicht beschrieben und Chancen für die Anbieter verdeutlicht
In den nächsten Tagen wollen wir unseren Lagerbestand an Bauteil x wieder auffüllen. Je nach Preis könnte ich mir eine Lagerreichweite von vier bis acht Wochen vorstellen. Das würde zwischen 4.000 und 8.000 Stück bedeuten.	Alternative Situationsbeschreibung. Sachlich und klar. Das eigene Ziel „Preissenkung" wird mit dem vermuteten Ziel des Verkäufers „Mengenerhöhung" gekoppelt.
Wir haben vorletzte Woche bei zahlreichen Anbietern nach einem geeigneten Bürodrehstuhl für unseren neuen Gebäudekomplex gefragt. Je nachdem, welche Preise aufgerufen werden, wird sich die Stückzahl zwischen 50 und 150 Stühlen bewegen. 50 ist der neue Bedarf und weitere 100 sind Ersatzbedarf für bereits existierende Stühle. Bei entsprechend attraktiven Konditionen würden diese gleichzeitig oder zeitnah mit beauftragt. Wir haben aus den Sortimenten der Anbieter infrage kommende Stühle ausgewählt. Aus Ihrem Sortiment hat es ein Stuhl in die Entscheidungsphase geschafft: der Stuhl ergo 12 ohne Armlehne.	Hier wird von Anfang an die benötigte Menge etwas variabel dargestellt, um sie als zusätzlichen Spielball in der Preisverhandlung offenzuhalten. Gleichzeitig ist wieder die Wettbewerbssituation deutlich angesprochen.
In den anderen Gesprächen haben wir zu Beginn kurz die Situation dargestellt, um den jeweiligen Partnern Transparenz zu bieten. Wenn Sie damit einverstanden sind, würde ich das bei Ihnen ebenso tun.	In dieser Überleitung ist der Wettbewerb unterschwellig angesprochen.
Ihnen liegt unsere Ausschreibungsunterlage 238 ja vor. Lassen Sie mich kurz zusammenfassen: Es geht um 50 bis 150 Stühle in der Kalenderwoche 12, Farbe Schwarz, Rollen für raue Böden …	Transparenz über den Ausschreibungsgegenstand steht im Vordergrund. Allein durch das Wort „Ausschreibung" wird verdeutlicht, dass es sich nicht um eine Einzelanfrage handelt.

Formulierung	Bemerkung
Leider ist der Grund unseres heutigen Treffens weniger erfreulich ...	⇒ Mit dieser Überleitung lassen Sie das Blut von ängstlichen Verkäufern in den Adern gefrieren: Achten Sie darauf, dass die Formulierung zu Ihrer Verhandlungssituation passt.
Die Situation ist die, dass durch Wettbewerbsangebote der Preis auf unserem Absatzmarkt deutlich in Bedrängnis gerät. Aus diesem Grund ist es wichtig, dass alle Partner unseres Hauses gemeinsam an einem Strang ziehen ...	⇒ Bereits durch die Überleitung wird deutlich Druck aufgebaut, gleichzeitig die Partnerschaft betont.
Welche Daten liegen Ihnen bereits zu unserem Projekt vor?	⇒ Lassen Sie den Verkäufer das Projekt erklären, werden Sie hören, was auf der Gegenseite verstanden wurde. Allerdings fällt es so schwerer, im Anschluss wieder auf den eigenen Argumentationspfad zu wechseln.

Baustein 3: Wettbewerb in Szene setzen und im Gespräch am Leben erhalten

Vorweg gesagt: Die ergebnisfördernde Karte „Wettbewerb" sollten Sie immer dann ausspielen, wenn Wettbewerb glaubwürdig existieren könnte. Verkäufer sind damit leicht zu verunsichern und gehen ungeprüft davon aus, dass Wettbewerb an der Entscheidung beteiligt ist. Wie Sie in Kapitel 2 gelesen haben, ist Wettbewerb die stärkste Forderungsbegründung. Wettbewerb ist ein Naturgesetz.

Wettbewerb ist die stärkste Forderungsbegründung! Diese Karte sollten Sie unbedingt ausspielen!

Seien Sie sich bewusst, dass Verkäufer häufiger annehmen, es sei Wettbewerb vorhanden, als Einkäufer vermuten. Für Sie bedeutet das, dass Sie vermutlich relativ oft mit der Wettbewerbskarte trumpfen können.

Es gibt Ausnahmen: Stützen Sie sich nicht auf die Behauptung „Wettbewerb", wenn *erkennbar* kein Wettbewerb vorhanden ist. In monopolähnlicher Situation oder bei bekanntem Single-Source ist das offenkundig. Plappernde Fachbereiche, die dem Lieferanten bereits eine Zusage unter der Hand gegeben haben, ziehen Ihnen gleichfalls den fruchtbaren Boden unter den Füßen weg. Eine entlarvte Lüge schadet Ihrer Glaubwürdigkeit. Und Glaubwürdigkeit ist entscheidend für jede Art der Kommunikation! Erlauben Sie sich bitte an dieser Stelle keinen Lapsus.

BAUSTEIN 3: Wettbewerb in Szene setzen

Formulierung	Bemerkung
Sie sind einer von mehreren Lieferanten, die für uns infrage kommen	Wenn die Anzahl der Wettbewerber von Ihnen nicht genannt wird, fällt dem Verkäufer die Einschätzung besonders schwer.
Sie sind einer von drei infrage kommenden Lieferanten.	Nur einsetzen, wenn der Verkäufer aus der Anzahl der Wettbewerber keine Rückschlüsse auf Ihre Preiserwartung ziehen kann oder sich aus der Interpretation sicher ein Vorteil ergibt.
Wir sitzen diese und die kommende Woche mit den verschiedenen infrage kommenden Lieferanten zusammen.	Einige Verkäufer versuchen aus der Reihenfolge der eingeladenen Lieferanten Rückschlüsse zu ziehen. Mit der hier gewählten Formulierung unterbinden Sie das.
Aus der ursprünglich zweistelligen Anbieterzahl haben wir inzwischen eine Handvoll ausgewählt, mit denen wir die finalen Verhandlungen angehen.	Sie geben dem Lieferanten ein positives Signal. Er ist eine Runde weiter. Gleichzeitig ist damit ausgedrückt, dass die verbleibenden Lieferanten alle infrage kommen und der jetzt laufende Wettbewerb härter wird.
Sie kennen Ihren Wettbewerber!	Nutzen Sie diesen psychologischen Effekt! Eventuell erinnert sich der Verkäufer an Situationen, in denen der Wettbewerb – also der gewisse Wettbewerber – an ihm vorbeigezogen ist.

Formulierung	Bemerkung
Wie Sie sicher schon in Verhandlungen mit anderen Kunden erkannt haben, schläft Ihr Wettbewerber nicht. Bis Ende der kommenden Woche sprechen wir mit allen Kandidaten.	→ Adressiert an die Ängste des Verkäufers. In der Praxis höre ich oft von Verkäufern, dass jeweils der Wettbewerber gerade ganz dringend Geschäfte abschließen will und daher Kampfpreise anbietet. In den Köpfen scheint also verankert zu sein, dass der Wettbewerber aggressiv anbietet. Nutzen Sie dies für Ihre Zielerreichung.
Wir sind positiv erstaunt, in welcher Anzahl sich Lieferanten mit tauglichen Produkten zeigen. Offensichtlich scheint es in Ihrer Branche einen harten Wettbewerb zu geben.	→ Ein positiv überraschter Einkäufer! Was gibt es Schlimmeres für Verkäufer?
Vermutlich kennen Sie Ihren ärgsten Wettbewerber. Er will anscheinend den Auftrag unbedingt an Land ziehen. Dennoch wollen wir fair auf allen Seiten agieren. Bedeutet: Jeder von Ihnen hat noch die Möglichkeit, einen finalen Preis abzugeben. Danach fällt die Entscheidung innerhalb weniger Tage.	→ Mit dieser Formulierung stellen Sie den Lieferanten mit genau einem Wettbewerber in den Ring. Soll man auf zwei Wettbewerber reduzieren? Ja, aber nur dann, wenn für den Verkäufer eine Reduzierung auf zwei Wettbewerber ohnehin transparent ist oder ein Wettbewerber besonders gefährlich für ihn ist.
Das Produkt an sich ist ja keine „rocket science", keine Raketenwissenschaft. Daher ist es jetzt eine reine Preisfrage, bei wem wir ordern werden.	→ Spricht vergleichbare Produkte an, wie DIN-Teile oder bekannte Commodity-Produkte, die man bei unzähligen Lieferanten ordern kann.

Bevor wir zum nächsten Baustein wechseln, noch ein wichtiger Hinweis: Gut ausgebildete Verkäufer sind inzwischen in der Lage, sehr gut zwischen den Zeilen zu lesen. So glauben Einkäufer zuweilen, Wettbewerber genannt zu haben. Doch zwischen den Zeilen ist zu lesen, dass es sich nur um einen einzelnen Lieferanten handelt, also kein weiterer Wettbewerber zur Auswahl steht. Dazu eine kleine Übung.

Übung: Finden Sie heraus, ob Wettbewerb vorhanden ist oder nicht

 ▦ Beispiel 1: „Wir haben mehrere Lieferanten angefragt. Es gibt ja doch einige Wettbewerber im Markt, die für uns durchaus infrage kommen könnten. Wir sitzen heute mit Ihnen zusammen, um die neuen Preise abzustimmen, die für die nächsten zwölf Monate gelten. Unsere Geschäftsführung erwartet, dass die Preise um drei Prozent sinken."

▦ Beispiel 2: „Aufgrund der zu hohen Preise haben wir uns in den letzten vier Monaten auf dem Markt umgeschaut. Dabei sind wir auf einige namhafte Hersteller getroffen, mit denen wir enge Gespräche aufgenommen haben. Die Produkte hat unser Fachbereich umfangreich getestet. Sowohl von den Konditionen als auch von den Produkten her kommen beide Alternativen für uns infrage. Bevor wir jedoch einen Lieferantenwechsel final einleiten, sprechen wir grundsätzlich mit den vorherigen Lieferanten über die Situation, um durch ein entsprechendes verbessertes Angebot das Ruder noch herumzureißen. Wie sieht es da von Ihrer Seite aus, was können Sie anbieten?"

Halten Sie in Ihrem Notizheft fest, inwiefern sich die Beispiele unterscheiden.

Haben Sie den Unterschied erkannt? Im Beispiel 1 kann ein pfiffiger Verkäufer anhand mehrerer Merkmale erkennen, dass kein ernst zu nehmender Wettbewerber im Spiel ist:

▦ **Anfrage statt Angebot:** Zum einen spricht der Einkäufer lediglich davon, dass Lieferanten „angefragt" wurden. Von einem vorhandenen Angebot ist keine Rede, geschweige denn von einer fachlichen Freigabe durch den Fachbereich. Das allein ist schon ein Hinweis auf fehlenden ernsthaften Wettbewerb.

▦ **Konjunktiv:** Darüber hinaus verwendet der Einkäufer den Konjunktiv „könnte infrage kommen", der darauf schließen lässt, dass er sich noch nicht ernsthaft mit der Situation vertraut gemacht hat. Eindrücklicher wäre hier: „Wir haben attraktive Angebote vorliegen, die einen Wechsel rechtfertigen!"

- **Singular:** Der Einkäufer verwendet den Singular: „Wir sitzen mit IHNEN zusammen." Er sagt also nicht, dass er mit mehreren Lieferanten zusammensitzt, um eine Entscheidung zu treffen. Im Gegenteil, er sagt, dass er nur mit diesem einen Lieferanten zusammensitzt. Geschickter ist die Formulierung im Plural: „Wir sitzen mit den infrage kommenden Lieferanten zusammen!" So bringt der Einkäufer die Wettbewerbssituation klarer zum Ausdruck.
- **„Wie" statt „ob":** Es steht auch nicht die Frage im Raum, mit *welchem* Lieferanten er zukünftig zusammenarbeitet, sondern lediglich, zu *welchem* Preis er mit dem jetzigen Lieferanten weiter zusammenarbeiten wird.
- **Messlatte intern:** Der Einkäufer misst das Angebot des Verkäufers an der Erwartungshaltung der Geschäftsführung und nicht an den Wettbewerbspreisen auf dem Markt. Er nutzt als Messlatte also einen internen, keinen externen Vergleich.

Auf einem einzelnen Signal wird der Verkäufer nicht gleich seine gesamte Verhandlungsstrategie aufbauen. Hier jedoch sind ja gleich fünf wesentliche Signale von Bedeutung:

1. Der Einkäufer hat keine Angebote vorliegen, sondern hat nur Anfragen gestellt.
2. Der Einkäufer ist sich nicht sicher, ob der Wettbewerb infrage kommt.
3. Der Einkäufer spricht nur mit einem Verkäufer.
4. Der Einkäufer stellt die Zusammenarbeit nicht infrage, sondern nur den Preis.
5. Der Einkäufer behauptet „Wettbewerb", misst mich dann aber an der Vorgabe seines Chefs statt am Wettbewerbspreis (was Punkt 1, 3 und 4 noch mal untermauert).

Kommt es bereits in der Startrampe zu einer derartigen Häufung von interpretationsfähigen Punkten, wird der Verkäufer seine Schlüsse ziehen und den Preis bzw. sein Angebot entsprechend hochhalten.

Achten Sie also gerade in der hochsensiblen Phase der Verhandlungseröffnung darauf, dass Ihre Formulierungen optimal auf die Verhandlungssituation abgestimmt sind.

Baustein 4: Lockstoff und Konsequenzen zu Beginn ausbringen
Grundsätzlich gilt: Bringen Sie alle Lockstoffe und Konsequenzen in die Startrampe, die den Verkäufer dazu bewegen, Ihnen Zugeständnisse zu machen. Achten Sie gleichzeitig darauf, keine verhandelbare Masse zu verschenken!

Welchen Zweck hat das? Nun: Sie locken den Verkäufer in Ihre Verhandlung, Sie steigern dessen Verlangen nach dem Auftrag. Im übertragenen Sinn soll dem Verkäufer das Wasser im Mund zusammenlaufen. Und zugleich sammeln Sie verhandelbare Masse, die Sie in einer späteren Phase als eigene Gegenleistung in die Waagschale legen können.

Was aber überhaupt sind Lockstoffe bzw. Konsequenzen? Lassen Sie uns dies kurz definieren, damit wir eine gemeinsame Sprache sprechen: Lockstoffe bzw. Konsequenzen ...

- ... sind Anreize, die wir bieten,
- ... sind Konsequenzen, die wir aussprechen oder folgen lassen,
- ... sind Aufmunterungen für den Verkäufer,
- ... machen Appetit auf den Auftrag und die Zusammenarbeit oder
- ... bieten dem Verkäufer einen Hoffnungsschimmer, seine Ziele doch noch zu erreichen oder sich wenigstens in deren Richtung zu bewegen.

Unter einer „verhandelbaren Masse" verstehen wir das, was Sie als Gegenleistung in der Hand haben und bereit sind, herzugeben, also beispielsweise den Auftrag oder die Zusage für das nächste Jahr.

Der Verkäufer muss von Beginn an den Eindruck gewinnen, nur durch besonders hohe Zugeständnisse sein eigenes Ziel – den Auftragsgewinn – zu erreichen. Das in Aussicht stehende Geschäft muss daher besonders attraktiv auf ihn wirken. Es muss Lockstoff pur sein! Je attraktiver das sich ihm anbietende Geschäft scheint, umso wichtiger wird es für den Verkäufer. Oder andersherum als Konsequenz gedacht: Die nach der Verhandlung anstehende Entscheidung hat Bedeutung für den Verkäufer. Und je stärker oder gar dramatischer sich diese Entscheidung auf den Verkäufer und dessen Unternehmen auswirken wird, umso höher werden dessen Zugeständnisse ausfallen.

Rufen Sie sich ins Bewusstsein: Verkäufer müssen Umsatzzuwächse oder Margenzuwächse erreichen. Das ist so gut wie immer die Vorgabe der Geschäftsführung bzw. der Vertriebsleitung. Wenn also Verkäufer glauben, einen besonders dicken Fisch an der Angel zu haben, oder von der Angst vor dessen Verlust gequält werden, werden sie verstärkt am Ball bleiben und Ihnen auch entsprechend viele Zugeständnisse bieten.

Für Sie bedeutet das: *Alle* verfügbaren Informationen, die den Reiz eines Lockstoffes oder einer Konsequenz aufweisen, sollten bereits zu Beginn der Verhandlung für den Verkäufer klar erkenntlich sein.

Sparen Sie sich keine Lockstoffe für später auf! Sogenannte Joker bringen zwar wieder Bewegung in stockende Verhandlungen, doch können Sie diesen Effekt auch schon vom Start weg nutzen. Vergleichen Sie das mit sportlichen Wettkämpfen. Niemand wird in der Formel 1 beim Kampf um die Poleposition seine Kraft für später sparen.

Typische Lockstoffe und Konsequenzen sind:

- der Verhandlungsgegenstand an sich (siehe Baustein 2), also Menge, Artikel etc.,
- der Hinweis, der Wettbewerber könne gewinnen, wenn man sich nicht einig wird,
- der Hinweis auf die Chance, zukünftige Aufträge zu generieren (Türöffner),
- Abwehren von neuen Wettbewerbern, die damit erstmalig liefern können und so einen Fuß in die Türe bekommen. Dazu ein Beispiel: „Wenn Sie uns ein verbessertes Angebot bieten, können Sie verhin-

dern, dass Ihre Wettbewerber erstmalig an uns liefern. Damit umgehen Sie die Gefahr, dass wir womöglich besonderen Gefallen an den Produkten Ihres Wettbewerbers finden."

■ Signalwirkung im Unternehmen, die ein weiteres Folgegeschäft ermöglicht. Nehmen wir dazu an, Sie würden erstmalig einen neuen Lieferanten für den Bereich Büromaterial listen. Dann eröffnen Sie Lieferanten den Zugang zu anderen Unternehmensbereichen. Die Erstbeauftragung hat damit eine starke Signalwirkung im Unternehmen: „Dieser Lieferant ist okay, dem können wir vertrauen."

■ Signalwirkung in der Umgebung: Wenn – zum Beispiel – ein Bürgermeister sein Dienstfahrzeug von Mercedes auf Skoda wechselt, würde die Automarke Skoda in der Umgebung des Bürgermeisters an Reputation gewinnen. Und das wäre ein besonderer Anreiz für Skoda, an dieser Leuchtturm-Position besonders gute Konditionen anzubieten.

Mein Praxistipp: Packen Sie sämtlichen Lockstoff in die Startrampe, verschießen Sie dabei jedoch nicht Ihr Pulver. Das brauchen Sie noch in der späteren Verhandlung! Beschränken Sie sich darauf, den Lockstoff anzusprechen, sprechen Sie ihn jedoch noch nicht *aus*.

„Ansprechen, jedoch nicht aussprechen!" – das klingt kompliziert. Was bedeutet das? Der Verkäufer soll erkennen, dass es etwas ganz besonders Interessantes zu gewinnen gibt. Gleichzeitig sollen das „Wieviel" und die näheren Umstände als Gegenleistung in der Verhandlung noch nicht im Detail kommuniziert werden. Sie öffnen quasi die Tür zu einem Raum mit tollem Inhalt, sprechen aber noch nicht darüber, wie viel Tolles im Raum tatsächlich verborgen ist.

So sagen Sie zum Beispiel: „Derjenige Lieferant, der den Auftrag gewinnt, kann mit einer permanenten Mengensteigerung rechnen!" Die Tür zum Raum heißt „permanente Mengensteigerung", der Inhalt im Raum „um x Prozent" bleibt unausgesprochen und wird zur noch zu verhandelnden Masse.

Achten Sie darauf, die folgende verhandlerische Falltür zu vermeiden, die in Verhandlungen oft Zeit und Kraft kostet: Wenn der Einkäufer die Katze zu früh aus dem Sack lässt, indem er zum Beispiel eine Prozentzahl der Steigerung angibt, findet der Verkäufer diese Zahl vielleicht nicht hoch genug und verliert das Interesse:

Einkäufer: *„... derjenige Lieferant, mit dem wir zusammenarbeiten, kann mit einer 1,5-prozentigen Steigerung rechnen!"*
Verkäufer: *„1,5 Prozent? Das ist nichts! Andere Kunden steigern um 5 Prozent und mehr!"*

Diese Diskussion wollen Sie an dieser Stelle (noch) nicht führen. Dafür ist in der eigentlichen Verhandlung (der Phase „Zugeständnisse mit Entgegenkommen") der richtige Zeitpunkt. Jetzt soll erst mal nur Appetit auf den Auftrag geweckt werden!

Dazu eine Frage, Herr Altmannsberger!

Was mache ich, wenn der Verkäufer mich direkt unterbricht und nach Details fragt?

Urs Altmannsberger: Bleiben wir bei dem Beispiel oben: Fragt der Verkäufer Sie direkt nach der Steigerung: „Um wie viel Prozent würden Sie denn steigern?", geben Sie ihm diese Information erst mal noch nicht. Bleiben Sie Ihrer Planung treu, geben Sie keine Details heraus.

Und was soll ich stattdessen tun?

Altmannsberger: Stellen Sie den Lockstoff in Abhängigkeit von Ihrem Ziel dar: „Die genaue Prozentzahl wird davon abhängen, welchen Preis Sie mir anbieten können." Und danach setzen Sie Ihre Startrampe fort.

Bringen Sie vom Start weg alles mit ins Spiel, was den Verkäufer in Bewegung setzen kann. Nutzen Sie den maximalen positiven Druck über die gesamte Verhandlung, nicht erst zum Schluss!

BAUSTEIN 4: Lockstoff und Konsequenzen zu Beginn ausbringen

Formulierung	Bemerkung
Derjenige, der gewinnt, erhält nicht nur die jetzt angefragte Menge, sondern stellt damit auch die Weichen für zukünftige Bestellungen.	→ Das lockt den Verkäufer, noch besser anzubieten.
Wir reden jetzt zwar nur über eine kleine Stückzahl, ausgehend davon wird jedoch die Entscheidung getroffen, mit welchem Lieferanten wir langfristig kooperieren werden.	→ Damit erhalten Sie den Preis der größeren Menge bereits für die kleine Stückzahl.
Die jetzigen Angebote haben Signalfunktion für weitere Bereiche!	→ Heute bestellen Sie für Abteilung 1, morgen vielleicht schon für die Abteilungen 2 und 3.
Die Angebotspreise des Wettbewerbs kann ich Ihnen selbstverständlich nicht nennen. Was ich Ihnen jedoch sagen kann, ist, dass Sie mit dem jetzigen Preis raus wären. Dennoch haben Sie reelle Chancen, wenn Sie preislich einen klaren Schritt nach unten machen.	→ Die ist eine etwas ausführlichere Kombination aus Lockstoff und Konsequenz.
Bei dem jetzigen Preis werden wir allerhöchstens zwischen 200 und 300 Stück abnehmen. Wenn Sie Ihren Preis deutlich senken, ist eine Abnahmemenge von bis zu 1.000 Stück realistisch.	→ Wenn es keinen glaubhaften Wettbewerb gibt, könnte das eine Alternative sein! Bei dieser Konsequenz und diesem Lockstoff arbeiten Sie, ohne auf Wettbewerber einzugehen. Die abzunehmende Menge hängt vom Entgegenkommen des Verkäufers ab. Hat dieser ein Interesse an der höheren Absatzmenge, wird er vermutlich Entgegenkommen zeigen.
Uns beiden ist klar, dass ich diese Bestellung bei Ihnen platzieren muss. Wenn Sie uns jedoch preislich nicht entgegenkommen, werde ich weitere Anbieter für die Zukunft qualifizieren.	→ Sie müssen bei diesem Lieferanten kaufen, zeigen jedoch langfristige Konsequenzen auf.
Leider komme ich bei der jetzigen Bestellung nicht um Ihr Unternehmen herum. Ich sage Ihnen aber auch ganz klar, dass unsere Geschäftsführung hellwach auf diesen Fall schaut. Mit einem zu hohen Preis werden Sie also auf jeden Fall eine Reaktion auf höchster Ebene auslösen.	→ Sie müssen bei diesem Lieferanten kaufen und nehmen die Aufmerksamkeit der Geschäftsleitung mit hinein.

Formulierung	Bemerkung
Bei einem besonders günstigen Preis kann der Gewinner dieser Ausschreibung sogar kurzfristig mit einem deutlichen Umsatzzuwachs rechnen.	Erweiterung um den kurzfristigen Liefertermin, wenn wir vermuten, dass die Lieferanten auf schnelle Umsätze (vor Quartals-/Jahresende) scharf sind.
Mit dem jetzigen Auftrag setzt der Gewinner ein klares Signal am Markt, was sicher zu Folgeaufträgen aus der gesamten Branche führt.	Den Blick weit fassen und die branchenweite Auswirkung als Lockstoff verwenden.
Wir sprechen jetzt zwar nur von 300 Stück. Zugleich gilt: Wenn Sie hier erst mal den Fuß in der Türe haben, können Sie sicher mit weiteren Aufträgen rechnen.	Den Zutritt zur Zukunft als Lockstoff einsetzen.
Bisher haben wir treu bei Ihnen bestellt. Aber ganz klar: Bei den jetzigen (zu schlechten) Konditionen verschaffen Sie Ihrem Wettbewerb Zutritt zum bisherigen Geschäft. Und wenn die erst mal Fuß gefasst haben, kann ich Ihnen nicht sagen, wie weit sich das auf Ihre gesamte Auftragsbasis auswirken wird.	Die Gefahr, Wettbewerbern Zutritt zum ehemals sicheren Kunden zu ermöglichen, bringt viele Verkäufer konditionell ins Wanken.
Uns allen ist klar, dass wir hier keinen Mischmasch von verschiedenen Produkten im Unternehmen wollen. Auch wenn ich Ihnen hier keine Bestellung für die zukünftigen Mengen versprechen kann, so ist doch klar, dass der Gewinner des Auftrags mit dem jetzigen Angebot ein Zeichen setzt, das auf lange Zeit hin festlegt, mit welchem Lieferanten wir kooperieren.	Allein die Logik sagt dem Verkäufer, dass hier noch viel mehr zu holen ist. Das führt zu einem für Sie besseren Preis.
Wenn wir rückwirkend schauen, haben Entscheidungen über einen Lieferantenwechsel generell für fünf Jahre gehalten. Indirekt entscheiden Sie heute mit dem Auftragsgewinn also nicht nur für die jetzt anstehende Menge, sondern für das Gesamtvolumen innerhalb der kommenden fünf Jahre.	Sie geben keine feste Zusage für langfristige Zusammenarbeit; dennoch zeigt diese Formulierung in der gelebten Praxis Wirkung.
Sollten wir uns tatsächlich für einen Lieferantenwechsel entscheiden, so werden wir nicht direkt in der nächsten Periode wieder zurück zu Ihnen wechseln. Ihr jetziges Angebot entscheidet also wahrscheinlich über die nächsten Jahre und nicht nur über den jetzigen Auftrag.	Damit fürchtet der aktuelle Lieferant den Wettbewerb doppelt.

Formulierung	Bemerkung
Sie wissen, dass uns der Lieferantenwechsel Geld kosten wird. Diesen Wechsel werden wir also nicht jedes Jahr neu ins Auge fassen. Das bedeutet für Sie: Sind wir erst mal weg, sind wir für längere Zeit weg.	Wechselkosten hindern üblicherweise den Wettbewerb, einzudringen: So drehen Sie den Nachteil zu einem Vorteil.
Wissen Sie, ich persönlich würde ja gerne weiterhin bei Ihnen einkaufen. Nur wenn ich durch den Preis dazu gezwungen bin, doch zum Wettbewerb zu wechseln, dann kostet das unser Haus erst einmal eine ganze Stange Geld. Dann wird es mir natürlich schwerfallen, in den nächsten Perioden nochmals Wechselkosten durchzusetzen, um zu Ihnen zurückzukehren. Ich bitte Sie daher in unser beider Sinne ...	Und das Gleiche nochmals herzlich formuliert.

Übung: Wechsel aufgrund von Wechselkosten erschwert

„Hilfe, ich habe weder Lockstoff noch Konsequenzen, mit denen ich arbeiten kann!" Kennen Sie diesen Hilferuf? Ab und zu erscheint es uns, als gäbe es weder Lockstoff noch Konsequenzen. Wenn ich in der Praxis mit derartigen Situationen konfrontiert bin, prüfe ich, welche Informationen mir zu dem Lieferanten vorliegen. Im Prinzip lässt sich dann fast immer eine vernünftige Forderungsbegründung entwickeln.

Nehmen wir an, Ihr Unternehmen hat über fünf Jahre hinweg bei immer demselben Lieferanten zum gleichbleibenden Preis bestellt. Seit letztem Monat sind Sie für den Lieferanten verantwortlich. Ein Wechsel zu einem anderen Lieferanten würde hohe Kosten bedeuten.

Beantworten Sie in Ihrem Notizheft die Frage: Welchen Lockstoff oder welche Konsequenzen können Sie allein aus dem Aspekt „seit fünf Jahren derselbe Lieferant" entwickeln?

Hier nun einige Anregungen für Konsequenzen und Lockstoff:

- „Wie Sie ja erkannt haben, haben wir die letzten fünf Jahre unverändert bei Ihnen bestellt. Bei entsprechend guten Konditionen wäre ich bereit, dies bei Ihnen fortzuführen."
- „Wir haben hier im Unternehmen ein ungeschriebenes Gesetz, nach dem spätestens alle fünf Jahre der Lieferant gewechselt werden soll. Eine Ausnahme entsteht, wenn wir von diesem Lieferanten besonders gute Konditionen erhalten. Dann können wir auch die Zusammenarbeit fortsetzen."
- „Wir haben einige Lieferanten, bei denen ein Wechsel zum Wettbewerb aufgrund der Wechselkosten nicht sinnvoll ist. Daher holen wir uns dann auch nicht bei jeder Bestellung neue Angebote ein. Im Fall Ihres Artikels haben wir jetzt seit längerer Zeit wieder eine Wettbewerbsabfrage durchgeführt. Von den Preisen her zeigt sich ein Wechsel zu anderen Lieferanten als durchaus attraktiv, besonders dann, wenn wir für eine längere Zeit beim Wettbewerber bleiben. Sie entscheiden mit Ihrem Angebot also nicht nur darüber, ob wir die kommende Bestellung beim Wettbewerb platzieren, sondern aufgrund der hohen Wechselkosten auch darüber, ob wir für lange Zeit zu einem treuen Kunden Ihres Mitbewerbers werden. Sie haben also einerseits die Chance, uns weiterhin langfristig als Kunden zu sichern, oder andererseits das Risiko, dass wir lange Zeit nicht mehr zusammenarbeiten können."

Baustein 5: Zeitraum, in dem die Entscheidung wirken wird

In der Regel wird für den Verkäufer ein wichtiger Punkt sein, für welchen Zeitraum der Vertrag abgeschlossen wird. Denn eine längerfristige Vereinbarung bedeutet für ihn und sein Unternehmen Planbarkeit und Sicherheit.

Ihr Verhandlungspartner wird also in den meisten Fällen ein Interesse daran haben, nicht nur ein Spot-Geschäft, sondern eine längerfristige Vereinbarung zu treffen. Nutzen Sie diesen Verkäuferwunsch zur Erreichung Ihrer eigenen Ziele!

Auch hier gilt wieder: Regen Sie den Appetit des Verkäufers an, ohne schon die Katze aus dem Sack zu lassen. Sprechen Sie von einer möglichen längerfristigen Bindung, ohne die Anzahl der Tage, Monate oder Jahre anzugeben.

Beispiel Oft erhalte ich in der Praxis Vorgaben von Fachstellen, dass Verträge eine bestimmte Laufzeit haben müssen. So gab mir ein Fachbereichsleiter neulich vor: „Wir schließen generell keine Verträge mit Laufzeiten länger als zwölf Monate ab! Das Risiko ist uns zu hoch!" Doch selbst dann deute ich in der Gesprächseröffnung Verhandlungsbereitschaft zu diesem Punkt an. In den meisten Praxissituationen prüft man dann bei entsprechend günstigen Konditionen eine Vertragsverlängerung. So auch hier: Nachdem der Fachbereichsleiter von erheblich besseren Konditionen bei 36 Monaten Laufzeit erfuhr, war er gerne bereit, darüber zu sprechen. Sein Einwand „Risiko" bezog sich auf befürchtete Preisschwankungen am Markt. Nachdem wir diese Preisschwankungen für die Zukunft durch eine Anbindung des Angebotspreises an einen Marktindex relativieren konnten, gab er grünes Licht für eine langfristige Bindung.

Eine feste Laufzeit vorzugeben, ist zielführend, wenn es einen zwingenden sachlogischen Grund gibt. Etwa wenn die Laufzeit faktisch endet: Beendigung der Produktion, Ende eines Projekts, finale Erreichung des Ziels. Wenn man also sicher ist: Darüber brauchen wir nicht nachzudenken.

Lassen Sie in der Startrampe bereits durchblicken, dass in Abhängigkeit von einem besonders hohen Entgegenkommen des Lieferanten eine längerfristige Vereinbarung in Aussicht steht. Nennen Sie noch nicht die absolute Laufzeit in Jahren oder Monaten. Behalten Sie die Anzahl der Jahre oder Monate als Verhandlungsmasse in der eigenen Hand.

Formulierung	Bemerkung
Bei der Vertragslaufzeit sind wir offen. Je nach Angebot richten wir uns gerne nach den Lieferantenwünschen.	Signalisiert Verhandlungsbereitschaft.
Grundsätzlich bin ich (sind wir) bereit, auch auf längerfristig zu unterschreiben.	Ebenso.
In Abhängigkeit der Angebotspreise (der verschiedenen Anbieter) ist mir freigestellt, auch für einen längeren Zeitraum verbindliche Verträge abzuschließen.	Der Einkäufer ist der Entscheider, was die Laufzeit angeht. Das macht dem Verkäufer Appetit auf eine lange Laufzeit und gibt dem Einkäufer die Macht, darüber zu entscheiden.
Bei besonders attraktiven Preisen wären wir bereit, uns auch für die kommenden Perioden an Sie zu binden. Ansonsten würden wir uns für potenzielle Wettbewerber lieber offenhalten und von Periode zu Periode neu entscheiden.	Das kann man gut nutzen, wenn man aktuell vom Lieferanten abhängig ist.
Das ist ein klares „Fuß in die Tür bekommen"-Projekt. Wenn Sie hier erst mal Ihre Duftmarke gesetzt haben, werden Sie noch lange davon profitieren.	Ein zugkräftiges Argument, insbesondere für neue Lieferanten, ohne tatsächliche Verpflichtung, für eine bestimmte Zeit einkaufen zu müssen.
Ich werde mit demjenigen Lieferanten, der gewinnt, auch offen über die Laufzeit sprechen. Bei fairen, günstigen Vereinbarungen bin ich gerne bereit, auch langfristig zu denken.	Unverbindlich und doch lockend.
Grundsätzlich schließen wir Verträge nur über zwölf Monate ab. Gleichzeitig: Wenn wir wissen, dass Sie uns heute einen Top-Preis bieten, werden wir gerne auch im nächsten Jahr wieder mit Ihnen zusammenarbeiten.	Sie geben dem Verkäufer einen weiteren Grund für dessen Entgegenkommen. Von Ihrer Seite gehen Sie keine Verpflichtung ein.

Baustein 6: Einwände vorwegnehmen

Haben Sie diesen oder einen ähnlichen Satz schon mal in Ihren Verhandlungen gehört? „Unser Produkt können Sie nicht direkt mit dem Wettbewerb vergleichen! Da ist schon klar, dass unser Preis höher ist!"

In der Praxis begegnet mir immer wieder die folgende Situation: Der Einkäufer erklärt dem Verkäufer, dass er sich verschiedene Produkte von verschiedenen Herstellern angesehen und getestet hat. Weiter sagt er ihm, dass alle Produkte, die jetzt im Wettbewerb stehen, für ihn vergleichbar sind. Daraufhin entgegnet der Verkäufer, dass sein Produkt genau nicht vergleichbar ist. Die Verhandlung gerät aufgrund dieses Einwands ins Stocken.

Bei genauer Überlegung fallen Ihnen sicher einige Einwände ein, die nicht nur einmal, sondern häufiger vorkommen. Dann lohnt es sich, bereits in Ihre Startrampe eine vorweggenommene Einwandbehandlung einzubauen.

Für unsere Beispiel-Startrampe gehen wir auf den häufigsten Einwand der Vergleichbarkeit ein und bieten Ihnen die passenden Formulierungen an.

Gerade bei der Einwandbehandlung werden Sie bei jeder Verhandlung neu dazulernen. Optimieren Sie Ihre persönliche Formulierung, wird sich Ihre Erfolgsquote der gelungenen Einwandvorwegnahme deutlich erhöhen.

Formulierung	Bemerkung
Wir haben mehrere Produkte von verschiedenen Lieferanten ausgewählt, die für uns vergleichbar sind.	Damit stellen Sie die Produkte auf einen Level. Diese Formulierung passt, wenn die Produkte tatsächlich vergleichbar sind.
Mehrere Produkte von verschiedenen Lieferanten sind nun in die finale Auswahl gekommen. Da, wo wir Leistungsunterschiede zwischen den einzelnen Produkten erkannt haben, haben wir diese für den Vergleich berücksichtigt.	Sie gestehen den einzelnen Produkten Unterschiede zu, machen gleichzeitig deutlich, dass die Leistungsunterschiede berücksichtigt sind. Damit nehmen sie dem Verkäufereinwand den Wind aus den Segeln.
Leistungsunterschiede sind, soweit sie für uns relevant sind, im Vergleichspreis berücksichtigt.	Ergänzend zur vorherigen Formulierung wird die Relevanz der Unterschiede betont.
Alle in der Endausscheidung stehenden Produkte sind vom Fachbereich fachlich freigegeben. Über Qualität, Leistung und Ähnliches brauchen wir heute also nicht mehr zu sprechen.	Die Freigabe des Fachbereichs wird als Messkriterium der Vergleichbarkeit schlicht abgehakt.

Baustein 7: Entscheidungskriterium benennen

Ihre Startrampe ist bald vollständig. Ergänzen Sie sie jetzt um einen weiteren Baustein, und zeigen Sie dem Verkäufer mit diesem Baustein deutlich, was aus dessen Blickwinkel notwendig ist, um den gewünschten Auftrag zu erjagen.

Nochmals zur Erinnerung: Für unser Praxisbuch haben wir ja entschieden, den Preis als zentrales entscheidendes Kriterium festzulegen. In Ihrem Verhandlungsalltag ersetzen Sie „der Preis" bitte durch das aktuell entscheidende Element.

Das entscheidende Kriterium sollte in der Regel genau ein Element sein. Sobald Sie mehrere Elemente zur Wahl geben, wird sich der Verkäufer das aus seinem Blickwinkel einfachere auswählen und die Verhandlung in den kommenden Minuten daraufhin ausrichten.

Formulierung	Bemerkung
Entscheidend für die endgültige Auswahl des Lieferanten ist, welchen Preis die einzelnen Wettbewerber in der jetzigen Runde abgeben.	⇒ Klar und deutlich
Entscheidend für die Auswahl des Lieferanten ist der Preis, der in der jetzigen finalen Verhandlung abgegeben wird.	⇒ Alternative Formulierung
Nachdem nun Technik und Qualität abgehakt sind, ist der Preis das letzte entscheidende Element.	⇒ Stellt nochmals klar, dass Technik und Qualität nicht das Gesprächsthema sind, wenn es um die Auftragserteilung geht.
Nachdem wir nun die Freigabe für mehrere Produkte haben, ist allein der Preis entscheidend dafür, welcher Lieferant den Auftrag erhält.	⇒ Alternative Formulierung mit deutlichem Wettbewerbshinweis

Schauen wir uns dazu eine typische Praxissituation an: Der Einkäufer sagt: „Für uns ist daher entscheidend, welchen Preis und welche Lieferzeit Sie uns anbieten können." Der pfiffige Verkäufer wird das unliebsame Element des Preises ausklammern und versuchen, über das Thema „Lieferzeit" den Auftrag zu gewinnen. Er reagiert etwa mit: „Wann genau brauchen Sie das Produkt? Gesetzt den Fall, ich schaffe es, bis zu diesem Zeitpunkt das Produkt für Sie bereitzustellen, sind wir dann auch im Geschäft?"

Damit lenkt der Verkäufer sehr geschickt über den Liefertermin direkt in den Vertragsabschluss hinein. In einer hitzigen Verhandlung kann es passieren, dass wir als Einkäufer dann zu leicht einlenken. Besser lösen Sie diesen Fall, indem Sie die Lieferzeit getrennt erfragen, etwa vor der Verhandlung, in der ersten Anfragemail oder auch nachdem der Preis vereinbart ist.

Dazu eine Frage, Herr Altmannsberger!

Was mache ich in einem Fall, in dem der Liefertermin das Aller-wichtigste ist?

Urs Altmannsberger: Wenn der Liefertermin das alles entscheiden-de Kriterium ist, rückt der Preis in den Hintergrund. Am besten, Sie wählen dann die folgende Formulierung: „Primär ist entscheidend, wer den Liefertermin einhalten kann. Danach entscheidet der Preis innerhalb der möglichen Kandidaten." Oder auch: „Zugangsvoraus-setzung ist, dass die jeweiligen Lieferanten den Liefertermin ein-halten können. Innerhalb des dann feststehenden Lieferanten-Pools wird dann der Preis über die Vergabe entscheiden." In der Praxis kommen solche Eilbestellungen häufiger vor, als man vermu-tet. Machen Sie sich dann klar, dass in diesem Moment Ihre zentrale Aufgabe die rechtzeitige Beschaffung des Produkts ist.
Befreien Sie sich von dem Stress, dann gleichzeitig Weltrekordpreise zu erreichen.

Baustein 8: Rahmen der Verhandlung abstecken

Für die Geschwindigkeit und das Vorankommen innerhalb einer Ver-handlung sind die gesetzten Rahmen entscheidend. Wissen die Lie-feranten beispielsweise, dass die Verhandlung in mehreren Runden ablaufen wird und wir uns vielleicht erst in der Runde eins von fünf be-finden, wird der Verkäufer in dieser Runde noch kein finales Angebot abgeben. Er wird vielmehr seine verhandelbare Masse, seinen Spiel-raum auf die erwarteten weiteren Verhandlungen verteilen und erst in der finalen entscheidenden Verhandlung Farbe bekennen.

Formulierung	Bemerkung
Wir geben jedem Lieferanten die gleichen fairen Chancen. Daher haben wir für jede Verhandlung genau 30 Minuten vorgesehen. Das Ergebnis, das am Ende dieser 30 Minuten festgelegt ist, kann nicht mehr verändert werden und wird so zur Entscheidungsfindung beitragen. Ein Nachbieten ist nicht möglich!	Dieser Baustein passt gut zu einer finalen Verhandlung. Sie legen ein Zeitlimit fest und verhindern Vertagungstaktiken, die ein Ergebnis verzögern. Unter Umständen ist es sinnvoll, diese Regel bereits bei der Einladung auszusprechen, damit der Lieferant entsprechend vorbereitet zum Termin erscheinen kann.
Wir haben gemeinsam eine Stunde Zeit, Ihr finales Angebot zu formulieren. Das Ergebnis wird die Entscheidungsgrundlage sein, wenn wir am Freitag mit dem internen Entscheidergremium zusammensitzen.	Eine ähnliche Formulierung mit besonders partnerschaftlichem Anstrich.
Wir haben Termine mit jedem infrage kommenden Lieferanten vereinbart. Nur diejenigen Lieferanten, die zu den drei besten vom Preis her gehören, werden für die finale Entscheidungsrunde zugelassen.	Sie planen zwei Verhandlungsrunden und befinden sich in der ersten Runde. Um jetzt schon vernünftige Preisangebote zu erhalten, bauen Sie die Hürde „Nur die drei Besten kommen weiter" ein.
Ich rufe jetzt nacheinander die infrage kommenden Lieferanten an. Jeder hat nochmals die Chance, sein Angebot zu verbessern. Danach werde ich direkt an den Bestbietenden den Auftrag erteilen.	So könnte es in einem Telefonat formuliert werden.

Baustein 9: Fokusfrage zum Abschluss der Startrampe stellen

Um nun den aufgebauten zielgerichteten Druck auch tatsächlich zu nutzen, arbeiten Sie mit einer Fokusfrage. Es ist wichtig, dass Sie eine offene, zielgerichtete Frage formulieren. Das erhöht die Chance auf eine qualifizierte Antwort.

Wichtig ist: Stellen Sie die Frage wirklich konkret. Die Formulierung „Was können Sie uns anbieten?" ist in vielen Fällen zu allgemein. Denn so erhalten Sie lediglich unerwünschte Antworten zum Produkt an sich oder zur Menge und vielen anderen Nebenthemen. Stellen Sie dann einfach nochmals die gleiche Frage, dann jedoch genauer fokussiert auf Ihr gewünschtes Ziel.

BAUSTEIN 9: Fokusfrage zum Abschluss

Formulierung		Bemerkung
Was können Sie uns preislich anbieten?	⇒	Klar und deutlich
Inwieweit sind Sie bereit, beim Preis runterzugehen?	⇒	Alternative Formulierung
Was ist der maximale Nachlass, den Sie anbieten können?	⇒	Auf Nachlass bezogen.
Wo liegt Ihr Preislimit?	⇒	Ob schon gleich mit der Limit-Frage angefangen werden soll, wird kontrovers gesehen.
Was ist das Minimum, mit dem Sie vom Preis her leben können?	⇒	Von unten betrachtet.
Was ist angesichts der Sondersituation Ihr Angebot in Euro?	⇒	Gut, wenn zuvor eine Sondersituation als Forderungsbegründung gestellt wurde.
Welchen Wert werfen Sie in den Entscheidungshut?	⇒	Etwas bildhafter formuliert.
Was sehen Sie unter Berücksichtigung der Opportunitätskosten als faires (maximales) Angebot? Welchen Preis sind Sie bereit zu bieten?	⇒	Hochtrabende Formulierung, wenn alle anderen Lösungen den Verkäufer teuer zu stehen kämen. Ergänzt um eine weitere Fokussierung auf das gewünschte zu verhandelnde Element.

Noch ein Wort zur Limit-Frage: Schon zu Beginn der Verhandlung nach dem Limit zu fragen, wird kontrovers beurteilt. Einige Einkaufs-Verhandler sehen sich damit in die Ecke getrieben. Hat der Verkäufer schon zu Beginn den Limitwert ausgesprochen, fällt es – deren Meinung nach – schwer, weitere Forderungen zu stellen. Aus meiner Sicht aber ist das kein Hindernis. Mit der Frage „Wie weit sind Sie bereit, dieses Limit noch nach unten zu korrigieren?" öffnen Sie die vermeintliche Sackgasse wieder.

Baustein 10: Zepter in der Hand behalten

Ein Skispringer würde bei einem sportlichen Wettbewerb sicher nicht auf halber Strecke der Sprungschanze anhalten, ein kurzes Interview geben und danach weiterfahren, um eine Topweite zu erreichen. Sein Schwung ginge durch den Zwischenstopp, durch die Unterbrechung zwangsläufig verloren. Unterbrechungen nehmen Ihnen den Schwung!

So verhält es sich auch mit dem Schwung Ihrer Startrampe.

Lassen Sie sich nach Möglichkeit nicht unterbrechen. Je häufiger Ihre Startrampe zwecks Erklärungen oder Einwänden unterbrochen wird, umso mehr verliert sie an Gesamtschwung.

Im schlimmsten Fall bringt Sie der Verkäufer derart von Ihrem Plan ab, dass Sie Ihren roten Faden verlieren und nicht mehr wissen, was Sie ursprünglich sagen wollten. Für das Ergebnis Ihrer Verhandlung hätte das entsprechend dramatische Konsequenzen. Legen Sie sich daher eine der folgenden Formulierungen zurecht, die Sie ohne größeres Nachdenken bei allen möglichen Einwänden und Unterbrechungen nutzen können.

BAUSTEIN 10: Zepter in der Hand behalten

Formulierung		Bemerkung
Komm ich gleich noch zu.	⇒	Mit einer sehr kurzen Formulierung wischen Sie Einwände und Rückfragen beiseite. Machen Sie sich nicht den Stress, sich den Einwand zu merken. Das würde Sie zu sehr aus dem Konzept bringen. Der Verkäufer wird den Einwand sicher nochmals wiederholen.
Gehe ich gleich drauf ein.	⇒	Alternative Formulierung
Da sag ich gleich noch was zu.	⇒	Alternative Formulierung
Frau Schmidt geht im Anschluss darauf ein.	⇒	Alternative Formulierung mit Verweis auf einen späteren Beitrag einer anderen Person

Zudem rate ich Ihnen, mit ganz anderen Mitteln dafür zu sorgen, nicht unterbrochen zu werden. In anspruchsvollen Verhandlungen hat sich bewährt, vor der Startrampe einen Monolog anzukündigen. Etwa indem Sie sagen: „Wenn es für Sie in Ordnung ist, würde ich, wie bei allen anderen Lieferanten auch, zu Beginn unseres Gesprächs die aktuelle Situation darstellen."

Stehen Sie dann auf und sprechen Sie Ihre Startrampe im Stehen. Auch das macht deutlich, dass Sie jetzt gerade am Zug sind und nicht unterbrochen werden wollen. Wenn Sie jetzt noch zur Unterstützung und Visualisierung das Flipchart nutzen, binden Sie die Aufmerksamkeit der Verkäufer besonders gut. Überlegen Sie sich vorher, wie Sie durch einfache Zeichnungen Ihre Argumentation wirkungsvoll unterstützen können.

So können Sie zum Beispiel das nebenstehende Flipchart ...

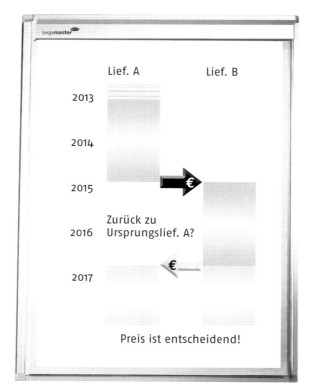

Abbildung 14: Mit Flipcharts Startrampe optimieren

© by Urs Altmannsberger

... mit diesem Argument begleiten (Einkäufer spricht mit Lieferant B): „Bis 2014 haben wir bei Lieferant A eingekauft. Aufgrund des Preises haben Sie es geschafft, den Auftrag für inzwischen zwei Jahre auf Ihre Seite zu ziehen. Aktuell bietet Ihr Wettbewerber A Top-Preise und versucht, damit den Auftrag zurückzugewinnen. In der kommenden Woche werden wir entscheiden, mit wem wir ab 2017 kooperieren werden. Dabei wird der Preis das entscheidende Element sein. Wir können uns vorstellen, entweder mit dem ursprünglichen Lieferanten A oder auch weiter mit Ihnen zu arbeiten."

3.3 Praxisbeispiel für Ihre Umsetzung: So bauen Sie Ihre Startrampe

Jetzt haben Sie alle Bausteine beisammen. Nun sollte es Ihnen leichtfallen, für eine anstehende Praxissituation eine starke Startrampe aufzubauen. Mit dem folgenden Praxisfall zeigen wir Ihnen, wie das finale Zusammensetzen der Bausteine funktioniert. Im Prinzip brauchen Sie nur noch durch einige Füllwörter und verbindende Sätze Ihren ganz persönlichen Verhandlungsstart zu kreieren.

Und darum geht es in dem Beispiel: Einkäufer Matthias Wild soll für den internen Bedarf in einem Bürogebäude 300 Bürodrehstühle einkaufen. Der Fachbereich hat bereits entschieden, dass der Bürodrehstuhl PURE3 vom Hersteller Sitz & Lieg der richtige ist. Die Bürodrehstühle sollen innerhalb von sechs Wochen geliefert werden. Der Lieferant besucht den Einkäufer Wild am Mittwochnachmittag.

Matthias Wild wählt die folgenden Bausteine für seine Startrampe aus:

Baustein		Ausgewählte Formulierung
1. Begrüßung	→	„Guten Tag, Herr Sales! Wie geht es Ihnen? Nehmen Sie doch bitte Platz. Was kann ich Ihnen zu trinken anbieten?"
2. Verhandlungs- gegenstand	→	„Wir hatten vorletzte Woche bei zahlreichen Anbietern nach einem geeigneten Bürodrehstuhl für unseren neuen Gebäudekomplex gefragt. Je nachdem, welche Preise aufgerufen werden, wird sich die Stückzahl zwischen 200 und 500 Stühlen bewegen. Derjenige Lieferant, der gewinnt, hat damit die Chance, kurzfristig eine interessante Menge an Stühlen zu verkaufen."
3. Wettbewerb	→	Aus dem Baustein 3 nimmt Wild gleich zwei Formulierungen heraus und ergänzt diese, damit es sich rund anhört: „Aus der ursprünglich zweistelligen Anbieterzahl haben wir inzwischen eine kleinere Zahl ausgewählt, mit denen wir die finale Verhandlung angehen." „Sie sind einer von diesen Lieferanten, die für uns infrage kommen." Wild ergänzt: „Aus Ihrem Sortiment steht der PURE3 als möglicher Stuhl im Wettbewerb."
4. Lockstoff und Konsequenzen	→	„Die Angebotspreise des Wettbewerbs kann ich Ihnen selbstverständlich nicht nennen. Was ich Ihnen jedoch sagen kann, ist: Mit dem jetzigen Preis wären Sie raus. Dennoch haben Sie reelle Chancen, wenn Sie preislich einen klaren Schritt nach unten machen."
5. Zeitraum, in dem die Entscheidung wirken wird	→	Jetzt pumpt Wild das Volumen nochmals auf, indem er den langfristigen Aspekt beleuchtet: „Das jetzige Angebot ist besonders wichtig. Der Gewinner hat nämlich die besten Chancen, auch den Rahmenvertrag für die gesamte Büroausstattung auf seine Seite zu ziehen." „Uns allen ist ja klar, dass wir ein einheitliches Bild in den Büros haben möchten. Daher werden wir – wenn wir uns erst einmal für einen Lieferanten entschieden haben – vermutlich auch lange Zeit das gleiche Produkt abrufen."
6. Einwände vorwegnehmen	→	„Alle in der Endausscheidung stehenden Produkte sind vom Fachbereich fachlich freigegeben. Über Qualität, Leistung und Ähnliches brauchen wir heute also nicht mehr zu sprechen."
7. Entscheidungs- kriterium	→	„Entscheidend für die Auswahl des Lieferanten ist der Preis, der in der jetzigen finalen Verhandlung abgegeben wird!"

Baustein	Ausgewählte Formulierung
8. Rahmen der Verhandlung	→ Hier nutzt Wild die erste Formulierung des Bausteinkastens fast 1 : 1. Lediglich die Zeit korrigiert er auf 15 Minuten. „Wir geben jedem Lieferanten die gleichen fairen Chancen. Daher haben wir für jede Verhandlung genau 15 Minuten vorgesehen. Das Ergebnis, das am Ende dieser 15 Minuten festgelegt ist, kann nicht mehr verändert werden und wird so zur Entscheidungsfindung beitragen. Nachbieten ist nicht möglich!"
9. Fokusfrage am Ende der Startrampe	→ „Was ist angesichts der Sondersituation Ihr Angebot in Euro?"
10. Zepter in der Hand behalten	→ Wild wählt hier die erste Alternative: „Komm ich gleich noch zu!"

Fertig ist die Startrampe. Ihr Zeitbedarf: unter drei Minuten. Das nenne ich effektiv und eine schnelle und gute Vorbereitung. Sicher haben Sie bemerkt, dass Matthias Wild einige taktisch kluge Entscheidungen gefällt hat.

So verrät er beispielsweise dem Lieferanten nicht, dass der Stuhl PURE3 bereits vom Fachbereich fix vorgegeben ist. Genauso lässt er den Lieferanten über die finale Stückzahl im Unklaren, um sich dieses verhandelbare Element für die weitere Verhandlung offenzulassen. Um den Auftrag noch schmackhafter zuzubereiten, bringt er außerdem die langfristige Sichtweise mit ins Spiel.

Matthias Wild ist klar: Hat sich der Fachbereich erst einmal auf ein Stuhlmodell eingeschossen, wird er vermutlich auch weitere Bestellungen bei diesem Lieferanten platzieren müssen. Aus diesem vermeintlichen Nachteil formuliert er geschickt einen Vorteil.

Jetzt habe ich eine Umsetzungsaufgabe für Sie: Welche Verhandlung steht bei Ihnen in den nächsten Tagen an? Bauen Sie Ihre dafür optimal ausgerichtete Startrampe. Notieren Sie Ihre Startrampe, und gehen Sie dabei strukturiert Baustein für Baustein und mithilfe der von mir vorgefertigten Formulierungen vor, die Sie natürlich Ihren Gegebenheiten anpassen können.

Nachdem Sie alle Formulierungen hintereinandergereiht haben, überdenken Sie die Startrampe. Was sollte und kann für den Einzelfall optimiert werden? Muss zur besseren Verständlichkeit die Reihenfolge verändert werden? Ist es sinnvoll, an der einen oder anderen Stelle Füllwörter oder Füllsätze einzubringen?
Viel Erfolg bei Ihrem Verhandlungseinstieg.

EXTRA-VORTEIL:

Als Leser können Sie Ihre Startrampe von mir prüfen und tunen lassen. Senden Sie mir dazu einfach Ihre Formulierung. Das Formular dafür finden Sie hier: www.altmannsberger-verhandlungstraining.de/profitabler-einkauf-buch

Fazit:

Überprüfen Sie Ihre Startrampe immer wieder hinsichtlich der folgenden Punkte:

→ Neutrale, höfliche Begrüßung gewählt
→ Verhandlungstaugliche Stimmung hergestellt
→ Verhandlungsgegenstand/-inhalt für alle Beteiligten transparent gemacht
→ Tatsachen ergebnisstützend formuliert
→ Wettbewerb glaubhaft inszeniert und mehrfach in Szene gesetzt
→ Plural statt Singular ist zwischen den Zeilen erkennbar
→ Konsequenzen und Lockstoff deutlich gemacht
→ Spielraum offengehalten (finale Menge, finale Termine …)
→ Zielgerichtete Entscheidungskriterien kommuniziert
→ Konkrete Abschlussfrage führt direkt auf den Weg zum Ziel

4 Loten Sie aus! So finden Sie die situative Schmerzgrenze der Gegenseite

Was Sie in diesem Kapitel erfahren

Nach der Vorbereitungsphase und der Sagephase, in der Sie mit Ihrer Startrampe Schwung geholt haben, geht es nun in die Fragephase mit vier Elementen.

→ Sie erfahren, ob es *die* Schmerzgrenze gibt, also ein optimales Verhandlungsergebnis.

→ Durch Ausloten erreichen Sie leichter bessere Ergebnisse.

→ Sie erkennen den Vorteil, mit Fragen auszuloten anstatt fixe Werte zu fordern.

→ Sie erlernen damit eine grundsätzliche Haltung, wie Sie zukünftig Ihre Forderungen stellen sollten.

Reden wir Klartext: Die Schmerzgrenze steht für das optimale Ergebnis. Ob der Begriff „Schmerzgrenze" geschickt gewählt ist oder ob es besser ist, einen weicheren Ausdruck zu nutzen, ist nebensächlich. Entscheidend ist: Wir wollen erfahren, inwieweit der Verhandler bereit ist, uns entgegenzukommen. Dabei geht es nicht darum, dem anderen wehzutun, sondern darum, seine Bereitschaft des Entgegenkommens möglichst positiv und umfassend für uns zu nutzen.

Zum leichteren Verständnis bleiben wir auch in diesem Kapitel beim gängigsten Verhandlungsgegenstand, dem Preis. Natürlich behalten wir im Hinterkopf, dass es sich bei Ihren Verhandlungen nicht allein um den Preis dreht. Dort sind sicher auch andere Aspekte von elementarer Bedeutung, etwa die Lieferzeit. Ihr Vorteil: Meine Formulierungsvorschläge können Sie direkt übertragen: Sie ersetzen dann in den Beispiellösungen einfach das Element „Preis senken" durch den wahren Verhandlungsgegenstand. So wird aus „Wie weit können Sie den *Preis senken?*" ein „Wie weit können Sie die *Lieferzeit verkürzen?*".

4.1 Der Kampf um die Schmerzgrenze

Lassen Sie uns in drei Schritten Ihr neues Instrument aufbauen, das den Namen „Relativ ausloten!" trägt. Es ist wichtig, dass Sie die Hintergrundmechanik nachvollziehen und erkennen können, warum das der richtige Weg ist, um optimale Verhandlungsergebnisse zu erzielen. Nur wenn Sie diese Überzeugung aufbauen können, werden Sie die Methode ohne Zögern einsetzen – und erfolgreich sein. Und das sind die drei Schritte, mit denen wir uns jetzt beschäftigen:

1. Zuerst beleuchten wir die These „Es gibt keine fixe Schmerzgrenze!".
2. Danach betrachten wir die andere Seite der Medaille, die Antithese. Wir versuchen genau das Gegenteil zu beweisen – also: „Es gibt eine feste Schmerzgrenze!" Gelingt uns das nicht, stützt dies unsere These.
3. Danach bringe ich Ihnen die Technik bei, das bestmögliche Ergebnis durch relatives Ausloten zu erreichen – es folgt also die Synthese.

These: Es gibt keine fixe Schmerzgrenze –
der beste Preis ist ein Knallfrosch

Beschäftigen wir uns also zunächst mit der These: Ich sage Ihnen, es gibt keine fixe Schmerzgrenze! Sie ist variabel. Eben noch scheitert die Verhandlung an einer Grenze bei 10 Prozent. Einige Augenblicke später könnten Sie aber doch 12 Prozent erreichen oder scheitern gar früher, bei 8 Prozent.

Es gibt also keine verlässliche Grenze, die Sie

- ablesen können,
- errechnen können,
- aus Erfahrung der früheren Verhandlungen kennen können,
- aus einer hierarchischen Stellung ableiten können oder
- über Wettbewerbsausschreibungen erfahren.

Denn das jeweilige Optimum variiert situativ. Heute hier, morgen da! Fühlen Sie sich auch an einen springenden Knallfrosch erinnert? Richtig – der beste Preis ist ein Knallfrosch, der seine Position ständig wechselt. Dabei wechselt er permanent die Richtung, in die der nächste Sprung erfolgt. Er ist unkalkulierbar!

Die folgenden Beispiele zeigen, wie stark die Preisgestaltung von unerwarteten Einflussfaktoren abhängt. Eine fixe Schmerzgrenze – etwa in Form der errechenbaren Herstellungskosten – ist nur ein Punkt von vielen möglichen.

Beispiel 1: Ein Hersteller eines Fahrwerkbauteils ist über die Kapazitätsgrenze hinaus ausgelastet. Ein Automobilhersteller fragt Preise für dieses Fahrwerkbauteil an. Aufgrund der guten Auslastung erlaubt sich der Hersteller des Bauteils, zu überhöhten Preisen anzubieten, und zeigt sich auch unwillig, den Preis zu senken. Die Verhandlungen ziehen sich über mehrere Wochen. Noch während dieser Zeit bricht dem Lieferanten ein sehr großer Auftrag eines anderen Automobilherstellers weg. Die Auslastung der Fabrik sackt schlagartig ab. Eben noch im Luxus der Vollauslastung, ist jetzt dringend Auftragsnachschub gefordert. Um in dieser

Situation den Auftrag des weiteren Automobilherstellers nicht zu riskieren, signalisiert die Vertriebsleitung Zugeständnisse.

Erkenntnis: Die Auftragslage kann sich sekündlich verändern und bewegt bzw. verschiebt damit die Schmerzgrenze.

Beispiel 2: Es gibt nur eine begrenzte Anzahl an Herstellern von Kernkraftwerken und der darin verbauten Aggregate. Durch die hohen Sicherheitsanforderungen ist anderen Anbietern der Zugang zu diesem Markt versperrt. Die Produkte sind gefragt, die Preise rangieren auf Höchstniveau. Dann die Katastrophe! Die Kundenbasis bricht quasi in Minuten weg. Am 11. März 2011 um 14:47 Uhr (Ortszeit) löst das Tohoku-Erdbeben den Anfang des Abschieds aus dem Atomstromzeitalter aus. Sie können sich vorstellen, wie sich dadurch die Nachfrage nach den Produkten und damit auch der Preis verändert hat.

Erkenntnis: Die Umwelt kann sich sekündlich verändern und damit ganze Märkte auf den Kopf stellen.

Beispiel 3: Vor den Eingangstoren einer Model-Castingshow wechseln begehrte Eintrittskarten weit über dem normalen Verkaufswert die Besitzer, für etwa 200 Euro. Eine Stunde später: Eine Bombendrohung beendet das Finale vorzeitig. Die Kartenbesitzer erhalten das Geld zurück. Aber nur bis zum ursprünglichen Preis von 50 Euro. Der Preis von 200 Euro war schlagartig zu teuer geworden.

Erkenntnis: Der Gegenwert, den wir einem Gut beimessen, kann sich unvorhergesehen in Luft auflösen.

Dazu habe ich aber einen Einwand, Herr Altmannsberger!

Wenn ich die Kalkulation eines Lieferanten kenne, kann ich doch seine Herstellkosten berechnen. Dann ist nur noch der Gewinnaufschlag eine unbekannte Variable, die ich aber durchaus abschätzen kann.

Urs Altmannsberger: Sie haben einen großen Vorteil, wenn Sie alle Werte kennen, um die Kalkulation Ihres Lieferanten nachvollziehen zu können. Tatsächlich lässt sich daraus *ein* Grenz*punkt* errechnen – oder zumindest *relativ* genau vorherbestimmen. Sie haben damit aber nur einen einzelnen – lassen Sie uns bei der Metapher bleiben – Ruhepunkt, von dem der Knallfrosch jedoch gleich wegspringen wird. Die Gründe für den nächsten Sprung können vielfältig sein: Vielleicht hat der Lieferant die Rohstoffe zu einem früheren Zeitpunkt zu einem ganz anderen Preis kaufen können. Dann passt Ihr kalkulierter Preis nicht. Oder der Lieferant hat eine sehr hohe Auslastung: Er wird also von Kundenaufträgen überschwemmt und nimmt folglich nur noch Aufträge mit fettem Gewinn entgegen. Dann könnten Sie ihm vorrechnen, was seine Kalkulation ist, und trotzdem würde der Lieferant nicht darauf anspringen. Lieber bedient er einen lukrativeren Kunden, als Ihnen im Preis entgegenzukommen. Sie sehen: Jeder der genannten Einflüsse verändert die „Schmerzgrenze".

Antithese: „Es gibt doch eine fixe Schmerzgrenze!"

Einige Verhandler vertreten die Antithese: „Stelle fixe Forderungen, um das Optimum zu erreichen." Oder auch: „Fordere das Unmögliche, um das Mögliche zu erreichen!" Ich halte das für gefährlich, bin aber dennoch bereit, mich kritisch damit auseinanderzusetzen. Begleiten Sie mich dabei. Lassen Sie uns zunächst versuchen, die Antithese anhand eines Praxisfalls zu stützen. Scheitert der Versuch, so stützt das die These „Es gibt keine Schmerzgrenze!".

Die Ausgangslage: Um eine konkrete Forderung „Soundsoviel Euro" stellen zu können, errechnen wir den optimalen Preis.

Nun der Praxisfall: Wir wollen ein Hotelzimmer für eine Person und einen Tag inklusive Frühstück buchen.

- Wissen wir damit schon zweifelsfrei, wo die Schmerzgrenze liegt, was der beste Preis wäre? Nein, natürlich nicht. Es kommt ja darauf an, in welcher Region oder Stadt das Hotel sein soll. Also fixieren wir diese Variable: München, 2 km um den Marienplatz herum.
- Wissen wir damit schon zweifelsfrei, was die Schmerzgrenze ist? Nein, natürlich immer noch nicht. Es kommt ja darauf an, welche Hotelklasse es ist! Gut, also fixieren wir auch diese Variable: drei Sterne.
- Wir verkürzen den Prozess: Es kommt darauf an, ob Oktoberfestzeit ist, eine große Reisegruppe gebucht hat, ein Werktag oder Wochenende ist, das Zimmer ohne oder mit Minibar gewünscht wird. Und: Gibt es Sauna, Schwimmbad, Whirlpool, Parkplatz oder Tiefgarage, wie teuer ist die Reinigung des Zimmers, wie ist die Kalkulation für den Bau des Hotels, wie weit ist der Grundstückspreis inzwischen gestiegen (das würde das Zimmer ja verbilligen), sind Sie Mitarbeiter einer Firma, die Sonderkonditionen hat ...?

Jetzt nehmen wir optimistisch an, all das wissen Sie und können daher kalkulieren, dass die Schmerzgrenze bei genau 57,18 Euro liegt. Da wir ja die Antithese beweisen wollen, stellen wir also eine absolute Forderung, eine Forderung mit einem fixen Wert. Betrachten Sie dazu die drei wichtigsten Möglichkeiten, die Forderung zu stellen, und die Auswirkung auf Ihr vermutetes Ergebnis (siehe folgende Tabelle).

Sie werden sehen: Einerseits können Sie genau den errechneten Wert fordern. Der geht Ihnen durch das Feilschen aber gleich wieder verloren. Ihr Gesprächspartner erwartet Zugeständnisse. Das sagt die jahrhundertelang geübte Verhandlungstradition. Andererseits können Sie einen niedrigeren Wert fordern. Es ist aber extrem schwer, durch gegenseitiges Austauschen von absoluten Forderungen „40-90-45-85 ..." zu unserem errechneten Wert zu gelangen.

Absolute Forderung wird gestellt	Analyse
Wir fordern das, was wir errechnet haben: „Sehr geehrter Hotelier, wir haben nachgerechnet. Ihre Zimmer kosten gar nicht 99 Euro, sondern 57,18 Euro. Daher sind wir auch nicht bereit, mehr zu zahlen. Einverstanden?"	Schlecht: Nehmen wir an, der Hotelier steigt in die Verhandlung ein und feilscht um den Preis. Dann wird man sich in der Mitte treffen. Sagen wir, bei 75 Euro. Sie haben also die Schmerzgrenze nicht erreicht. Das bringt uns zur zweiten Möglichkeit.
Wir fordern einen deutlich niedrigeren Preis, damit wir uns bei 57,18 Euro als Mitte treffen: „Wir sind bereit, 30 Euro für das Zimmer zu zahlen!"	Schlecht: Der Hotelier blockiert die Verhandlung. 30 Euro sind indiskutabel, er fühlt sich auf den Arm genommen. Ergebnis: kein Ergebnis und, schlimmer noch: kein Zimmer! Das bringt uns zur dritten und etwas milderen Möglichkeit.
Wir fordern knapp unter dem errechneten Ergebnis: „Wir bieten Ihnen 45 Euro für das Zimmer!" Hotelier: „45? Das liegt unter meinen Kosten! Allerhöchstens bin ich bereit, auf 95 zu gehen." Wir: „95? Ist immer noch zu viel. Ich komme Ihnen auf 50 entgegen." Hotelier: „90!" Wir: „55!" Hotelier: „85!" Wir: „60!"	Schlecht: Wir können dem Hotelier nur mit kleinen Schritten entgegenkommen, erwarten aber von ihm große Schritte. Auf genau 57,18 Euro zu kommen, fällt sehr schwer. Auch werden wir schnell zu hören bekommen: „Das ist ja wie auf dem Basar!" Das Scheitern ist in vielen Fällen vorprogrammiert.

Wir fragen uns also hilfesuchend: Mit welchem Wert soll man denn dann anfangen? Die 57,18 Euro können wir ausschließen. Gehen Sie zu weit runter, blockiert der Hotelier oder betrachtet Ihr Vorgehen als „dreist oder dumm". Gehen Sie dagegen knapper an den Wunschpreis, schießen Sie am Wunschpreis vorbei. Hinzu kommt noch: Je nach Kulturraum gibt es ganz unterschiedliche Entfernungen vom Wunschpreis, die akzeptiert werden. In Norwegen ist schon bei 5 Prozent Schluss, im arabischen Raum sind 50 Prozent oft kein Problem. Ein wahres Dilemma!

Dazu eine Frage, Herr Altmannsberger!

Ich könnte doch genauso 57,18 Euro fordern und darauf beharren. Was meinen Sie, was passiert bei dieser Alternative?

Urs Altmannsberger: Stur auf dem errechneten Wert beharren kann funktionieren, wenn Sie die größere Macht haben. Etwa wenn der Lieferant von Ihnen abhängig ist. Aber dann ist die „Macht" der Motor Ihrer Verhandlung – nicht die Verhandlungstechnik. Wir erinnern uns: Solange Sie die Macht haben, brauchen Sie gar nicht zu verhandeln.

Und was passiert, wenn ich nicht die Macht habe und auf 57,18 Euro beharre, während der andere mir entgegenkommen soll?

Altmannsberger: Das führt dann schnell zur Missstimmung. Sie machen Ihr Gegenüber sauer. Daran scheitert dann die Verhandlung. Die Verhandlung wird wohl so ablaufen:
Einkauf: „57,18!"
Hotelier: „Ich komme auf 90 entgegen."
Einkauf: „Nein, ich will 57,18!"
Hotelier: „Ok, gut, 88. Aber dann ist Schluss."
Einkauf: „Nein, 57,18!"
Hotelier: „Letztes Wort: 85!"
Einkauf: „Nein, 57,18."
Hotelier: „Sie können mich in Ruhe lassen!"

Wir fassen unseren Ausflug in die Technik der absoluten Forderungen zusammen:

1. Es ist sehr schwer, die momentane Schmerzgrenze zu kalkulieren. Zu viele Faktoren haben Einfluss auf den Preis.
2. Wenn wir diesen Wert erkannt haben, treffen wir auf die nächste Hürde. Absolute Forderungen, auch Basar-Feilschen genannt, bauen auf unrealistischen Werten auf. Beide Gesprächspartner starten mit überzogenen Forderungen und nähern sich dem Mittelwert. Wozu haben wir dann erst die Schmerzgrenze aufwendig berechnet?

3. Wenn wir den Wert machtvoll durchsetzen, gefährden wir die Beziehung zum Lieferanten.
4. Sicher hat die Methode ihre Daseinsberechtigung, jedoch nicht, wenn Sie ein optimales Ergebnis mit wiederholbarer Methode auf leichtfüßigem Weg erreichen wollen.

Wirkung absoluter Forderungen

Forderung		Auswirkung
Überzogene Forderung	→	Unrealistisch. Abbruch
Schwache Forderung	→	Suboptimales Ergebnis
Genau richtige Forderung	→	Schwer durchzusetzen, wird eine Machtfrage

Absolute Forderungen sind problematisch. Den richtigen Wert für die Forderung zu finden, ist schwer. Oft werden unbefriedigende Ergebnisse erreicht, weil die Chance auf ein besseres Ergebnis verpasst wird.

Aus diesem Grund rate ich Ihnen, sich durch relative Forderungen der Schmerzgrenze dem Optimum zu nähern.

Überlegen Sie, welche typischen Schmerzgrenzen es gibt
Damit Sie bei der Suche nach Schmerzgrenzen der Verkäufer fündig werden, sollten Sie überlegen, welche typischen Schmerzgrenzen es gibt. So sensibilisieren Sie sich dafür und sind eher in der Lage, sie zu erkennen. Beginnend mit dem Listenpreis, zeigt Abbildung 15 eine Auswahl typischer Schmerzgrenzen.

Allein die Zahl der vielen verschiedenen möglichen Schmerzgrenzen macht deutlich: Es gibt nicht *die eine* richtige *Schmerzgrenze!* Es gibt verschiedene Stufen, hinter denen je ein Denkmuster steht. Also beispielsweise: „Wir wollen Gewinn machen!" oder „Wir wollen Marktanteile hinzugewinnen". Selbst wenn Sie als Einkäufer die Kalkulation des

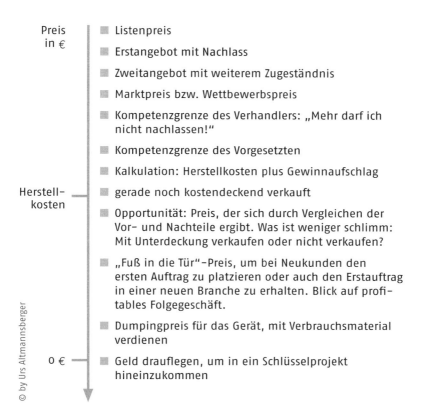

© by Urs Altmannsberger

Preis in €

- Listenpreis
- Erstangebot mit Nachlass
- Zweitangebot mit weiterem Zugeständnis
- Marktpreis bzw. Wettbewerbspreis
- Kompetenzgrenze des Verhandlers: „Mehr darf ich nicht nachlassen!"
- Kompetenzgrenze des Vorgesetzten
- Kalkulation: Herstellkosten plus Gewinnaufschlag

Herstellkosten

- gerade noch kostendeckend verkauft
- Opportunität: Preis, der sich durch Vergleichen der Vor- und Nachteile ergibt. Was ist weniger schlimm: Mit Unterdeckung verkaufen oder nicht verkaufen?
- „Fuß in die Tür"-Preis, um bei Neukunden den ersten Auftrag zu platzieren oder auch den Erstauftrag in einer neuen Branche zu erhalten. Blick auf profitables Folgegeschäft.
- Dumpingpreis für das Gerät, mit Verbrauchsmaterial verdienen

0 €

- Geld drauflegen, um in ein Schlüsselprojekt hineinzukommen

Abbildung 15: Zahlreiche Schmerzgrenzen im Verlauf eines stetig sinkenden Preises

Lieferanten kennen, sind Sie also nur einen Schritt näher dran an Ihrem Optimum. Sie könnten jetzt zwar Druck machen. Aber eben nur bis zur Höhe der Herstellkosten (plus eines fairen Gewinnaufschlags). Darunterliegende Schmerzgrenzen – etwa der strategische „Fuß in die Tür"-Preis – wären noch unberücksichtigt. Und genau hierin steckt weiteres Potenzial.

Noch ein Gedanke: Die Abbildung 15 zeigt nur eine Auswahl von Schmerzgrenzen. Tatsächlich kommen wir leicht auf 20 und mehr unterschiedliche Möglichkeiten, wo die situativ bestimmte Schmerzgrenze liegen kann – zur Verdeutlichung: Zwischen Kfz-Herstellern und Händlern werden Umsatzschwellen vereinbart. Übertrifft der Kfz-Händler diese Umsatzschwelle, erhält er x Prozent auf alle bisher verkauften Fahrzeuge. Steht der Händler am Ende einer Periode kurz vor der Schwelle, erreicht sie aber nicht durch echte Verkäufe an Kunden, so verkauft er sich lieber selbst die Fahrzeuge, als den Bonus zu verlieren. Als Kunde sehen Sie diese Fahrzeuge dann als „Tageszulassungen" auf den Höfen stehen. Das bedeutet rein rechnerisch: Bekäme der Händler vom Hersteller bei 200 verkauften Autos ein Prozent Extrabonus und hätte er bisher aber nur 199 Fahrzeuge verkauft, so wäre selbst das Verschenken des 200sten Autos besser, als den Bonus zu verlieren. Mein Tipp: Stehen Sie genau in dem Moment beim Verkäufer auf der Matte!

Alles ist relativ – das gilt in der Verhandlung für den Preis und auch für alle anderen Forderungen. Es gibt zahlreiche situative Schmerzgrenzschwellen, jedoch nicht die eine fixe Schmerzgrenze. Wenn Sie die Herstellkosten Ihres Lieferanten kalkulieren, überspringen Sie damit nur die oberen Schmerzgrenzschwellen (von Listenpreis bis Herstellkosten, wie Abbildung 15 gezeigt hat). Strategische Grenzen, bis hin zu Subventionierung, bleiben damit unberücksichtigt.

Synthese: Nähern Sie sich der situativen Schmerzgrenze an, loten Sie relativ aus

Wenn es keine fixe Schmerzgrenze gibt, müssen Sie versuchen, sich der situativen Schmerzgrenze anzunähern. Nutzen Sie dazu die relative Verhandlungsführung: Arbeiten Sie mit den Techniken des Fragens und Nachbohrens. Dabei müssen Sie es vermeiden, sich selbst festzulegen oder festlegen zu lassen, also eine Position zu beziehen, auf die Sie der Verhandlungspartner festnageln kann. Damit würden Sie sich nur selbst eine unnötige künstliche Preisuntergrenze schaffen.

Definition absolute vs. relative Forderung
Bei absoluten Forderungen gilt: Die Forderung hat einen Wert als Zahl oder beschreibt eine Zahl deutlich:

1. Sie müssen 10 Prozent runter im Preis!
2. Maximal zahle ich 3,20 Euro für das Bauteil!
3. Ihre Wettbewerber verlangen nur die Hälfte!
4. Wir wollen den Preis vom letzten Jahr!

Bei relativen Forderungen geben Sie nur die Marschrichtung an, nicht den Betrag – die folgenden Formulierungen zeigen, wie Sie die genannten vier absoluten Forderungen auch relativ formulieren können:

1. Sie müssen deutlich vom Preis runter!
2. Zu Ihrem Angebotspreis erhalten Sie keinen Zuschlag!
3. Sie sind noch nicht mal in Reichweite vom Wettbewerb!
4. Wie weit unter den Preis des Vorjahres können Sie kommen?

Auch Verkäufer loten relativ aus
Kennen Sie diese Fragen der Verkäufer?

- „Wo müssen wir denn preislich hin?"
- „Welche Preisvorstellung haben Sie?"
- „Welches Budget haben Sie?", und in der Fortsetzung: „Wie weit dürfen wir das Budget maximal überschreiten?"

Warum stellt der Verkäufer diese Fragen? Nun, er weiß ebenfalls: Auch Sie haben keine fixe errechenbare Schmerzgrenze! Und darum versucht auch er, sich Ihrer Preisvorstellung anzunähern. Nehmen wir an, Sie benötigen ein Produkt besonders eilig: Dann sind Sie bereit, einen höheren Preis zu zahlen. Hauptsache, es kommt rechtzeitig.

Und noch ein Aspekt ist dem Verkäufer wichtig. Wenn Sie Ihr Budget nennen, orientiert er sich daran mit seinem Angebot. Nehmen wir an, Sie haben ein Budget von 15.000 Euro für eine Umbaumaßnahme im Bürotrakt vorgesehen. Der Verkäufer hat insgeheim kalkuliert und kommt auf einen Betrag von 12.500 Euro. Den wird er Ihnen natürlich nicht auf die Nase binden. Stattdessen wird er von Ihnen 16.300 Euro verlangen: „Puh, 15.000 Euro haben Sie dafür nur im Budget? Ich schätze, es wird auf 16.300 hinauslaufen!"

Sie haben sich also mit Ihrer Forderung eine situative Schmerzgrenze bei 15.000 Euro geschaffen. Der Verkäufer wird diese Grenze nicht mehr unterschreiten, selbst wenn er dazu in der Lage wäre.

Auch Verkäufer loten relativ aus, um den besten Preis für einen Auftrag zu erhaschen. Entlockt er Ihnen eine absolute Forderung, die höher als seine Kalkulation ist, nimmt er den Zusatzverdienst mit. Durch diese selbst geschaffene höhere Schmerzgrenze verlieren Sie Einsparpotenziale.

Dazu wieder eine Frage, Herr Altmannsberger!

Was konkret meinen Sie mit „Ausloten"? Wo kommt der Begriff her?

Altmannsberger: Ausloten bzw. loten kenne ich aus der Schifffahrt. Der Rhein mag inzwischen ein biologisch sauberes Gewässer sein, trotzdem lässt er sich nicht auf den Grund schauen. Will der Kapitän wissen, wie tief das Wasser ist, nutzt er ein Lot. Früher war das ein Senkblei, ein Bleiklumpen an einem meterweise markierten Seil. Man ließ das Seil in das Gewässer sinken und merkte, wenn das Gewicht auf dem Boden auflag. Aus der Länge des markierten Seils ergab sich die Wassertiefe. Genauso loten wir den Preis aus. Wir nähern uns Stück um Stück dem wahren Preislimit, der Schmerzgrenze. Das Blei liegt auf, wenn der Verkäufer nicht mehr nachgibt.

4.2 Gehen Sie auf die Suche nach dem besten Preis

Es gibt ein AMA, das sich aus der Schnittmenge zwischen SAMA und MAMA ergibt. Sie wollen den optimalen Preis innerhalb der AMA erreichen.

Wahrscheinlich werden Sie sich über diesen kryptisch-geheimnisvollen Satz wundern. „Übersetzt" bedeutet er: Es gibt ein Areal möglicher Abschlüsse, das sich aus der Überschneidung der möglichen Areale der Verhandlungspartner ergibt.

MAMA zeigt, in welchem Bereich Sie selbst zur Einigung bereit sind – in unserem Beispiel ist dies der Bereich bis zu 3 Euro:

- **M**EIN
- **A**REAL
- **M**ÖGLICHER
- **A**BSCHLÜSSE

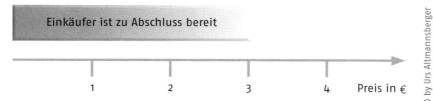

Abbildung 16: Mein Areal Möglicher Abschlüsse: MAMA

SAMA bezeichnet das Gleiche für die Gegenseite – hier beginnt der Bereich bei 2 Euro.

- **S**EIN
- **A**REAL
- **M**ÖGLICHER
- **A**BSCHLÜSSE

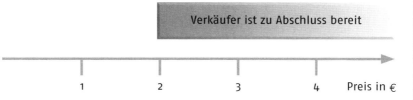

Abbildung 17: Sein Areal Möglicher Abschlüsse: SAMA

Und das Areal, das sowohl für Sie als auch die Gegenseite akzeptabel ist – wo sich also beide Areale überschneiden –, nennen wir AMA:

- AREAL
- MÖGLICHER
- ABSCHLÜSSE

© by Urs Altmannsberger

Abbildung 18: Areal Möglicher Abschlüsse: AMA

Die Abbildung 18 zeigt: Der Bereich möglicher Abschlüsse liegt bei 2 bis 3 Euro. 2 Euro sind optimal für den Einkäufer, 3 Euro sind optimal für den Verkäufer.

Übrigens: AMA entspricht dem englischen Ausdruck ZOPA. Die „zone of possible agreements" bezeichnet den Korridor möglicher Einigungen in Verhandlungssituationen, also die Zone, in der die Verhandlungspartner gleichzeitig ihre Minimalziele erreichen oder übertreffen.

Fassen wir zusammen: Der Verkäufer ist bereit, ab 2 Euro abzuschließen. Der Einkäufer ist bereit, bis 3 Euro abzuschließen. Da, wo sich diese Bereiche überschneiden, sind sich beide einig – ein Vertragsabschluss liegt also im Bereich des Möglichen. Das Areal möglicher Abschlüsse ist mehr als nur ein einzelner Punkt, nämlich der Bereich von 2 bis 3 Euro. Was ist dann der optimale Abschluss?

Betrachten wir zuerst die Gegenseite: Welchen dieser Werte wird der Verkäufer wohl anstreben?

A) 2 Euro, damit der Kunde besonders glücklich ist und ohne Umschweife zum Abschluss kommt?

B) Mittig zwischen den 2 und 3 Euro, damit es fair für beide ist?

C) 3 Euro, damit der Verkäufer eine möglichst hohe Provision erzielt?

Je stärker der Verkäufer von der Provision abhängt, desto dringender wird er auf den egoistisch vorteilhaftesten Abschluss (3 Euro) drängen. Dort erreicht er mehr Marge und mehr Umsatz – ergo mehr Provision. Die Ausnahme: Wird der Verkäufer stärker am Umsatz als am Gewinn gemessen, könnte er auch taktieren: „Lieber bei 2 Euro sicher und schnell zum Umsatz kommen, als durch hartnäckige Verhandlungen den Kunden zu verlieren."

In der Regel wird ein Verkäufer 3 Euro bevorzugen. Dort erreicht er die höchstmögliche Marge, ohne den Kunden zu verlieren. Das erkennen Sie schon daran, dass Lieferanten beim Erstangebot nicht sofort „die Hosen komplett runterlassen", sondern mit höheren Preisen einsteigen.

Wechseln wir auf unsere Seite: Welchen Punkt wollen Sie erreichen?

A) 3 Euro, um den Verkäufer reich und glücklich zu machen!

B) Das faire Mittel zwischen 2 und 3 Euro, nach dem Motto: „Leben und leben lassen!"

C) 2 Euro, um meinen Geschäftsführer glücklich zu machen.

2 Euro – das ist in den meisten Fällen die richtige Entscheidung. Denn:

Als Einkäufer vertreten Sie die Interessen Ihres Unternehmens und müssen das geforderte Produkt rechtzeitig und möglichst günstig beschaffen.

Beachten Sie die Reihenfolge: zuerst das geforderte Produkt, dann rechtzeitig und dann möglichst günstig. Wenn die ersten zwei Anforderungen erfüllt sind (und davon gehen wir in unseren Beispielen aus), wird von Ihnen der günstigste Preis erwartet! Mit anderen Worten: Von Ihnen wird erwartet, den günstigsten Punkt der Schnittmenge zwischen Verkauf und Einkauf zu realisieren. Und der liegt in unserem Beispiel hier:

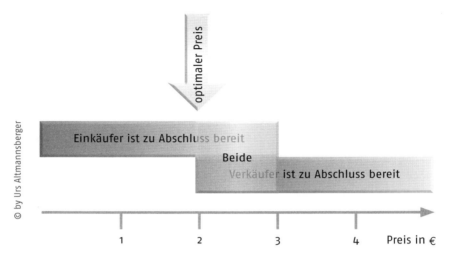

© by Urs Altmannsberger

Abbildung 19: Optimaler Preis bei Überschneidung an mehreren Punkten

Dazu habe ich noch Fragen, Herr Altmannsberger!

Es kann doch auch vorkommen, dass es kein AMA gibt, weil MAMA und SAMA keine Überschneidung aufweisen. Was dann?

Urs Altmannsberger: In diesem Fall wird die Verhandlung scheitern! Selbst wenn beide Seiten guten Willens die Areale voll ausreizen, kommt kein gemeinsam akzeptabler Preis zustande. Der Einkäufer ginge bis 2 Euro, der Verkäufer kommt bis 3 Euro entgegen. Es bleibt ein Gap von einem Euro. Schauen Sie sich mal die Abbildung 20 an.

Es ist zielführend, wenn die Verhandlungspartner diese Nichtüberschneidung zeitnah feststellen und zu dem Schluss kommen, dass jede investierte Zeit vergebens ist. Wie Sie das besonders schnell

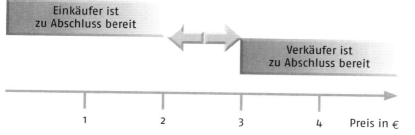

© by Urs Altmannsberger

Abbildung 20: Bei Nichtüberschneidung scheitert die Verhandlung

herausfinden, erfahren Sie im Rahmen der Mauerbrecherfrage in Kapitel 8. Mein Tipp erst mal: Beenden Sie derartige Verhandlungen sachlich und höflich. Keiner von Ihnen ist schuld an der Situation. Vielleicht passt es ja beim nächsten Auftrag.

Ich will dem Lieferanten ja auch Gewinn zum Überleben lassen. Ist es da nicht unfair, alles rauszuholen, was möglich ist? Am Ende geht mein Lieferant pleite oder muss Mitarbeiter entlassen.

Altmannsberger: Grundsätzlich rechne ich Ihnen diese Haltung hoch an, dieser Einwand ehrt Sie. In der Praxis der Businessverhandlungen erwarte ich vom Verkäufer bzw. von dessen Geschäftsführer, dass er rechtzeitig und eigenverantwortlich „Stopp" sagt. Und in unserem Beispiel wäre er auch mit 2 Euro noch einverstanden. Der Lieferant weiß, wie viel Euro für ein Produkt erzielt werden müssen. Er muss es wissen! Wäre das nicht so, stünde es schlecht um die Zukunft dieses Lieferanten. Außerdem gibt es aus Ihrer Sicht genauso viele Gründe, den besten Preis zu erreichen – und nicht nur einfach irgendeinen.

Können Sie das näher ausführen?

Altmannsberger: Zum einen erreichen Sie mehr Einsparungen, also Savings. Zum anderen macht Ihr Unternehmen mehr Gewinn und überlebt auch in umkämpften Verdrängungsmärkten. Und Sie behalten *Ihren* Job.

Wie das?

Altmannsberger: Würde ein Kollege oder der Vorgesetzte in Ihrer Abwesenheit, etwa während Ihres Urlaubs oder einer Erkrankung, den Preis nachverhandeln, käme er vielleicht im Handumdrehen zu einem besseren Ergebnis. Und würde sich fragen: „Nimmt der Kollege seinen Job noch ernst?" Oder noch schlimmer: „Nimmt mein Mitarbeiter seinen Job wirklich ernst? Hat er das Beste für sein Unternehmen im Blick?" Natürlich sollen Sie in der Verhandlungsführung auch ethische Gesichtspunkte bedenken. Aber zugleich dürfen Sie auf Ihrem Unternehmensauge nicht blind sein und müssen wissen: Wer keinen ökonomischen Gewinn macht, dem droht über kurz oder lang das unternehmerische Aus.

Sie wissen nun: Das beste Ergebnis ist die Schmerzgrenze des Lieferanten – der Rand seines Areals möglicher Abschlüsse. Diesen Rand kennen Sie nicht, er springt wie ein Knallfrosch. Ihr Gegenüber hat diese Information im Kopf. Ihre Aufgabe besteht also darin, durch relatives Ausloten diesen Rand herauszufinden.

Warum die absolute Forderung im arabischen Raum funktioniert

Sie haben vielleicht schon südlich der Alpen oder im arabischen Raum verhandelt. Dort werden Sie erleben, dass so gut wie immer mit fixen Werten, also absoluten Forderungen, gearbeitet wird. Nehmen wir an, das Gespräch verläuft so:

Einkäufer: *„Hey, Verkäufer, was willst du für diese schäbige Vase?"*
Verkäufer: *„Das ist eine original ägyptische Tempelvase. Da hat schon Kleopatra ihre Blumen reingestellt. Eigentlich ist sie unbezahlbar, aber dir, mein Freund, gebe ich sie für 1.000!"*
Einkäufer: *„1.000? Hast du zu lange in der Sonne gestanden? Allerhöchstens gebe ich dir 2!"*

2 Euro Gebot, 1.000 Euro Forderung! In unserem Kulturraum wäre das eine unmögliche Situation und direkt zum Scheitern verurteilt. Tatsächlich ist es so: Weder der Einkäufer noch der Verkäufer nehmen die Zahl 2 oder 1.000 als ernst gemeinte Forderung auf. Vielmehr ist das nur eine Variante einer relativen Forderung! Die Übersetzung lautet daher:

Einkäufer: *„Was willst du für die Vase?"*
Verkäufer: *„Möglichst viel!"*
Einkäufer: *„Mach mir gleich einen vernünftigen Preis, sonst wird es nichts!"*

Da beide Verhandler die Forderungen des anderen jeweils nur als relative Forderungen wahrnehmen, kann sich das Gespräch fortsetzen. Beide treffen sich vielleicht bei 50 oder bei 200. Das funktioniert aber nur, weil in dieser Verhandlungskultur ein Sprung von 1.000 auf 50 nicht als ehrenrührig oder unseriös gilt.

Ich wollte es genau wissen: Bei praktischen Feldversuchen im arabischen Raum haben wir die Ergebnisse in Verhandlungen mit den Methoden „feilschen" und „relativ ausloten" gegenübergestellt. Anstatt also mit überzogenen Forderungen wie „1.000" und „2" zu starten, haben wir „unsere" Verhandlungstaktik eingesetzt. Wir konnten mit relativem Ausloten schon nach kurzer Zeit bessere Verhandlungsergebnisse als Einheimische erreichen. Für uns ist das ein Beleg dafür, dass das relative Ausloten eine Erfolgsmethode ist. Absolute Forderungen hingegen kosten Chancen auf mehr Gewinn.

Beachten Sie die Ausnahmen vom relativen Stil

Einige Ausnahmen rechtfertigen es, die Technik des relativen Auslotens dann doch auch einmal außer Acht zu lassen:

Ausnahme 1: Geringe Werte
Bei sehr niedrigen Preisen lohnt sich die taktische Arbeit, die mit dem relativen Ausloten verbunden ist, nicht. Auch ist ein womöglich suboptimales Verhandlungsergebnis dann eher zweitrangig.

Ausnahme 2: Die Methode funktioniert nicht

Der Preis des Lieferanten weicht trotz relativem Ausloten noch deutlich von den Wettbewerbspreisen ab. Sie haben ein Wettbewerbsangebot von 2,00 vorliegen. Der Lieferant bewegt sich von 4,00 Euro auf 3,99 Euro auf 3,98 Euro – er kommt also nicht erkennbar in die Region, wo es sich für Sie lohnt, weiter zu verhandeln. Was tun?

Zünden Sie dann als Böller eine absolute Forderung:

- *„Ihre Wettbewerber sind deutlich günstiger! Bevor Sie uns nicht mindestens auf 2,00 Euro entgegenkommen, brauchen wir nicht weiter zu verhandeln!"*

Knickt der Verkäufer jetzt ein, wechseln Sie wieder die Taktik und loten relativ aus, wie weit er mit dem Preis noch runtergehen kann.

Ausnahme 3: Die Verhandlung steht kurz vor Ende

Sie haben sich durch relative Forderungen an das optimale Ergebnis herangetastet. Die Zugeständnis-Schritte werden immer kleiner, der Zeitaufwand immer größer. In dieser Situation können Sie annehmen, dass Sie schon sehr nahe am Ziel sind. Die Gefahr, jetzt noch Chancen zu verlieren, ist kalkulierbar gering. Sie können ausprobieren, ob es Ihnen durch eine absolute Forderung gelingt, weitere Vorteile zu erzielen. Eine typische Formulierung dafür lautet:

- *„Lassen Sie uns noch auf einen glatten Betrag nach unten abrunden, dann können Sie den Auftrag noch heute mitnehmen!"*

Aber Achtung: Diese Formulierung beinhaltet gefährliche Signale: Der Lieferant ahnt oder weiß, dass er inzwischen gewonnen hat und Sie bereit sind, den Preis zu akzeptieren. Überlegen Sie sich schon mal, wie Sie reagieren wollen, falls der Lieferant Ihr „Rundungs-Angebot" ablehnt: „Nein, abrunden geht nicht!"

Ausnahme 4: Anderer Kulturraum

Sie befinden sich in einem Kulturraum, der auf Feilschen im Verkaufsprozess basiert – denken Sie an das arabische Beispiel.

→ „Die Schmerzgrenze" ist eine Fiktion – es gibt keine fixe Grenze.

→ Es ist daher nicht möglich, den optimalen Preis durch Berechnung oder Marktkenntnis festzustellen. Zu viele Faktoren beeinflussen das Angebot des Verkäufers.

→ Absolute Forderungen führen zum Verlust von Chancen auf einen noch günstigeren Preis.

→ Mithilfe relativer Forderungen erkennen Sie Verhandlungsspielräume und Verhandlungskorridore des Lieferanten.

→ Von Ihnen wird erwartet, den äußeren Rand herauszufinden.

→ Geschickte Verhandler loten daher die Bereitschaft zu Zugeständnissen des Gegenübers aus und konzentrieren sich darauf, mit relativen Forderungen zu arbeiten.

→ Durch geschicktes Fragen und Nachbohren erfahren Sie, unter welchen Umständen der Verkäufer Grenzen durch weitere Zugeständnissen doch noch überschreiten würde.

5 Gewinnen Sie die Führung und lassen Sie damit Ihren Plan Wirklichkeit werden

Was Sie in diesem Kapitel erfahren

→ Lernen Sie, wie Sie Ihre großartigen Ideen der Vorbereitungsphase in großartige Verhandlungsergebnisse verwandeln.

→ Nutzen Sie die Fragetechnik, um Ihre Planung und Vorbereitung in die Tat umzusetzen, geradlinig auf Ihr Ziel zuzusteuern und gleichzeitig dem Gesprächspartner Wertschätzung entgegenzubringen.

→ Mit dem Puh-Effekt erzeugen und nutzen Sie verhandelbare Masse künftig besser.

→ Sie erfahren, wie Sie in Ihren Verhandlungen die Führung übernehmen und diese vom Verkäufer zurückgewinnen, falls sie verloren geht.

5.1 Verhandlung + Führung = Verhandlungsführung

Im vorigen Kapitel haben wir festgestellt, dass die Information „bester Preis" im Kopf des Gegenübers steckt. Da wollen wir ran! Damit dies gelingt, habe ich für Sie eine spezielle Fragetechnik entwickelt. Sie ist leicht zu erlernen und ermöglicht es Ihnen, entspannt und zielgerichtet Verhandlungen zu führen.

Erst durch Führung mit Fragetechnik lässt sich Ihre Planung realisieren!

Keine vorherige Planung der Welt hilft Ihnen, wenn Sie in der Verhandlung Ihren Plan nicht umsetzen können. Immer wieder beobachte ich Verhandlungen, die zwar sehr gut vorbereitet sind, dann aber einen ganz ungeplanten Verlauf nehmen. Die Verhandlungsführer sind immer wieder verblüfft, wie das denn wohl passieren konnte. Die Antwort ist denkbar einfach: Der jeweilige Verhandler hatte die Führung an die andere Seite abgegeben. Damit war der andere Verhandlungspartner in der Lage, seine eigene Strategie und Planung sowie seine Ziele durchzusetzen.

Damit das Ihnen nicht passiert, benötigen Sie drei Bausteine:

1. einen Plan
2. eine Vorbereitung, die dazu führt, dass Sie diesen Plan in effektiven Schritten realisieren können
3. eine VerhandlungsFÜHRUNG, die Sie zum Ziel steuert

Nur wenn Sie die Verhandlung führen, nur wenn Sie die Verhandlung in Ihrem Sinn entwickeln, können Sie Ihren Plan auch tatsächlich umsetzen. Nur wenn Sie führen, wird Ihr Plan Wirklichkeit, und dann erreichen Sie auch Ihre Ziele.

5.2 So einfach gewinnen Sie die Führung durch richtiges Fragen

Die Formel, die Sie zum Ziel führt, scheint erst einmal trivial:

Ziel + offene Frage = Zielführung

Aber der Teufel steckt im Umsetzungsdetail. Viele Verhandler beherrschen die Theorie, scheitern jedoch in der Praxis. Mein Tipp für Sie: Sie nehmen Ihr Ziel und formulieren es als offene Frage:

- Ziel: „Preis senken." Die offene Frage dazu: „Wie weit ist das möglich?"
- Das Ergebnis: „Wie weit können Sie den Preis senken?"

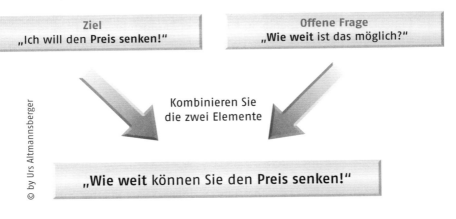

Abbildung 21: Ziel + offene Frage = Zielführung

Setzen Sie es ein! Das klingt nicht nur einfach, es ist auch einfach! Sie müssen es allerdings trainieren und automatisieren. Die Technik sollte Ihnen in Fleisch und Blut übergehen, indem Sie sie wieder und wieder einsetzen.

Die Fragetechnik unterscheidet offene und geschlossene Fragen. Offene Fragen werden gerne auch als W-Fragen bezeichnet, da die verwendeten Fragewörter allesamt mit einem „W" beginnen. Beispiele sind „wer, wie, was, wie viel, welche". Mit offenen Fragen motivieren Sie Ihren Gesprächspartner, umfassend und in vollständigen Sätzen zu antworten, sodass Sie eine ausführlichere Auskunft erhalten und einen Dialog ermöglichen.

Dem gegenüber stehen die geschlossenen Fragen. Sie beginnen mit einem Verb oder Hilfsverb. Mit dieser Frageform bringen Sie Ihren Gesprächspartner dazu, mit wenigen Worten zu antworten, zumeist nur mit „Ja" oder „Nein". Beispiele sind: „Haben Sie ... / Können Sie ... / Ist es möglich ... / Sind wir uns einig?"

Die geschlossenen Fragen haben sicher auch eine Berechtigung, bringen Sie aber in der zentralen Verhandlung nicht voran. Erst zum Ende, im letzten Drittel oder noch später, wenn es um Entscheidungen geht, ist die geschlossene Frage passend. Dann sammeln Sie nicht mehr Informationen, sondern wollen eine gemeinsame Übereinkunft fixieren: „Ich fasse zusammen, wir haben dies, das und jenes besprochen. Sind wir uns darin einig? Haben wir das gleiche Verständnis?" – „Ja."

Für eine relative Verhandlungsführung sind geschlossene Fragen ungeeignet. Nutzen Sie stattdessen offene W-Fragen.

W-Fragen haben eine erstaunliche Macht und bieten in einer typischen Verhandlung große Vorteile:

1. Sie legen die Themen fest: Mit W-Fragen bestimmen Sie, welche Themen besprochen werden. Nutzen Sie darum diese Technik, um Ihre Lieblingsthemen in den Fokus zu rücken. Zum Beispiel Preissenkungen, Retouren von Überbeständen, Lieferterminwünsche, Qualitätssteigerung. Bitte beachten Sie: Nutzt stattdessen der Verkäufer die Führung durch W-Fragen, stehen natürlich seine Lieblingsthemen im Mittelpunkt – und Sie reden über Preiserhöhungen, Rohstoffentwicklung, neue Produkte, die er an Sie verkaufen will, noch zu bezahlende Rechnungen.

2. Sie erarbeiten sich einen Informationsgewinn: Durch geschickte Fragen entlocken Sie Ihrem Gegenüber wichtige Informationen. Richten Sie Ihre Fragen darum stets auf Ihre Ziele aus. Dann erhalten Sie besonders wertvolle Informationen. Wenn es um den Preis geht, fragen Sie zum Beispiel „Wie weit können Sie den Preis senken?" oder „Unter welchen Umständen unterschreiten Sie diese Grenze nochmals?". Und wenn es um Liefertermine geht, bieten sich die Fragen an: „Wann können Sie liefern?" und „Wie viel schneller können Sie das zur Not noch hinbekommen?".

So setzen Sie offene Fragen in der Praxis ein

Ihre Fragetechnik funktioniert, wenn Sie das Gespräch zu den für Sie wertvollen Themen führen und im Gespräch die entscheidenden Informationen sammeln, die Ihnen die Macht verleihen, Ihr gestecktes Ziel zu erreichen. Entscheidend dabei ist: Geschlossene Fragen führen Sie jeweils nur zu einem winzigen Lösungspunkt in einem Meer von Einigungsmöglichkeiten. Viele davon werden abgelehnt, was frustrierend wirkt:

Einkäufer: *„Können Sie uns 15 Prozent anbieten?"*
Verkäufer: *„Nein!"*
Einkäufer: *„Können Sie uns 14 Prozent anbieten?"*
Verkäufer: *„Nein!"*
Einkäufer: *„Können Sie uns 13 Prozent anbieten?"*
Verkäufer: *„Nein!"*

Mit offenen Fragen dagegen klappen Sie den Kopf Ihres Gegenübers auf und schauen direkt in sein Hirn, in die Entscheidungszentrale der Gegenseite – dazu drei Beispiele:

Beispiel 1: der Preis

Einkäufer: *„Wie viel Nachlass können Sie uns anbieten?"*
Verkäufer: *„12 Prozent."*
Einkäufer: *„Und maximal?"*
Verkäufer: *„14 Prozent."*

Beispiel 2: verhandelbare Elemente

Einkäufer: *„Was können Sie statt eines Nachlasses zusätzlich anbieten?"*
Verkäufer: *„Einen Jahresend-Bonus."*
Einkäufer: *„Und was noch?"*
Verkäufer: *„Frachtfrei ab 500 Euro."*

Beispiel 3: sonstige Forderungen

Einkäufer: *„Unter welchen Umständen nehmen Sie die Ware zurück?"*
Verkäufer: *„Wenn Sie dafür Sorge tragen, dass das nicht häufiger passiert."*

In allen Beispielen gewinnt der Einkäufer durch die richtige Fragetechnik deutlich mehr Informationen. Jede Antwort des Verkäufers bringt ihn klar voran. Viel weniger Frust in der Art der Kommunikation.

Geschlossene Fragen bedeuten Forderungen: „Ich will 15 Prozent! Ich will Ware zurückgeben!" Die Gegenseite muss dann mit Ablehnung oder Zustimmung reagieren. Und gerade Ablehnung vergiftet die Verhandlungsatmosphäre. Mit offenen W-Fragen hingegen lenken Sie den Fokus auf Möglichkeiten, Optionen und machbare Alternativen. Ihre Verhandlung ist dann auf das Positive gerichtet. Der Gesprächspartner fühlt sich wohl und geht wertschätzend mit Ihnen um. Die Verhandlung fühlt sich einfach angenehmer an – für alle Beteiligten.

Nähern Sie sich der besten aller möglichen Lösungen von der positiven Seite her an. Stellen Sie wo immer möglich offene W-Fragen. Gehen Sie nicht mit überhöhten absoluten Forderungen in die Verhandlung.

Die Übersicht fasst die Vor- und Nachteile offener und geschlossener Fragen zusammen.

Die Wirkung der zwei Hauptfragearten im Vergleich

Offene W-Fragen	Geschlossene Fragen
Sie bekommen umfassende Informationen, Ideen, Optionen und Alternativen genannt.	Sie erhalten nur eine digitale Rückinformation – ja oder nein.
Geringe Anstrengung. Einmal trainierte Fragen können immer wieder genutzt werden.	Hohe Anstrengung. Sie müssen zur Situation passende Ideen und Ansatzpunkte selbst finden, um sie abzufragen.
100 Prozent Trefferquote. Wenn Sie den Lieferanten fragen, unter welchen Umständen er die Preise senkt, ist jede seiner Antworten eine richtige Lösung.	Fragliche Trefferquote zwischen 0 und 100 Prozent
Freude, gemeinsam mögliche Lösungen zu sammeln	Frust durch abgelehnte Vorschläge
Annähern über mögliche Lösungen	Annähern über unmögliche Forderungen
Der Einkäufer wirkt kompetent, weil er augenscheinlich in die richtige Richtung arbeitet, da die Vorschläge ja vom Verkäufer selbst stammen.	Der Einkäufer wirkt inkompetent, wenn er unerwünschte oder fachfremde Lösungen abfragt.
Der Einkäufer entscheidet, welche Ideen gut oder schlecht sind.	Der Verkäufer entscheidet, welche Ideen gut oder schlecht sind.
Der Einkäufer entscheidet, welche Ideen weiterverfolgt werden.	Der Denkapparat des Einkäufers ist mit der Ideensuche ausgelastet. Der Verkäufer entscheidet über „gut" oder „schlecht".
Sie addieren zu Ihrem Wissen das des anderen. Ihr Wissen wächst. Und damit Ihre Macht. Sie blenden blinde Flecken aus.	Sie fragen nur Wertungen zu Ihrem Wissen ab. Es bleiben blinde Flecken, auf die Sie von selbst nicht kommen

Eine Anmerkung zu der Übersicht: „Blinde Flecken" bezeichnen Wissen, das nur die eine Seite des Verhandlungstisches kennt. Nehmen wir an, es gibt einen Nachlass, sobald die Bestellung auf fünffach gefaltetem rosa Papier gesendet wird. Diese Information hat aber nur der Verkäufer. Mit geschlossenen Fragen finden Sie das nicht heraus! Sie kommen nicht auf die Idee, fünffach gefaltetes rosa Papier abzufragen.

Sie entscheiden durch Ihre Führung, in welche Richtung die Verhandlung läuft

Zwei Beispiele zeigen, wie eine Verhandlung durch offene Fragen geführt werden kann.

Im ersten Beispiel gerät der Einkäufer in den Fragesog des Verkäufers (das ist natürlich schlecht):

Verkäufer: *„Jetzt haben Sie sich bei der Suche der Artikel bestimmt viele Gedanken gemacht. Was war für die Auswahl der infrage kommenden Lieferanten und Produkte ausschlaggebend?"*

Einkäufer: *„Der Preis ist natürlich ein ausschlaggebendes Kriterium."*

Verkäufer: *„Verstanden, der Preis ist Ihnen wichtig. Was sind über den Preis hinaus weitere entscheidende Kriterien?"*

Einkäufer: *„Äh, die Qualität und Leistungsfähigkeit des Produkts."*

Verkäufer: *„Preis, Qualität, Leistungsfähigkeit, was ist sonst noch wichtig bei der Auswahl des Lieferanten?"*

Einkäufer: *„Ach ja, wichtig ist: Die Belieferung muss innerhalb von drei Wochen geschehen!"*

Verkäufer: *„Puh! Drei Wochen? Um das zu realisieren, müsste ich die Bestellung noch heute auf dem Tisch haben. Wäre es möglich, die Bestellung jetzt schon direkt mitzunehmen?"*

Einkäufer: *„Wenn wir uns einig sind, können Sie die Bestellung tatsächlich direkt mitnehmen."*

Verkäufer: *„Gesetzt den Fall, ich erfülle die Qualität, die Leistungsfähigkeit und den Liefertermin, wie weit dürfen wir dann maximal über dem ursprünglichen Angebotspreis liegen?"*

Einkäufer denkt: *Irgendwie habe ich das Gefühl, meine Verhandlung läuft schief. Hilfe!*

Im zweiten Beispiel gewinnt der Einkäufer die Führung und schreitet zügig auf sein Ziel zu:

Einkäufer: *„Sie sind jetzt einer von mehreren Lieferanten, die für uns technisch und qualitativ infrage kommen. Wenn Sie eine Chance gegen den Wettbewerb haben wollen, müssen Sie den Preis noch deutlich senken. Wie weit können Sie vom ursprünglichen Angebotspreis maximal runtergehen?"*

Verkäufer: *„Ich kann auf jeden Fall noch was machen! Wie weit müssten wir denn runtergehen?"* (Vorsicht! Der Verkäufer versucht durch eine Gegenfrage, aus dem vom Einkäufer entwickelten Sog herauszukommen.)

Einkäufer: *„Was wäre denn das maximal Mögliche?"* (Gut gemacht, Einkäufer! Nicht geantwortet und eigene Zielfrage gestellt!)

Verkäufer: *„Na ja, 10 Prozent würden schon gehen."*

Einkäufer: *„Nein, das kann noch nicht das Maximum sein! Was ist tatsächlich ein gutes Angebot von Ihrer Seite?"*

Verkäufer denkt: *Irgendwie habe ich das Gefühl, dass ich nur Federn lasse, aber keinen Fortschritt gewinne. Hilfe!*

Sie sehen also:

- Sie entscheiden durch Ihre Führung, über welche Themen gesprochen wird.
- Sie steuern mit Ihrer Führung, ob Ihr Plan Wirklichkeit wird.
- Sie haben damit das Ergebnis in der Hand.

Fragen ist immer besser als Ausprobieren

Ihnen stehen zwei Wege offen, um vom Verhandlungspartner etwas Neues zu erfahren: Ausprobieren und Fragen. Allerdings: Das Ausprobieren ist bei wichtigen Verhandlungen im Livebetrieb nicht tauglich. Es birgt zu große Risiken, dass Sie auf ganzer Linie scheitern.

Einkäufer Paul Leichtsinn berichtet: „Wir benötigten dringend ein Ersatzteil für unsere Schneidemaschine. Wir vermuteten, dass sich der Zeitdruck nachteilig auf das Angebot des Lieferanten auswirkte, es war zu hoch. Um herauszufinden, ob der Lieferant wirklich am Preislimit agiert, habe ich die Verhandlungen mit den Worten ‚Dann lassen wir es eben bleiben!' abgebrochen. Leider hat der Lieferant nicht wie erwartet mit einem weiteren Nachlass reagiert, sondern das Ersatzteil für einen anderen Kunden genutzt. Der Produktionsausfall bei uns war enorm."

Besser ist es, wenn Sie in der Verhandlung Fragen stellen, um Informationen zu gewinnen. Sie wollen schlauer werden, Sie wollen Hintergründe verstehen, Sie wollen Wege zu Ihrem Ziel herausfinden:

Einkäufer: *„Frau Verkäuferin, wie schaffen wir es, den Preis für das Ersatzteil deutlich zu senken?"*

Verkäuferin: *„Wir haben ein Ersatzteil-Kit, in dem neben dem eigentlichen Ersatzteil gleich die notwendigen Dichtungen inkludiert sind. So wird zwar das Ersatzteil nicht billiger, aber Sie sparen die Mehrkosten für die ohnehin notwendigen Dichtungen."*

Im günstigsten Fall erreichen Sie so umfassende Transparenz. Nehmen wir an, die Verkäuferin würde sogar die Kalkulation offenlegen: „... hier ist meine Kalkulation, wie Sie sehen, können wir 12,2583 Prozent nachlassen".

Im widrigsten Fall erfahren Sie, dass „nichts mehr möglich" ist, behalten aber gleichzeitig die Führung und können Ihren Plan weiter vorantreiben.

Würde der Einkäufer in dem Beispiel die Fragetechnik nicht nutzen, würde er

- keine Informationen bekommen und auch noch
- in die Richtung des Ziels des Gegenübers gelenkt werden.

Er würde also keine Informationen zu besseren Preisen bekommen und stattdessen über zum Beispiel zusätzliche Eilaufschläge sprechen müssen. Klar ist also: Wer nicht fragt, hat schon verloren: keine Führung, keine Information, kein Erfolg.

Mit Fragen wichtiges Wissen erlangen – und damit Macht

Erinnern Sie sich an das zweite Kapitel, in dem es um die Optimierung der Einflussfaktoren auf das Verhandlungsergebnis ging? Da haben wir festgestellt, dass der stärkste Faktor mit der größten Wirkung auf die Verhandlungsergebnisse die Macht ist. Darum: In welchem Zusammenhang steht der Informationsgewinn mit der Macht und dann wiederum folgend mit dem Ergebnis? Schauen wir uns dazu einen Praxisfall zum Mitdenken an.

Peter Lustiger will sein Fahrrad verkaufen. Ursprünglich hat das Rad 259 DM gekostet. Heute kostet ein Rad in ähnlicher Qualität 600 Euro. Peter Lustiger liegt das Kaufangebot des Nachbarn Klaus Zahn vor. Klaus wäre bereit, 100 Euro für das betagte Rad zu zahlen. Peter glaubt, dass 125 Euro angemessener wären. Hinzu kommt: Peter will schnell Platz im Schuppen für das neue Rad schaffen.

Welcher Verhandler würde nun eher das Optimum erreichen: Rüdiger Methodik, der durch Fragen innerhalb der Verhandlung alle Informationen sammelt, also auch das Angebot des Nachbarn Zahn kennt? Oder Hans Dreist, der direkt behauptet, ein ähnliches Fahrrad für 50 Euro angeboten bekommen zu haben?

Rüdiger Methodik kennt die Grenzen. Er ist daher in der Lage, den optimalen Wert zu benennen. Rein auf die Zahlen bezogen sind das 101 Euro. Hans Dreist dagegen verfügt über zu wenige Informationen – und er redet lieber, statt zu fragen. Er wird mit seinem 50-Euro-Angebot scheitern. Lustiger wird sein Rad für 100 Euro an den Nachbarn Klaus Zahn bzw. für 101 Euro an Rüdiger Methodik verkaufen. Und das zeigt einmal mehr: Wissen ist Macht!

Übung: Wissen ist Macht

Entscheiden Sie für die folgenden Situationen: Würde „wissen" oder „nicht wissen" das Ergebnis beeinflussen?

1. Dem Lieferanten ist ein großer Kunde weggebrochen.
2. Der Lieferant wird in zwei Wochen ein Nachfolgeprodukt ankündigen.
3. Der Lieferant bezieht wichtige Rohstoffe auf Basis des Schweizer Franken.
4. Der Inhaber erreicht nächstes Jahr das Rentenalter.

Und das sind meine Antworten:

Zu 1.: Dem Lieferanten ist ein großer Kunde weggebrochen. Daher wird sein Interesse an einem Auftrag bei Ihnen steigen. Folglich steigt die Wahrscheinlichkeit eines Rabatts, wenn Sie ihn damit direkt oder durch die Blume konfrontieren. Das Wissen verschafft Ihnen Macht.

Zu 2.: Der Lieferant wird in zwei Wochen ein Nachfolgeprodukt ankündigen. Der Abverkauf der alten Produkte ist dringend notwendig. Wenn Sie das wissen, können Sie hartnäckiger nach weiteren Zugeständnissen bohren.

Zu 3.: Der Lieferant bezieht wichtige Rohstoffe auf Basis des Schweizer Franken. Je nach Veränderung des Wechselkurses ändert sich damit die interne Kalkulation Ihres Lieferanten. Und das ist ein wichtiger Ansatzpunkt für Ihre Verhandlung.

Zu 4.: Der Inhaber erreicht nächstes Jahr das Rentenalter: Auch das verändert die Bereitschaft, bessere Konditionen abzugeben. Hat der künftige Rentner schon alle Schäfchen im Trockenen? Dann wird es womöglich schwerer. Will er das Unternehmen mit langen Kundenlisten verkaufsfähig machen? So werden Angebote womöglich attraktiver bepreist.

Also: Wissen ist Macht! Sammeln Sie darum alle relevanten Informationen, und Sie werden mächtiger. Und der Mächtigere gewinnt. Wer fragt, gewinnt die Verhandlung. Dazu auch noch ein Praxistipp, mit dem Sie Ihre Grübeleien in konstruktive Fragen umwandeln.

Oftmals grübeln wir in Verhandlungen: „Wie komme ich denn jetzt weiter?" Darum: Kleiden Sie Ihre Grübelei einfach in eine Frage:

Fragen statt grübeln!

Grübeln über ...		Frage an Ihr Gegenüber ...
„Wie komme ich denn jetzt weiter?"	→	„Wie kommen wir denn jetzt weiter?"
„Wie schaffe ich es, den Preis noch mal zu verbessern?"	→	„Unter welchen Umständen können Sie den Preis noch verbessern?"
„Mit dem Ergebnis wird mein Chef unzufrieden sein. Was mache ich nur?"	→	„Mit diesem Ergebnis werden Sie keinen zufriedenen Kunden haben. Was können Sie anbieten, damit es attraktiver wird?"

Sprechen Sie Fragen, die Sie quälen, einfach aus. Raus aus Ihrem Kopf, rüber auf die Gegenseite. Der Verkäufer soll die Antwort finden.

5.3 Informations-Asymmetrie: Geben Sie keine Informationen heraus und verschaffen Sie sich einen Informationsvorsprung

Wenn Informationsgewinn bedeutet, mächtiger zu werden, heißt das auch: Sie dürfen nichts sagen und keine Informationen herausgeben, die es Ihrem Verhandlungspartner erlauben, seine Macht zu stärken. Stellen Sie sich eine Verhandlung vor, in der *einer* der Gesprächspartner keine Informationen preisgibt. Dann hätten wir die perfekte Informations-Asymmetrie.

Informations–Asymmetrie in der Verhandlungsführung bedeutet, dass der besser informierte Gesprächspartner sich sicherer und leichter bewegen kann und damit die Verhandlung gewinnen wird. Derjenige, der den Weg durch das Labyrinth kennt, findet leichter heraus. Derjenige, der einen Informationsvorsprung hat, gewinnt.

Lassen Sie sich nicht ausfragen. Damit Sie in der Verhandlung eine Informations-Asymmetrie zu Ihren Gunsten aufbauen können, sollten Sie so viele Informationen wie möglich sammeln. Stellen Sie als Einkäufer dafür eine Frage nach der anderen:

- „Welchen Preis bieten Sie an?"
- „Wie weit gehen Sie von diesem Preis runter?"
- „Unter welchen Umständen gehen Sie noch weiter runter?"
- „Was wäre der minimal mögliche Preis?"
- „Unter welchen Umständen würden Sie diese Grenze nochmals unterschreiten?"

Bam, bam, bam: Eine Frage nach der anderen prasselt auf den Verkäufer ein. Antwortet der Verkäufer, wird die Informations-Asymmetrie mit jeder Frage größer – zu Ihrem Vorteil. Ihr Vorsprung wächst und wächst. Die Chance, die Verhandlung zu Ihren Gunsten abzuschließen, vergrößert sich immer mehr.

Allerdings darf Ihr Versuch, möglichst wenig preiszugeben und Informationen zurückzuhalten, nicht dazu führen, dass zum Beispiel der Verhandlungsgegenstand unklar bleibt:

Einkäufer: *„Na, Herr Verkäufer, was glauben Sie denn, warum ich Sie zum Gespräch gebeten habe?"*

Verkäufer: *„Ähhh, vermutlich wegen der Wurst, die wir an Sie liefern?"*

Einkäufer: *„Nehmen wir an, es wäre so: Was könnte ich dann wohl von Ihnen fordern?"*

Verkäufer: *„Nun, vielleicht einen besseren Preis? Oder mehr Menge? Dickere Scheiben? Keine Ahnung!"*

In diesem freilich überspitzten Beispiel fehlen eindeutig Informationen, um die Verhandlung erst einmal in Gang zu bringen. Beachten Sie darum: Bestimmte Informationen sind nun einmal nötig, um eine Verhandlung in die richtige Richtung zu starten. Ich sage bewusst „starten"! Denn diese Informationen senden Sie bewusst und geplant zu Beginn der Verhandlung aus.

Betrachten Sie dazu unseren Ablaufplan. Dort hatten wir vier große Phasen festgelegt:

- Phase eins: „vorbereiten" (das zählt noch nicht zur Verhandlung)
- Phase zwei: *sagen*"
- Phase drei: „fragen"
- Phase vier: „entscheiden"

Die Phase, in der Sie Informationen preisgeben, steht direkt am Beginn der Verhandlung. Die *Sage*phase ist die erste Phase, die innerhalb der Verhandlung stattfindet, nämlich unsere Startrampe. In der Startrampe geben Sie bewusst ausgewählte Informationen, und zwar vorteilhaft zurechtgerückt und sorgfältig formuliert. Anders ausgedrückt: Diese Informationen zielen darauf ab, uns einen günstigen und vorteilhaften Gesprächseinstieg zu ermöglichen und zu verschaffen.

Informationen in der Startrampe helfen uns. Informationen außerhalb der Startrampe hindern uns.

Beleuchten Sie Fragen des Verkäufers kritisch

Fragt Sie der Verkäufer nach etwas, so steht *dessen* Frage natürlich mit dessen Zielerreichung in einem direkten Zusammenhang! Wenn er eine Frage stellt, will er durch die Antwort seinem Ziel einen Schritt näher kommen. Machen Sie sich das bewusst, auch mithilfe der Beispiele.

Beispiel „Verkäufer": Der Verkäufer sammelt Informationen.

Verkäufer: *„Wann würden Sie die Blechwinkel denn abnehmen?"*

Einkäufer: *„In sechs Wochen würde die Abnahme starten und dann im Wochenrhythmus weitergehen."*

Verkäufer: *„Und in welcher Stückelung würde die Abnahme erfolgen?"*

Einkäufer: *„So circa 10.000 Stück pro Woche."*

Verkäufer: *„Puh. Dann kann ich Ihnen 0,73 Euro pro Blechwinkel anbieten."*

Beispiel „Einkäufer": Der Einkäufer sammelt Informationen.

Einkäufer: *„Unter welchen Umständen können Sie den Preis für die Blechwinkel senken?"*

Verkäufer: *„Wenn wir mindestens fünf Wochen Vorlaufzeit haben."*

Einkäufer: *„Was würde den Preis noch positiv beeinflussen?"*

Verkäufer: *„Wenn pro Abruf mindestens 7500 Stück laufen."*

Einkäufer: *„Puh. 7500 Stück und fünf Wochen Vorlaufzeit? Gesetzt den Fall, ich drücke das für Sie intern durch, welchen Preis könnten Sie mir anbieten?"*

Verkäufer: *„Dann kann ich Ihnen 0,68 Euro pro Blechwinkel anbieten."*

Im Beispiel „Verkäufer" geht der kalkulatorische Prozess im Kopf des Verkäufers vor sich. Das Problem: Der Einkäufer (er)kennt die Rechenschritte nicht. Allein das Endergebnis wird ausgesprochen. Würde man den Einkäufer fragen: „Ist das denn jetzt gut/mittel/schlecht, dass du 10.000 Stück pro Woche abnimmst?", so würde er mit den Schultern zucken. Er weiß es nicht! Folge: Kein Wissen – keine Macht!

Im Beispiel „Einkäufer" dagegen erfährt der Einkäufer sehr viel mehr! Statt den versteckten Rechenprozessen im Kopf des Verkäufers ausgeliefert zu sein, lernt er die Stellschrauben für einen guten Preis kennen. In *seinem* Kopf sammelt sich das Know-how! Er weiß nun, dass bereits 7500 Stück Abnahme gut sind. Und er kann die Vorlaufzeit von ca. fünf Wochen zu seinen Gunsten nutzen. Folge: Viel Wissen – viel Macht!

Das heißt: Gehen Sie mit Informationen, die Sie preisgeben, sehr sorgfältig um. Kitzeln Sie wertvolle Informationen geschickt aus dem Verkäufer heraus.

Also, Herr Altmannsberger, dazu habe ich einen Einwand!

Wenn aber der Verkäufer seinerseits ebenfalls diese Technik anwendet, um von uns Informationen zu erhalten, dann bringt das doch gar nichts. Dann steht Frage gegen Frage und keiner kommt voran!

Urs Altmannsberger: Doch, das bringt schon was! Der Bessere gewinnt! Vergleichen Sie die Situation mit einem Tennismatch. Der eine Spieler nimmt den gelben Filzball, wirft ihn in die Luft und drischt ihn über das Netz. Auf der Gegenseite gilt es, den Ball zu erreichen und dann auf die Gegenseite zurückzuschlagen. Das setzt sich weiter fort. Klick–klack–klick–klack ... immer hin und her.

Ja und?

Altmannsberger: Ihrem Einwand zufolge würde das zu einem endlosen Hin und Her führen, letztendlich zu einer Pattsituation. Aber selbst bei einem so simplen Spiel wie Tennis setzt sich eine Seite durch. Einer gewinnt! Wir haben dazu Tests durchgeführt. Wie oft wird eine Frage von einer Gegenfrage gekontert, die erneut gekontert wird usw.

Und das Ergebnis?

Altmannsberger: Zwei- bis dreimal Pingpong, dann setzt sich einer durch. Probieren Sie es im Kollegenkreis spielerisch aus! Sie werden erkennen, nach wenigen Fragen geht einem der Partner die Luft aus. Selbst wenn man es darauf anlegt, immer wieder eine Gegenfrage zu stellen.

Erkennen Sie die Fragen des Verkäufers als Antworten

Sind Sie damit einverstanden, die Fragen des Verkäufers nicht zu beantworten, um ihm keine machtsteigernden Informationen zukommen zu lassen? Nennen wir das die Methode 1.0. Ich biete Ihnen zusätzlich die Methode 2.0 an. Sie hilft Ihnen, nicht nur die automatische Reaktion „Antworten!" zu verhindern, sondern geht einen Schritt weiter: Hören

Sie die Antwort in der Frage des Verkäufers! Richtig: Die Frage ist eine Antwort! Erkennen Sie künftig, in welchem Zusammenhang die Frage des Verkäufers, die eigentlich zu *dessen* Ziel führt, mit *Ihrem* eigenen Ziel steht. Dazu ein verdeutlichendes Beispiel.

Der Einkäufer beendet seine Startrampe mit der Frage nach dem Preis. Damit hat er grundsätzlich die Führung. Er hat das Thema Preis festgelegt. Herzlichen Dank an alle Verkäufer, die dann auch sofort mit der ersten Preissenkung reagieren! Allerdings: In der Realität folgt statt einer Antwort oft eine Gegenfrage des Verkäufers.

Einkäufer (mit kleiner Startrampe): *„Sie sind einer von mehreren Lieferanten, die technisch für uns infrage kommen. Über Technik und Qualität brauchen wir so weit nicht mehr zu sprechen, das ist intern abgehakt. Allein der Preis wird jetzt das Zünglein an der Waage sein, welcher Lieferant den Auftrag für sich sichern kann. Betrachten wir Ihren jetzigen Preis, wären Sie draußen. Wie weit sind Sie bereit, im Preis runterzugehen?"*

Verkäufer (statt Antwort folgt Gegenfrage): *„Wann würde denn die Bestellung erfolgen?"*

Anstatt auf die Frage nach dem Preis zu antworten, reagiert der Verkäufer mit der Gegenfrage nach dem Bestellzeitpunkt. Die nun folgende Reaktion des Einkäufers ist ganz entscheidend für den weiteren Verlauf der Verhandlung. Welche Reaktion schlagen Sie vor?

A) Der Einkäufer soll herausfinden, was der Bestellzeitpunkt mit seiner Frage nach dem Preis zu tun hat: „In welchem Zusammenhang steht Ihre Frage nach dem Bestellzeitpunkt mit dem Preis?"
B) Der Einkäufer soll auf Beantwortung seiner Frage bestehen, indem er die Frage nochmals vehementer stellt. „Solange Sie keinen besseren Preis abgeben, gibt es ohnehin keine Bestellung! Wie weit können Sie im Preis runtergehen?"
C) Der Einkäufer soll die Regeln klarstellen: „Wenn ich Ihnen eine Frage stelle, haben Sie zu antworten!"

Natürlich sollte der Einkäufer erkennen, dass die Frage des Verkäufers eine bestimmte Aussage in sich trägt, nämlich: Wenn der Einkäufer den Preis als Thema aufruft und der Verkäufer vor der Antwort noch weitere Informationen erfragt, so hängen diese Informationen mit der Preisgestaltung zusammen.

In dem Beispiel hängt der Preis vom Bestellzeitpunkt ab. In dem Fall ist es also besonders wichtig, dass der Einkäufer diesen Sachzusammenhang mit aller Konsequenz versteht. Reaktion „A" wäre also die richtige! Das Gespräch würde sich dann wie folgt fortsetzen:

Einkäufer: *„In welchem Zusammenhang steht Ihre Frage nach dem Bestellzeitpunkt mit dem Preis?"*
Verkäufer: *„Wenn Sie noch vor Ende der nächsten Woche bestellen, kann ich einen um 3 Prozent besseren Preis anbieten als danach."*

Die richtige Reaktion – also die Methode 2.0 – hat zwei wesentliche Vorteile:

1. Sie behalten die Führung, diese wechselt nicht zum Vertrieb.
2. Sie gewinnen Informationen über mögliche Wege zu Ihrem Ziel.

Haben Sie es auch erkannt? Hätte der Einkäufer mit einer direkten und konkreten Antwort reagiert, wäre sowohl die Information als auch die Führung verloren gegangen. Weder hätte er erfahren, dass Ende nächster Woche ein kritischer Bestellzeitpunkt ist (davor günstig, danach teuer), noch hätte er das Gespräch weiterführen können.

5.4 Die Puh-Technik: Sag niemals „Kein Problem!"

Nun kommen wir zu einer enorm wichtigen Technik, die entscheidend für Ihren Verhandlungserfolg ist. Wir nutzen das vorangegangene Beispiel mit dem Bestellzeitpunkt, um uns den „Puh-Effekt" zu verdeutlichen:

- Der Einkäufer hat seine (kurze) Startrampe genutzt, um Verhandlungsdruck aufzubauen, und mit der Frage nach dem Preis das Wort an den Verkäufer gegeben.
- Der Verkäufer stellt daraufhin die Gegenfrage nach dem Bestellzeitpunkt.
- Anstatt den Bestellzeitpunkt zu verraten, behält der Einkäufer dieses Wissen für sich und fragt seinerseits nach dem Wunsch-Bestelldatum des Verkäufers.
- Daraufhin erfährt der Einkäufer „Ende nächster Woche" als nachlasskritischen Zeitpunkt.

Nehmen wir zusätzlich an, die Bestellung soll sowieso kurzfristig erfolgen.

Würde der Einkäufer jetzt fortsetzen mit: „Ende nächster Woche? *Kein Problem!* Die Bestellung sollte eh diese Woche raus!", so würde er wertvolle verhandelbare Masse verspielen. Hier setzt die Puh-Technik an:

- Geben Sie keine verhandelbare Masse ohne Gegenleistung aus der Hand.
- Sagen Sie niemals: „Kein Problem! Können wir gerne machen."
- Machen Sie es der Gegenseite schwer.
- Kontern Sie mit einem „Puh! Das wird schwer!".
- Lassen Sie sich erst durch Zugeständnisse zu einer Einigung bewegen.

In der Praxis und in unserem Beispiel führt dies zu dem folgenden Gesprächsverlauf:

Einkäufer (mit besorgter Miene): *„Puh! Bestellung noch vor Ende nächster Woche? Das wird knapp! Dann müsste ich das per Express durch die Organisation boxen! Puh! ... Gesetzt den Fall, ich bekomme das für Sie durch, wie weit gehen Sie dann über 3 Prozent hinaus?"*

Der Einkäufer verbindet die verhandelbare Masse „Bestellung noch diese Woche" geschickt mit seinem Ziel „Preissenkung". Anstatt die verhandelbare Masse ohne Gegenleistung zu verschenken, legt er sie als zusätzliches Gewicht in die Waagschale.

Finden Sie Ihr persönliches Puh!

Wichtig ist: Ihr „Puh" soll und muss authentisch wirken. Schlimm wäre es, wenn es sich theatralisch oder auswendig gelernt anhört. Vielleicht dient Ihnen ein Querschnitt durch verschiedene „Puhs" als Anregung, um zu Ihrem ganz persönlichen „Puh-Schatz" zu gelangen:

EXTRA-VORTEIL:
Zusätzliche Erklärvideos können Sie sich ansehen unter: www.altmannsberger-verhandlungstraining.de/ profitabler-einkauf-buch

1. Körpereinsatz: Eben noch vorgebeugt auf die Antwort des anderen wartend, fallen Sie plötzlich und heftig mit einem leisen „Puh" zurück in den Stuhl.

2. Mimik: Sie ziehen die Luft scharf ein, gleichzeitig die Augenbrauen nach oben.

3. Kopf: Sie schütteln leicht den Kopf, blasen dabei die Backen auf.

4. Sprache: Sie unterstützen das Puh (das eignet sich auch gut für Ihre Verhandlungen am Telefon) mit „Mann, Mann, Mann!" oder „Oah, das wird schwer!".

Sammeln und entwickeln Sie vier verschiedene, für Sie authentisch wirkende Versionen Ihrer ganz persönlichen Puh-Reaktion. Notieren Sie Ihre Puhs in Ihrem Notizheft.

Üben Sie die Puh-Technik im privaten Bereich ein

Stellen Sie sich vor: Mann und Frau fahren jeden Sommer in den Urlaub. Beide haben noch nicht über den Urlaub des kommenden Jahres gesprochen. Keiner von beiden kennt den gewünschten Zielort. Ohne es voneinander zu wissen, wollen beide an die Algarve:

Frau: *„Lieber Mann, wohin willst du nächstes Jahr in Urlaub fahren?"*
Mann: *„Liebe Frau, ich würde gerne an die Algarve reisen!"*
Frau: *„Oh, wie herrlich! Da merkt man wieder, dass wir Seelenverwandte sind! Auch ich will an die Algarve!"*

Und so leben sie glücklich und zufrieden bis an ihr Lebensende! Allerdings könnte der Mann ein weiteres Stück glücklicher sein, indem er die Puh-Technik einsetzt:

Frau: *„Lieber Mann, wohin willst du nächstes Jahr in Urlaub fahren?"*
Mann (er stellt eine Gegenfrage, anstatt zu antworten, und verhindert eine nachteilige Informations-Asymmetrie): *„Bestimmt hast du dir schon Gedanken gemacht! Wohin würdest du denn gerne reisen?"*
Frau: *„Ich habe an die Algarve gedacht."* (Wir erkennen: Durch seine geschickte Gegenfrage ist es nun an der Frau, die Algarve zuerst zu nennen!)
Mann: *„Puh, Algarve?! Das ist aber ganz schön weit weg und ziemlich heiß da! Und Deutsch sprechen sie dort auch wenig, zumindest weniger als auf Mallorca. Gesetzt den Fall, ich lasse mich darauf ein, was wäre dann deine Gegenleistung?"*
Frau: *„Dann wäre es auch okay für mich, wenn du mit deinen Kumpeln eure heiß ersehnte Motorradtour machst."*
Mann: *„Oh, wie herrlich! Da merkt man wieder, dass wir Seelenverwandte sind! Genau darum wollte ich dich bitten."*

Und so leben sie glücklich und zufrieden bis an ihr Lebensende, und der Mann unternimmt zusätzlich die Motorradtour mit seinen Kumpeln. Sie sehen, Verhandlungsmethoden sind im Großen und Kleinen einsetzbar – wobei in dem Beispiel oben natürlich auch die Frau die Puh-Technik für sich nutzen kann.

Gewinnen Sie mit der Puh-Technik die Führung vom Verkäufer zurück

Wir haben uns weiter vorn mit dem Einwand beschäftigt, dass auch der Verkäufer die Fragetechnik nutzen kann – Pingpong. Was also können Sie tun, wenn der Verkäufer die Führung hat, wie können Sie das Pingpong zu Ihren Gunsten verändern?

Beispiel „Verkäufer": Der Verkäufer ist in der Führung.
Verkäufer: *„Um welches Produkt geht es denn?"*
Einkäufer: *„Um den Bürodrehstuhl 741."*
Verkäufer: *„Welche Menge brauchen Sie denn davon?"*
Einkäufer: *„So rund 500 Stück."*
Verkäufer: *„Puh, 500 Stück. Muss es denn unbedingt der 741 sein, geht nicht auch der 731 oder der 751?"*
Einkäufer: *„Nein, der Fachbereich hat sich den 741 gewünscht."*
Verkäufer: *„Und wann möchten Sie die 500 geliefert haben?"*
Einkäufer: *„Ich bräuchte sie relativ dringend. In drei Wochen startet der Betrieb im neuen Gebäude."*
Verkäufer: *„Puh, 500 Stück in drei Wochen ... das wird teuer!"*

Das Problem an diesem Gesprächsverlauf ist:

- Der Verkäufer stellt die Fragen.
- Der Einkäufer antwortet – und gibt damit Informationen preis.
- Der Informationsgewinn für den Einkäufer ist null – während der Verkäufer fleißig Informationen sammelt.
- Der Verkäufer erhöht die verhandelbare Masse mit dem Puh-Effekt.

Wie lässt sich der Fragen-Teufelskreis durchbrechen?

1. Wenn Sie eine Frage gestellt bekommen, folgen Sie nicht Ihrem Reflex! Antworten Sie zunächst einmal nicht.
2. Entscheiden Sie, ob eine Antwort Ihre Situation verbessert und Sie zu Ihrem Ziel führt. In der Regel ist das nicht der Fall.
3. Prüfen Sie, ob in der Frage eine zielführende Antwort steckt – Sie wissen ja inzwischen, wie Sie die Frage eines Verkäufers als Antwort identifizieren.
4. Stellen Sie Ihre (vorbereitete) zielführende Frage (= Gegenfrage).

Damit kommen wir zum Beispiel „Einkäufer" – der Gesprächsverlauf sieht so aus:

Verkäufer: *„Um welches Produkt geht es denn?"*

Einkäufer denkt: *Eine Antwort ist sinnvoll. Diese Information hätte ich auch selbst gegeben, allerdings so formuliert, dass Wettbewerb auftaucht.*

Einkäufer sagt: *„Wir haben mehrere Stühle verschiedener Lieferanten in der engeren Wahl. Aus Ihrem Sortiment ist es der Bürodrehstuhl 741."*

Verkäufer: *„Welche Menge brauchen Sie denn davon?"*

Einkäufer denkt: *Eine Größenordnung muss im Raum stehen. Die genaue Menge mache ich aber als verhandelbare Masse von meinem Ziel abhängig. Und dann gehe ich mit meiner vorbereiteten Frage in Führung.*

Einkäufer sagt: *„Das kommt sehr stark auf die Preise der einzelnen Wettbewerber an. Je nach Preis werden wir zwischen 300 und 1.000 Stühle abnehmen. 300 sind Neubedarf, der Rest Ersatzbedarf für vorhandene Stühle."*

Einkäufer fragt: *„Wie weit sind Sie denn bereit, im Preis runterzugehen?"*

Verkäufer: *„Bei der Menge kann ich auf jeden Fall noch was machen. So 10 Prozent sind in jedem Fall drin."*

Einkäufer: *„Was? 10 Prozent? Puh! Das reicht nicht! Wie weit gehen Sie noch?"*

Verkäufer: *„Wenn Sie noch bis Ende des Quartals bestellen, kann ich auf 20 Prozent gehen."*

Einkäufer fragt: *„Wie könnten Sie von 20 Prozent noch mal deutlich weiter runterkommen?"*

Und so weiter.

Führung zurückgewinnen heißt: nicht antworten + Gegenfrage in
Zielrichtung stellen.

5.5 Fragen Sie nicht nach dem Warum

Wir stellen Fragen, um zielgerichtet Informationen zu sammeln: Informationen über Möglichkeiten, wie wir an unser Ziel gelangen. Die
Warum-Frage ist dafür nicht geeignet. Denn sie führt dazu, dass wir
die Führung des Verkäufers annehmen und über dessen Themen diskutieren. Dennoch werden Warum-Fragen sehr häufig gestellt – Grund
genug, einmal in Ruhe darüber nachzudenken, und zwar mithilfe des
folgenden Dialogs, bei dem es um eine Preiserhöhung geht:

Verkäufer: *„Die neuen Preise steigen um 7 Prozent."*
Einkäufer: *„Warum steigen die Preise um 7 Prozent?"*
Verkäufer: *„Die Rohstoffe sind im Preis gestiegen ...die Energiekosten
höher ... Steuerbelastung ... Standortkosten ..."*

Ist das ein von Ihnen gewünschter Gesprächsablauf? Überlegen Sie einmal: Steht Ihr Wunschthema im Fokus? Sammeln Sie so für Sie wertvolle Informationen? Bewegen Sie sich in Richtung Ihres Ziels? Stellen Sie
zielführende Fragen?

Vielleicht teilen Sie meine Überlegungen dazu: Als Thema steht der
Preis im Fokus. Abgehakt! Wir nehmen an, dass das auch unser Thema wäre. Und: Sammeln Sie wertvolle Informationen, bewegen Sie sich
in die Richtung Ihres Ziels? Nein! Sicher ist es nicht Ihr Ziel, über eine
Preiserhöhung zu sprechen! Auch die Informationen, die eine Preiserhöhung *begründen*, sind von Ihnen wohl nicht gewollt, da sie die Position
des Verkäufers stärken statt schwächen.

Dazu, Herr Altmannsberger, habe ich noch einen Einwand!

Wenn ich weiß, warum die Preise angeblich erhöht werden, kann ich diese Argumente angreifen!

Urs Altmannsberger: Das stimmt. Für diese alternative Herangehensweise gelten jedoch Einschränkungen:

- Sie müssen die Wahrheit auf Ihrer Seite haben. Nur wenn der Verkäufer mit falschen Begründungen die Preiserhöhung rechtfertigt, haben Sie Eingriffsmöglichkeiten.
- Sie müssen sich gut auskennen! Nur wenn Sie den Beschaffungsmarkt des Lieferanten mindestens so gut kennen wie dieser, können Sie sich messen.
- Sie bewegen sich auf einem Feld, das der Verkäufer sicher gewissenhaft vorbereitet hat. Vermutlich saß er mit seinen Kollegen und internen Kalkulatoren stundenlang zusammen, um eine sichere Argumentationskette für die Preiserhöhung zu entwickeln. Sind Sie genauso gut vorbereitet? Haben Sie die Zeit, bei Ihren zahlreichen Lieferanten überall den Überblick zu behalten? Überspitzt gesagt: Der Verkäufer muss nur eine (in Ziffern: 1) Preiserhöhung bei vielen Kunden begründen, während Sie als Einkäufer bei Hundert Lieferanten gegenhalten müssten (in Ziffern: 100).

100 : 1 – das ist ein ungünstiges Verhältnis, um dagegenzuhalten.

Altmannsberger: Sie sagen es. Und darum sollten Sie nicht nur in diesem Beispiel die Warum-Frage vermeiden.

Mit der Warum-Frage steuern Sie also oft in die falsche Richtung. Schauen wir uns dazu nochmals eine Eheszene an. Dieses Mal will der Mann nach Ägypten reisen, seine Frau jedoch nach Italien:

Mann: *„Schatzi, wo willst du dieses Jahr in den Urlaub hin?"*
Frau: *„Hasi, am liebsten will ich nach Italien!"*
Mann: *„Italien? Och nööö! Da waren wir doch schon so oft! Das ist doch völlig öde! Warum willst du denn da schon wieder hin?"*
Frau: *„Da kann man doch so schön shoppen!"*

Beispiel

Mann: „Warum willst du denn schon wieder shoppen? Du hast doch schon 1.000 Sachen!"
Frau: „Aber die sind doch schon alle aus der Mode gekommen!"

Besser ist es, so vorzugehen:

Mann: „Schatzi, wo willst du dieses Jahr in den Urlaub hin?"
Frau: „Hasi, am liebsten will ich nach Italien!"
Mann: (nimmt die Idee seiner Frau positiv auf. So kann er weiter fragen, statt in eine Diskussion zu geraten.) „Italien wäre ein Ziel. Verstanden. Wohin würdest du noch gerne?"
Frau: „Die Türkei könnte ich mir auch gut vorstellen."
Mann: „Ja, auch nett. Welche Ziele in Nordafrika würden dir gefallen?"
Frau: „Ägypten mit den Pyramiden wollte ich schon immer mal sehen!"
Mann: „Puh, Ägypten, gesetzt den Fall ... was bietest du mir ..."
Und sie leben glücklich bis an ihr Lebensende.

Sie sehen: Der Mann in unserem beispielhaften Dialog sucht nicht die Konfrontation mit seiner Frau. Er sammelt mithin keine Informationen, *warum* seine Frau nach Italien will – diesen Fehler macht er im ersten Beispiel. Das würde ihn nicht weiterbringen, sondern nur in ein kontroverses Gespräch führen. Denn er möchte ja nach Ägypten reisen. Es ist nicht zielführend, über etwas zu sprechen, was ohnehin nicht das Ziel ist. Pointiert ausgedrückt: Wenn ein Misthaufen im Weg steht, dann graben Sie nicht im Misthaufen nach dem Grund für sein Dasein herum. Suchen Sie einen Weg, um den Misthaufen zu umgehen.

Falsche Fragen zielgerichtet korrigieren!

Eine weitere Gefahr, die Führung zu verlieren, ist also: Sie fragen nach Argumenten, die für die Forderung des Verkäufers sprechen. Das schwächt Ihre Position. Die Übersicht zeigt, wie es besser geht.

Mit „Warum" lösen Sie Rechtfertigung aus. Sie rufen Argumente auf den Plan, die für die Position des anderen sprechen. Damit arbeiten Sie gegen Ihr eigenes Ziel. Darum:

Zielführend fragen statt „warum"

Vermeiden Sie grundsätzlich	Formulieren Sie stattdessen
▦ Warum ▦ Wieso ▦ Weshalb ▦ Weswegen ▦ Was ist der Grund für … ▦ Womit begründen Sie …	▦ Wie können wir dennoch (das eigene Ziel einsetzen) erreichen? Also: Wie können wir dennoch eine Preissenkung erreichen? ▦ Was können wir tun, um stattdessen (das eigene Ziel hier einsetzen) zu erreichen? ▦ Wenn Sie weiterhin Aufträge haben wollen, ist es nötig, (das eigene Ziel hier einsetzen) zu erfüllen. Wie kommen wir dahin?

Richten Sie Ihre Fragen konsequent auf Ihr Ziel aus. Beachten Sie dabei: Stellen Sie <u>eine</u> gut platzierte Frage nach der anderen. Mehrere Fragen in verschiedene Richtungen verwirren oder lenken Ihr Gegenüber nur ab.

Wir nähern uns dem Ende dieses Kapitels. Es ist an der Zeit, die Regeln, die Sie kennengelernt haben, anzuwenden und einzuüben.

Übung: Optimieren Sie Ihre Fragen

Aufgabe: Was ist an den folgenden Fragen und Aussagen falsch? Formulieren Sie die als falsch erkannten Fragen und Aussagen zielgerichtet(er).

1. „Warum ist Ihr Produkt so teuer?"
2. „Ist es möglich, einen höheren Rabatt zu erhalten?"
3. „Ich will von Ihnen wissen, wie wir einen besseren Preis bekommen und wie die Qualitätsprobleme behoben werden."
4. „Warum bekomme ich keinen Nachlass?"
5. „Früher hatten wir bessere Preise!"
6. „Ihr Chef gibt doch bestimmt einen höheren Rabatt!"
7. „Bei doppelter Menge muss doch noch was beim Preis möglich sein!"

Gut – haben Sie Ihre Lösungen in Ihrem Notizheft aufgeschrieben? Dann möchte ich Ihnen einige Lösungsvorschläge unterbreiten.

Zu 1.: „Warum ist Ihr Produkt so teuer?"
Falsch: Warum-Frage
Besser: „Wie weit können Sie den Preis senken?"
Besser: „Was kann am Produkt verändert werden, um einen besseren Preis zu erhalten?"

Zu 2.: „Ist es möglich, einen höheren Rabatt zu erhalten?"
Falsch: Geschlossene Frage, die ein „Nein" als Antwort erlaubt
Besser: „Wie weit können Sie den Rabatt steigern?"

EXTRA-VORTEIL:
Stellen Sie Ihren eigenen Fragenkatalog zusammen und lassen Sie ihn von mir optimieren. Als registrierter Käufer können Sie meine Ihnen freiwillig gewährte 20-minütige Unterstützungszeit dafür einsetzen. Tragen Sie dazu Ihre Fragen in das Formular passend zur Ablaufstruktur ein. (Diese Formulare erhalten Sie per E-Mail, wenn Sie sich – siehe letzte Buchseite – für das gratis Coaching registrieren.)

Zu 3.: „Ich will von Ihnen wissen, wie wir einen besseren Preis bekommen und wie die Qualitätsprobleme behoben werden."
Falsch: Mehrere Fragen zu mehreren Themen in einem Zug
Besser: Erst das eine Thema, dann das andere behandeln.

Zu 4.: „Warum bekomme ich keinen Nachlass?"
Falsch: Warum-Frage
Besser: „Unter welchen Umständen erhalte ich einen nennenswerten Nachlass?"

Zu 5.: „Früher hatten wir bessere Preise!"
Falsch: Interne Messlatte. Vergleich mit den historischen Preisen des Lieferanten.
Besser: „Im Vergleich zum Wettbewerb sind Sie zu teuer geworden. Wie weit können Sie im Preis runtergehen?"

Zu 6.: „Ihr Chef gibt doch bestimmt einen höheren Rabatt!"

Falsch: Durchschaubarer Trick, Kompetenz wird untergraben.

Besser: „Sie kennen sich doch super aus und haben persönlich Kontakt zu den höchsten Stellen. Wen müsste man in Ihrem Haus einschalten, um im Preis gemeinsam voranzukommen?"

Zu 7.: Bei doppelter Menge muss doch noch was beim Preis möglich sein!

Falsch: Vermuteter Bewegungsfaktor „Menge". Frustgefahr!

Besser: „Unter welchen Umständen können Sie einen besseren Preis anbieten?"

Besser: „Ab welcher zusätzlichen Menge macht der Preis noch mal einen großen Schritt nach unten?"

Fazit:

→ Entwickeln Sie Strategien, Techniken und Methoden, um in der Verhandlung stets die Führung zu behalten.

→ Dazu eignen sich insbesondere die Fragetechniken. Die Erfolgsformel lautet: Ziel + offene Frage = Zielführung.

→ Durch die „richtigen" Fragen erhalten Sie Informationen zum Verhandlungspartner und zum Verhandlungsgegenstand – und Wissen ist in der Verhandlung Macht.

→ Verschaffen Sie sich VerhandlungsMACHT durch einen Informationsvorsprung. Gestalten Sie die Informations-Asymmetrie zu Ihren Gunsten.

→ Die Puh-Technik eignet sich, um in der Verhandlung verhandelbare Masse optimal zu nutzen oder sogar zu erzeugen.

→ Um die Gegenseite nicht zu stärken, sollten Sie die Warum-Frage strikt vermeiden.

6 Der erste Preis ist nie der letzte Preis: So erreichen Sie Zugeständnisse ohne Gegenleistung

Was Sie in diesem Kapitel erfahren

→ Sie lernen, wie Sie aus der Phase des Sagens (Startrampe) in die Phase des Fragens übergehen.

→ Sie erfahren, wie Sie direkt nach der Startrampe konsequent auf Ihr Ziel zugehen und in einem ersten Schritt Zugeständnisse ohne Gegenleistung – es gibt noch einen zweiten Schritt – erreichen.

→ Sie lernen, wie Sie mit dem ersten Angebot des Lieferanten richtig umgehen und locker darüber hinauskommen.

→ Wir analysieren zudem die häufigsten Ausweichmanöver der Verkäufer und wie Sie diese kontern und damit konsequent auf Ihr eigenes Ziel zurücksteuern.

6.1 Mindestens 1 Prozent geht immer!

Lassen Sie uns kurz schauen, wo wir stehen: Sie halten jetzt alle erforderlichen Werkzeuge in der Hand, um die Erfolge zu ernten, für die Sie in der Sagephase und insbesondere mit der Startrampe die Saat ausgelegt haben. Sie haben Ihre Forderungsbegründung definiert, die Fragetechnik verbessert, die Puh-Technik erlernt und damit erheblich verbesserte Ausgangsvoraussetzungen für Ihre künftigen Verhandlungen geschaffen. Jetzt können Sie die Ernte einfahren. Und auch das will gelernt sein.

Optimieren Sie den Übergang aus der Sage- zur Fragephase

In der Startrampe haben Sie ein förderliches Szenario für Ihr Ziel aufgebaut. Die Startrampe ist im Regelfall eine reine Sagephase. Sie senden bewusst ausgewählte Informationen an Ihr Gegenüber („Ansagen"), um eine förderliche Stimmung für das von Ihnen angestrebte Ziel aufzubauen.

In den jetzt folgenden Phasen verlegen Sie sich hingegen vor allem auf das Fragen und Zuhören. Konkret: Sie setzen jetzt die in den Kapiteln 4 und 5 erlernten Techniken „Relativ ausloten" und „Plan in die Realität umsetzen" ein. Sie spüren so wesentliche Informationen auf, die bisher lediglich im Kopf des Verkäufers vorhanden sind:

- Wie weit ist der Verkäufer bereit, entgegenzukommen?
- Wie lassen sich diese Grenzen nochmals erweitern, wenn wir weiterbohren und nachfragen?
- Unter welchen Umständen würde er darüber hinaus weitere Zugeständnisse machen? Um die Beantwortung dieser Frage kümmern wir uns dann im siebten Kapitel.

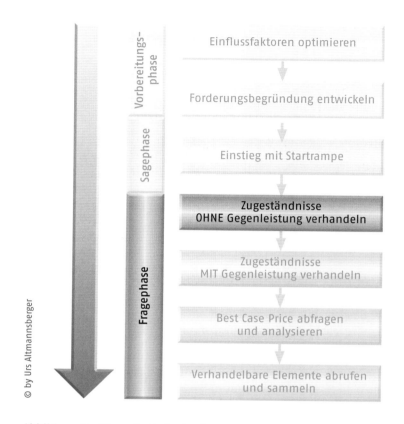

Abbildung 22: Die erste Stufe der Fragephase – Zugeständnisse ohne Gegenleistung

Jetzt steht also die Aufgabe im Fokus, mit geschickten Fragen die Informationen aus dem Verkäufer „herauszusaugen", die Sie unbedingt benötigen, um ein gutes Verhandlungsergebnis zu erzielen. Die einfachste aller Fragen ist wahrscheinlich: „Wie weit können Sie den Preis senken?" Entscheidend ist: Stellen Sie Ihr Ziel in den Fokus – öffnen Sie keine thematischen Schlupflöcher für Ausweichmanöver.

Zwei Beispiele, wie versehentlich am Fokus vorbei Schlupflöcher geöffnet werden

In den von mir begleiteten Verhandlungen sind oft suboptimale Formulierungen zu hören, etwa: „... und jetzt wollen wir wissen, *warum* wir so viel für Ihr Produkt zahlen sollen!"

Zum einen ist das gar keine richtige Frage, zum anderen führt die Antwort des Verkäufers nicht zum Ziel. Denn der so fragende Einkäufer will ja gar nicht wissen, warum er für das Produkt so viel zahlen soll, sondern er will vielmehr einen besseren Preis hören. Besser wäre es also, er würde zielorientiert fragen: „Welchen besseren Preis können Sie mir nennen?"

Ebenso untauglich ist: „... und jetzt möchte ich von Ihnen wissen, wann Sie liefern können und welchen Preis wir bekommen."

Bei zwei *Alternativen* (Liefertermin und Preis) werden pfiffige Verkäufer stets das angenehmere Thema wählen – in diesem Beispiel den Liefertermin. Der Verkäufer fragt dann: „Wann wollen Sie die Ware denn geliefert haben?", und verstrickt Sie dann in ein Gespräch, das sich bereits mit dem *WIE* der Umsetzung des Auftrages beschäftigt. Dabei wird doch erst über den Preis entschieden, *OB* der Lieferant zum Zuge kommt. Die Forderung, einen besseren Preis genannt zu bekommen, verpufft. Der Lieferant hat die Preis-Frage geschickt umgangen – und damit den Preis als akzeptiert deklariert.

Verhandeln Sie erst den Preis und vereinbaren Sie den Liefertermin im Anschluss. Sie fragen also zuerst: „Was geht im Preis?" Und wenn das geklärt ist: „Wann und wie setzen wir es um?"

Stopp, Herr Altmannsberger! Ich hätte da mal einen Einwand!

Manchmal ist doch der Liefertermin wichtiger als der Preis!

Urs Altmannsberger: Ja, richtig, das passiert gerade in der Serien-fertigung oft. Oder auch wenn Entscheidungen zu lange intern aufgehalten wurden und dann plötzlich – am besten gestern – umgesetzt werden müssen. In dem Fall rückt der Umsetzungstermin vor den Preis. Ähnlich wie bei einem Pannendienst. Den schicken wir auch nicht wegen ein paar Euro Preisaufschlag weg, wenn bei Schneefall auf der Autobahn der Motor streikt.

Entwickeln Sie für zentrale Fragen mehrere alternative Formulierungen

Rechnen Sie damit, nicht direkt mit der ersten Frage die gewünschte Antwort zu erhalten. Der Verkäufer hat vielleicht noch eine Gegenfrage oder lenkt schlichtweg ab. Mein Tipp: Halten Sie für jede zentrale Frage mehrere alternative Formulierungen bereit. Damit vermeiden Sie, sich vom Wortlaut her wiederholen zu müssen. Es klingt ungeschickt und unbeholfen, wenn Sie immer dieselbe Frage stellen: „Was geht noch, was geht noch, was geht noch …?" Der Lieferant gewinnt den Eindruck, Sie würden wiederholt einseitig bohren und ständig etwas fordern, oh-ne selbst Entgegenkommen zeigen zu wollen.

Als Leser dieses Buches haben Sie es leichter – hier finden Sie zahlreiche Formulierungen für Ihren Frage-Wortschatz:

Hinweis zur Formulierung	Formulierungsvorschläge
Alternative Formulierungen für die erste Frage	▪ „Wie weit können Sie den Preis senken?" ▪ „Welchen Preis können Sie mir anbieten?" ▪ „Wie weit können Sie Ihr Angebot verbessern?" ▪ „Wie weit können Sie den ursprünglichen Angebotspreis senken?" ▪ Für bildhaft sprechende Verhandler: „Wo geht denn die Reise mit dem Preis hin?"
Fragen zum Nachhaken	▪ „Was geht noch?" ▪ „Das reicht nicht! Wie weit können Sie noch runter?" ▪ „Das ist schon mal ein Schritt in die richtige Richtung, reicht aber bei Weitem nicht aus! Was wäre eine tragbare Summe darunter?" ▪ „Was war der bisher beste Preis, den Sie für dieses Produkt abgegeben haben?" ▪ „Mit diesem Preis können Sie sich noch nicht gegen den Wettbewerb durchsetzen! Wo liegt die Grenze?" ▪ Es geht auch bunter, zum Beispiel: „Das ist jetzt auf der Strecke Neapel-Berlin schon mal Rom. Steigen Sie jetzt mal preislich in den Düsenjet ein, damit es schneller geht. Was können Sie deutlich besser anbieten?"
Wenn der Lieferant hartnäckig ausweicht	▪ „Jetzt habe ich noch nicht verstanden: Was konkret können Sie mir anbieten? Sagen Sie es mir in Euro!" ▪ „Was konkret ist jetzt das Angebot?" ▪ „Jetzt haben Sie mir immer noch nicht gesagt, wie weit Sie runtergehen. Geben Sie mir Zahlen: Damit kann ich besser umgehen." ▪ Leicht genervter Tonfall: „Haben Sie denn grundsätzlich Interesse an dem Auftrag?" Verkäufer: „Ja." „Dann sagen Sie mir einen akzeptablen Preis! Was können Sie anbieten?" ▪ Bei gesteigertem Grad des Genervtseins: „Sie bewegen sich, als wären Fluglotsen, Lokomotivführer und Lkw-Fahrer gleichzeitig im Streik. Von mir aus kann ich Ihr Erstangebot als finales einloggen. Damit habe ich kein Problem. Nur laufen Sie dann Gefahr, direkt raus zu sein. Was also ist Ihr Angebot?"

<table>
<tr>
<td>Wenn der Lieferant inzwischen einen Top-Preis angeboten hat und Sie etwas vorsichtiger weiterbohren möchten</td>
<td>

■ „Jetzt haben Sie es gerade so geschafft, in Schlagreichweite zum vorderen Anbieterfeld zu kommen. Was können Sie jetzt noch tun, um als Erster durchs Ziel zu kommen?"

■ „Okay, ich will offen sein. Mit dem jetzigen Angebot hätten Sie es *Stand jetzt* geschafft und den Auftrag gewonnen. Allerdings stehen noch Gespräche an. Auch mit dem bisher Bestplatzierten. Der wird vermutlich auch noch mal einen deutlichen Schritt runtergehen. Dann wären Sie wieder weg vom Fenster, würden die Poleposition wieder verlieren. Für diesen Fall: Was würden Sie im Zweifel noch mal nachlegen?"

■ „Gut, dann schreibe ich mir diesen Preis jetzt mal auf und nehme den mit in das Entscheidungsmeeting mit der Fachabteilung und der GF." Und jetzt weiter im netten Anwaltstonfall: „Für den Fall, dass dort die Entscheidung ganz knapp gegen Sie ausfällt, soll ich dann für Sie noch mal einen etwas niedrigeren Preis antesten? Nur für den Fall (noch mal wiederholen, dass es nur für den *Notfall* ist): Was wäre da das Äußerste Ihrer Gefühle?"

</td>
</tr>
</table>

Verhandeln Sie flexibel: mit und ohne Wettbewerb

Bei Ihrer Umsetzung der beiden Bausteine „Zugeständnisse OHNE Gegenleistung verhandeln" und „Zugeständnisse MIT Gegenleistung verhandeln" werden Sie feststellen, dass es unterschiedliche Ausprägungsgrade gibt:

■ In Verhandlungsrunden, bei denen Sie mehrere Wettbewerber gegeneinander vergleichen, wird die Phase „OHNE Gegenleistung" einen größeren Raum einnehmen.

■ Die Phase „MIT Gegenleistung" wird dagegen stärkere Beachtung finden, wenn Sie nur mit einem Lieferanten verhandeln, etwa wenn es während einer Serienproduktion keine sinnvollen Ausweichlieferanten gibt.

Der Grund liegt auf der Hand: Solange Sie ein preislich besseres Angebot eines anderen Lieferanten über ein gleichwertiges Produkt vorliegen haben, haben Sie es nicht nötig, dem jetzigen Lieferanten entgegenzukommen. Zumindest in den ersten Schritten – dazu ein Beispiel.

Einkäufer Stefan Brinter hat zwei Lieferanten für Tonerpatronen. Beide liefern die identische Originalware: Lieferant A zu 75 Euro, Lieferant B zu 82 Euro. Der monatliche Bedarf variiert zwischen 60 und 120 Stück.

Lieferant B erklärt sich in der Verhandlung bereit, ihm auf 75 Euro entgegenzukommen, wenn Stefan Brinter eine permanente Abnahme abschließt, also ein „Toner-Abo" von 100 Tonern pro Monat über zwölf Monate.

Da Lieferant A die 75 Euro auch ohne Abo-Verpflichtung anbietet, ist Brinter nicht bereit, B entgegenzukommen. Er wird mindestens so lange weiter das Feld „Zugeständnisse OHNE Gegenleistung" bearbeiten, bis B günstiger als A anbietet.

Wechselndes Gewicht der Bausteine nach Wettbewerb

Wettbewerb mit einer oder mehreren Alternativen	Ohne Wettbewerb, ohne Alternativen
Solange Sie über einen Wettbewerber mit besseren Alternativangeboten verfügen, haben Sie es „nicht nötig", auf die Wünsche des jetzt gegenübersitzenden Lieferanten einzugehen.	Kennt der Lieferant die Situation, stellt er sich stur und weicht nur bei Gegenleistungen des Kunden vom ursprünglichen Angebot ab.
Entweder der Lieferant passt sein Angebot an die Marktgegebenheit an oder sein Wettbewerb gewinnt. Beispiel: Der Lieferant senkt den Preis, um den Auftrag zu erhaschen.	Sie haben keine Wahl unter mehreren Lieferanten. Ist der Lieferant nicht gewillt, das Angebot zu verbessern, so ist das „Geben und Nehmen" ein zielführender Weg zu Ihren Zielen. Versuchen Sie, „Dinge" einzutauschen, die für den Verkäufer wertvoll sind, Sie selbst aber nichts kosten. Beispiel: Der Lieferant senkt den Preis, wenn Sie im Gegenzug bei Bestellungen künftig die Verpackungseinheiten berücksichtigen.

Wettbewerb mit einer oder mehreren Alternativen	Ohne Wettbewerb, ohne Alternativen

So gehen Sie vor: Fordern Sie bewusst „bedingungslose" Zugeständnisse. Fordert der Lieferant Gegenleistungen, kontern Sie: „Gerne können wir im Anschluss noch über Einsparungsmöglichkeiten auf Basis von Gegenleistungen unsererseits sprechen. Die jetzigen Wettbewerbsangebote sind jedoch schon günstiger, *ohne* dass wir Gegenleistungen anbieten müssen. Lassen Sie uns deswegen noch mal über den Basispreis im ursprünglichen Kalkül sprechen. Wie weit können Sie den noch senken?"

So gehen Sie vor: Versuchen Sie zuerst, „*ohne* Gegenleistung" zu verhandeln. Rechnen Sie jedoch damit, recht schnell auf „*mit* Gegenleistung" umswitchen zu müssen. Tipps dazu erhalten Sie in Kapitel 7.

Zeit sparen und Stress reduzieren: Lernen Sie Ihre Fragen auswendig

Auswendiglernen – klingt das für Sie anstrengend? Tatsächlich jedoch lassen sich die besprochenen Fragen als immer wieder einsetzbares Werkzeug verwenden. Und gutes Werkzeug werfen wir nicht nach der Benutzung jedes Mal weg! Auswendiglernen ist daher der bequeme Weg. Sie strengen sich einmal an und setzen das Tool hundertmal ein. Das ist effektiv, jedenfalls effektiver, als wenn Sie sich in jeder Verhandlung aufs Neue auf Ihre Intuition verlassen und die Fragen aus dem Stegreif produzieren. Darum:

Stellen Sie Ihr persönliches Fragen-Set zusammen, und lernen Sie es auswendig, bis Sie es im Schlaf aufsagen können.

Verhandlungen bedeuten für Ihr Hirn Stress: Sie müssen gleichzeitig reden, zuhören, denken und dabei Ihr Ziel im Auge behalten. Da ist es zielführend, die Bewältigung vorhersehbarer Situationen in einer stressfreien Zeit vorzubereiten und Ihren Denkapparat zu entlasten.

Wenn Sie die Fragen vorformulieren, brauchen Sie diese in der Stress-situation nur abzuspulen. Gleichzeitig haben Sie den Kopf frei für alle anderen Arbeiten und die wirklich herausfordernden Verhandlungs-situationen.

Der erste Preis ist immer inakzeptabel

Verkäufer können in der Regel schwer abschätzen, wie weit sie dem Einkäufer entgegenkommen müssen, um den Auftrag zu gewinnen. Gerne nutzen sie das erste Angebot als Testballon, um die Reaktion des Einkäufers zu prüfen. Nehmen wir an, ein Verkäufer hat in Summe 15 Prozent Spielraum in seinem Angebot. Diesen Spielraum möchte er (natürlich) nicht voll ausreizen. Auf die Frage des Einkäufers hin gibt er ihm zuerst ein minimales Zugeständnis und wartet auf die Reaktion:

Verkäufer: *„In diesem Falle kann ich Ihnen einen ganz besonders tollen Preis geben. Statt 100 Euro pro Stück kann ich Ihnen bei einer Bestellung bis heute Abend einen Preis von nur 98,53 Euro pro Stück einräumen."*

Nun gibt es für den Einkäufer zwei Reaktionsmöglichkeiten:

Alternative 1: Der Einkäufer reagiert wie folgt: „Bis wie viel Uhr müsste denn die Bestellung bei Ihnen sein?"
Versetzen Sie sich einmal ganz kurz in die Rolle des Verkäufers. Wäre der Gesprächsablauf wie eben beschrieben, würden Sie dann einen weiteren Rabatt gewähren? Nein, Sie würden als Verkäufer keinen weiteren Rabatt gewähren, da der Einkäufer nicht weiter auf dem Preis herumreitet, sondern zum Bestellzeitpunkt wechselt. Also scheint der Preis in Ordnung zu sein!

Alternative 2: Der Einkäufer reagiert wie folgt: „98,53 Euro? Dass passt gar nicht!"

Mein Tipp für Sie also: Zeigen Sie als Einkäufer eine klare Preisreaktion!

Der erste Preis ist niemals der letzte Preis. Darum: Den ersten Preis lehnen Sie ab! Egal, was passiert.

Das heißt aber auch: Wenn der erste Preis niemals der letzte Preis ist, können Sie Ihre Reaktion schon vorher festlegen. Ihre Reaktion folgt dann prompt und wirkt (mit Übung) eindrucksvoll und authentisch. Reagieren Sie auf mindestens zwei dieser Kanäle:

- Mimik: Signalisieren Sie Enttäuschung und Ungläubigkeit oder gar Fassungslosigkeit.
- Kopf: Schütteln Sie ablehnend den Kopf.
- Ganzer Körper: Fallen Sie zurück in den Stuhl, verschränken Sie die Arme.
- Stift (oder anderes Utensil): Legen Sie ihn beiseite, lassen Sie ihn auf den Tisch fallen oder zerbrechen Sie ihn – je nach Temperament und Einkaufswert.

Stellen Sie dann weitere Fragen aus Ihrem Fragen-Set „Zugeständnisse ohne Gegenleistung", um so weitere Zugeständnisse herbeizuführen.

Dazu, Herr Altmannsberger, habe ich eine Frage!

Was mache ich aber, wenn dann doch mal der erste Preis der letzte Preis ist?

Urs Altmannsberger: Zunächst einmal: Das ist kein Grund zur Panik! Kein Verkäufer wird aufgrund Ihrer ersten Reaktion das Gespräch abbrechen. Verkäufer freuen sich diebisch, wenn ein Einkäufer auf den ersten (Testballon-)Preis eingeht. Die Ablehnung ihres Erstangebots gehört für die Verkäufer zum täglich Brot. Anstatt das Gespräch wortlos abzubrechen, wird der Verkäufer auf seinem Angebotspreis beharren. Sie verfügen dann mit der Mauerbrecher-Frage – mehr dazu im achten Kapitel – über ein weiteres Instrument, das Angebot des Verkäufers auf den Wahrheitsgehalt zu prüfen. Geht er gar nicht auf Sie zu, formulieren Sie folgendermaßen: „Gut, dann schreibe ich mir eben die 98,53 Euro als Ihr finales Angebot auf. Ich werde das mit den Angeboten Ihrer Wettbewerber vergleichen und am Montag kommender Woche die Entscheidung treffen."

Akzeptieren Sie auch weitere Angebote nicht sofort

Wie wir im vierten Kapitel zum Thema „Relativ ausloten" besprochen haben, gibt es keine fixe Schmerzgrenze. Der Preis bewegt sich situativ auf sein Optimum hin. Mein persönliches Verhandlungsmotto lautet:

Mindestens 1 Prozent geht immer! Und zwar auch auf partnerschaftlichem Wege – es geht immer noch was.

Bringen Sie also immer deutlich zum Ausdruck, dass Sie mit den Angeboten des Verhandlungspartners unzufrieden sind. Bleiben Sie aber trotzdem stets höflich, indem Sie zum Beispiel die folgende Formulierung nutzen: „Sie sind mir echt sympathisch, und ich erkenne Ihre Bemühung an, mir entgegenzukommen. Nur ... (bedeutungsvolle Pause und sanftes Kopfschütteln) ... bei dem jetzigen Preis kann ich Sie nicht mit dem Auftrag belohnen. Wie weit können Sie mir noch entgegenkommen?"

Aber Achtung: Gute Verkäufer sind Meister in der Interpretation der Einkäuferreaktionen. Daher: Gibt der Verkäufer sein erstes Angebot ab, sollten Sie folgende verräterischen Signale vermeiden und stattdessen „richtig" reagieren.

Verräterische Reaktionen vermeiden

Falsch	Richtig
■ Aufschreiben (signalisiert Interesse) ■ Tippen auf dem Taschenrechner (signalisiert, dass der Wert so weit nicht abweichen kann; bei doppeltem Preis benötigt man keinen Taschenrechner, um das festzustellen!) ■ Kopfnicken (Signal: Zustimmung) ■ Kopf leicht neigen, Mund spitzen (signalisiert „Jaaaa, geht so, könnte man machen") ■ Fragender Check-Blick zum Kollegen (signalisiert „Was meinst du? Können wir das so akzeptieren?")	■ Stift beiseitelegen oder fallen lassen ■ Taschenrechner weglegen (bei so weiten Abweichungen brauchen Sie keinen Rechner, um „Nein" zu sagen) ■ Kopfschütteln ■ „Tut mir leid"-Gesicht aufsetzen und passende Geste dazu machen; in kritischeren Fällen: (zum Beispiel) Heft zuschlagen ■ Wenn Sie den Kollegen schon ansehen, soll es aussehen wie: „Wollen wir abbrechen?" Taucher machen eine Handbewegung am Hals, Mannschaftscoachs ein „T" für Time out. ■ Schreiben Sie eine Ziffer auf das Angebot oben rechts und legen Sie es beiseite. Wie früher in der Schule: „Note 6, setzen!"

Dazu eine Frage, Herr Altmannsberger!

Wie viele Runden innerhalb der Phase „Zugeständnisse OHNE Entgegenkommen verhandeln" soll ich eigentlich drehen?

Urs Altmannsberger: Sie fragen so lange nach Zugeständnissen, bis Sie das Optimum in diesem Teilabschnitt erreicht haben, bis nichts mehr vorangeht. Auf dem Weg dorthin wird der Widerstand des Verkäufers stetig steigen. Dann wechseln Sie zur nachfolgenden Phase, verhandeln Zugeständnisse MIT Gegenleistung und prüfen, unter welchen Umständen der dann erreichte Preis noch mal unterschritten bzw. Preisnachlässe überschritten werden. Es gibt aber eine Ausnahme: Wenn Sie mit dem zur Verfügung stehenden Zeitbudget an anderer Stelle mehr Profit für Ihr Unternehmen erzielen können, sollten Sie die Verhandlung vor dem Optimum beenden, um sich noch lukrativeren Verhandlungen zu widmen.

6.2 So begegnen Sie Ausweichmanövern konstruktiv und produktiv

Lassen Sie sich von Ausweichmanövern der Gegenseite künftig nicht mehr aus der Ruhe bringen. Seminarteilnehmer und Coachees klagen in diesem Zusammenhang vor allem über zwei Typen:

- über den Vielredner, der in seinem Redefluss kaum zu stoppen ist, und
- über den gegenfragenden Verkäufer, der seinerseits seinen Plan durchdrücken möchte.

Wenn der Verkäufer Redebedarf hat, statt zu antworten

Nicht immer gelangen Sie sofort zu Ihrem Ziel. In der Praxis stellen wir fest, dass Verkäufer auf die erste Frage häufig *nicht antworten*. Entweder ist der eigene Redebedarf noch viel zu groß und muss erst befriedigt werden oder der Verkäufer benötigt noch weitere Informationen, um ein Angebot abgeben zu können.

Sollte schlichtweg der *Redebedarf* des Verkäufers das Problem sein, gibt es mehrere Reaktionsmöglichkeiten. Dabei gilt: Zu erwarten, dass uns der Verkäufer zuhört, und ihm gleichzeitig quasi den Mund zu verbieten, führt auf der Beziehungsebene zur Missstimmung. Planen Sie Zeit ein, die Sie brauchen, um dem Verkäufer auch einmal in Ruhe zuzuhören. Lassen Sie sich jedoch nicht von Ihrem Plan abbringen: In der Regel wird der Verkäufer auf Ihre erste Frage hin („Wie weit gehen Sie runter?") sein Produkt und seinen Preis verteidigen – in Einzelfällen selbst dann, wenn Sie in der Startrampe bereits deutlich darauf hingewiesen haben, dass Leistungsunterschiede zum Wettbewerb berücksichtigt sind.

Lassen Sie in solchen Fällen den Verkäufer zu Wort kommen, lenken Sie das Gespräch dann aber so, dass Sie wieder auf Ihre Zielsetzungen zusteuern können.

In der Praxis haben sich dabei einige Formulierungen als sehr effektiv erwiesen:

- „Wie ich bereits sagte, sind die Leistungsunterschiede berücksichtigt. Wenn Sie also grundsätzlich Interesse an dem Auftrag haben, müssen Sie etwas am Preis tun! Was ist konkret Ihr bestmöglicher Preis?"
- „Jetzt habe ich aber noch nicht verstanden, wie weit Sie runtergehen können. Was können Sie mir preislich anbieten?"

Wenn der Verkäufer mit Gegenfragen arbeitet

Im fünften Kapitel haben wir uns schon einmal mit dem Thema beschäftigt, dass Verkäufer gerne mit Gegenfragen arbeiten. Gegenfragen können ein taktisches Mittel des Verkäufers sein, um die Führung zurückzugewinnen. Das schadet uns an dieser Stelle jedoch nicht, denn:

Die erste Gegenfrage eines Verkäufers ist häufig schon eine Antwort auf Ihre Zielfrage.

Mein Tipp dazu lautet: *Antworten Sie nicht!* Wir befinden uns in der Fragephase. Geben Sie keine Information heraus, bevor Sie sich nicht sicher sind, dass dies notwendig ist, um Ihr Ziel zu erreichen.

Und: Entdecken Sie stets die versteckte Antwort des Verkäufers in der Gegenfrage! Stellen Sie so fest, was Ihnen der Verkäufer – mit der Gegenfrage – gerade sagt und mitteilt, obwohl er es als Frage formuliert. Welche Information für Ihr Ziel erhalten Sie also? Die folgende Übung hilft Ihnen dabei. Übrigens: Im fünften Kapitel finden Sie im Unterkapitel „Erkennen Sie die Fragen des Verkäufers als Antworten" ein entsprechendes Beispiel. Zurückblättern lohnt sich ...

Übung: Entdecken Sie die versteckte Botschaft

Viele Fragen tragen versteckte Botschaften in sich. Konzentrieren Sie sich künftig stärker darauf, sie zu erkennen, statt sich eine Antwort auf die Frage zu überlegen. Welche Informationen stecken in diesen Fragen?

Ehemann: *„Wann gibt es Mittagessen?"*
Die Botschaft: Er hat Hunger, will etwas essen. Er ist zu Entgegenkommen bereit, wenn er den Hunger stillen kann.

Kinder im Auto: *„Wann sind wir da?"*
Die Botschaft: Es ist langweilig, der Hintern tut weh, wir freuen uns aufs Ziel; wenn wir schneller fahren, stellen wir das Nörgeln ein.

Und nun ab in die Verhandlungspraxis:

Verkäufer-Frage: *„Wann würden Sie denn bestellen?"*
Die Botschaft: Der Verkäufer wird Ihnen verschiedene Preise nennen, je nachdem, wann bestellt wird. Vermutlich hängt vom Bestellzeitpunkt auch seine Provision ab. Vielleicht bekommt der Verkäufer bei Auftrags-eingang vor Ende der aktuellen Periode eine höhere Provision. Es könnte jedoch auch andersherum sein: Für den Verkäufer ist es besser, der Auftrag käme erst mit Beginn der neuen Periode. Darum: Finden Sie durch Nach-fragen heraus, welcher Zeitpunkt für Sie bessere Preise ergibt.

Verkäufer-Frage: *„Welche Menge nehmen Sie denn ab?"*
Die Botschaft: Vermutlich gibt es bei höheren Mengen auch bessere Preise.

Verkäufer-Frage: *„Wohin soll die Lieferung gehen?"*
Die Botschaft: Je nach Lieferort und damit verbundenem Logistikaufwand gibt es unterschiedliche Angebotspreise.

Wenn der Verkäufer zuerst einmal Zugeständnisse MIT Gegenleistung verhandeln will

Was in der Verhandlungspraxis oft zu beobachten ist: Der Verkäufer wäre durchaus zu Zugeständnissen bereit und signalisiert dies auch durch eine Gegenfrage. Aber dazu möchte er von Ihnen auch eine Gegenleistung erreichen. Sie selbst jedoch möchten Zugeständnisse ohne eigene Gegenleistung verhandeln. Wie sollen Sie sich verhalten?

Um es konkret zu machen: Nehmen wir an, der Verkäufer hat Sie nach dem Bestellzeitpunkt gefragt, weil davon ein zusätzlicher Quartalsende-Bonus abhängt. Er wäre also bereit, vor Ende des Quartals einen günstigeren Preis anzubieten. Damit springt der Verkäufer in Ihrem Ablaufplan eine Stufe weiter, nämlich zu dem Thema „Zugeständnisse MIT Entgegenkommen verhandeln". Anstatt mit Ihnen über den Preis OHNE Gegenleistung zu sprechen, nennt er Ihnen eine Gegenleistung (Bestellung vor Ende des Quartals), die ihn motivieren würde, Ihnen im Preis weiter entgegenzukommen.

Wenn Sie diesem Weg folgen, ist das grundsätzlich in Ordnung. Lassen Sie dem Gespräch zunächst einmal freien Lauf – der Verkäufer bestimmt nun eine Zeitlang die Richtung. Aber: Registrieren Sie den Sprung ganz bewusst!

Die Abbildung 23 zeigt: Später sollten Sie das Gespräch dann wieder auf Ihren Plan zurückführen und auf das Feld „Entgegenkommen ohne Gegenleistung" zurückspringen.

Und so könnte das Gespräch ablaufen:

Einkäufer (beendet die Startrampe): *„... damit stehen Sie im Vergleich mit mehreren Wettbewerbern. Ausschlaggebend für die Entscheidung wird am Ende der Woche der Preis sein, den die einzelnen Anbieter in den Ring werfen."*

Einkäufer (fährt fort und steigt jetzt in die Fragephase ein): *„Welchen Preis wollen Sie einloggen?"*

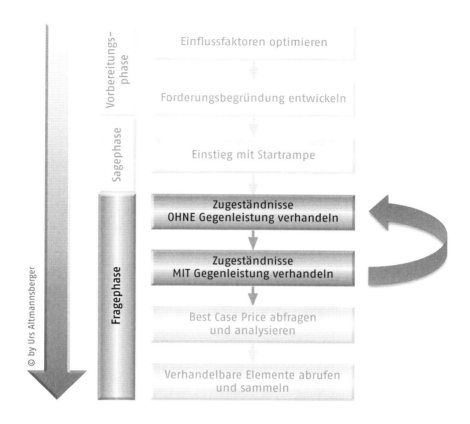

© by Urs Altmannsberger

Vorbereitungs-phase

Einflussfaktoren optimieren

Forderungsbegründung entwickeln

Sagephase

Einstieg mit Startrampe

Zugeständnisse OHNE Gegenleistung verhandeln

Zugeständnisse MIT Gegenleistung verhandeln

Fragephase

Best Case Price abfragen und analysieren

Verhandelbare Elemente abrufen und sammeln

Abbildung 23: Gespräch wieder auf das Feld „Entgegenkommen ohne Gegenleistung" zurückführen

Verkäufer (stellt Gegenfrage): *„Würden Sie die Bestellung noch vor Ende des Quartals schicken?"*

Einkäufer: *„Würde das denn den Preis günstig beeinflussen?"*

Verkäufer: *„Ja!"*

Einkäufer (beschließt, zuerst die Stellschrauben für einen besseren Preis zu erfragen, lässt sich also auf das Thema „Zugeständnis MIT Gegen-leistung" ein): *„Was neben einer schnellen Bestellung würde den Preis denn noch positiv beeinflussen?"*

6.2 So begegnen Sie Ausweichmanövern konstruktiv und produktiv **189**

Es entwickelt sich ein Gespräch, bei dem der Verkäufer alle Faktoren benennt, die den Preis beeinflussen, um schließlich auch noch einen Rabatt zu gewähren. Danach leitet der Einkäufer das Gespräch zurück auf sein Thema: „Zugeständnisse OHNE Gegenleistung".

Einkäufer (stellt klar): *„Jetzt haben wir über mehrere Themen gesprochen, bei denen wir auf Sie zugekommen sind, und daher einen zusätzlichen Rabatt erhalten. Zeige ich dieses Entgegenkommen auch bei den anderen Lieferanten, erhalte ich dort die gleichen zusätzlichen Rabatte. Damit verbessern Sie zwar insgesamt das Angebot, bewegen sich jedoch im Feld der Wettbewerber nicht nach vorne."*

Einkäufer (lenkt jetzt wieder das Gespräch): *„Was können Sie uns rein im Preis – ohne Gegenleistung – noch zusätzlich anbieten?"*

Sie haben es mithin geschickt verstanden, kurzzeitig die Führung abzugeben, um über „Zugeständnisse MIT Gegenleistung" zu verhandeln – aber nur, um jetzt wieder die Führung zu übernehmen.

Alternativ dazu haben Sie die Möglichkeit, Ihren Plan in der vorgesehenen Reihenfolge durchzuführen. Damit behalten Sie zum einen die klare Linie bei, andererseits benötigen Sie dafür aber Kraft und Geschick und erscheinen dem Lieferanten gegenüber als sturer Verhandler, der sich nicht auf einen „Seitenweg" einlassen will. Das Gespräch läuft dann so ab:

Verkäufer (stellt Gegenfrage): *„Würden Sie die Bestellung noch vor Ende des Quartals schicken?"*

Einkäufer: *„Bevor wir über den Bestellzeitpunkt und andere Details sprechen, müssen wir erst mal schauen, ob Sie den Preis in Reichweite zum Wettbewerb entwickeln können. Stand jetzt liegen Sie viel zu weit weg. Wo geht denn die Reise mit dem Preis hin?"*

Was der Verkäufer mit der Frage nach „Ihrer Vorstellung" bezweckt

Wahrscheinlich kennen Sie das: Der Verkäufer fragt Sie nach Ihrem Budget, Ihrer Preisvorstellung oder den Wettbewerbspreisen. Er möchte konkretere Angaben zu Ihren Vorstellungen erhalten:

- „Was haben Sie sich denn so vorgestellt?"
- „Geben Sie uns doch mal eine Hausnummer, wo wir hinmüssen!"
- „Welches Budget steht für die Lösung zur Verfügung?"
- „Was haben Sie bei Ihrem jetzigen Lieferanten bisher bezahlt?"

Was steckt dahinter? Natürlich: Verkäufer wollen das Beste für sich herausholen – das ist grundsätzlich legitim. Sie dürfen sich aber nicht darauf einlassen, eine konkrete Zahl, eine konkrete Angabe zu machen. Nehmen wir an, der Verkäufer könnte Ihnen im besten Falle einen Preis von 1.000 Euro anbieten, erfährt jedoch Ihre Preisvorstellung von 1.200 Euro. Jetzt wäre es unsinnig für ihn, bis an seine Schmerzgrenze mit 1.000 Euro heranzugehen. Stattdessen wird er vermutlich einen Preis rund um 1.200 Euro anbieten und behaupten, das sei das maximal Mögliche. Mit der Nennung seiner Preisvorstellung von 1.200 Euro würden Sie folglich 200 Euro Potenzial ungenutzt lassen.

Für Sie als Einkäufer heißt das also erneut: Nicht antworten! Nicht auf den Plan des anderen einsteigen! Sonst wird es teurer als notwendig.

Lernen Sie die besten Konter für die Budgetfrage kennen – und anwenden

Generell besteht jeder Konter aus folgenden Modulen:

1. Frage des Verkäufers abfedern
2. Eigene Zielfrage stellen, um wieder die Führung auf dem Weg zum eigenen Ziel zu übernehmen

Federn Sie die Frage des Verkäufers ab, damit der jeweilige Konter nicht zu hart klingt:

- Zu hart: „Unser Budget geht Sie nichts an!" oder „Ich stelle hier die Fragen!"
- Besser: „Letzten Endes wird der Lieferant mit dem besten Preis gewinnen. Wie weit können Sie den Preis noch senken?"

Sie können die verschiedenen Antworten auch mischen. Picken Sie die Version heraus, mit der Sie sich wohlfühlen. Suchen Sie sich Ihre optimale, authentische und zu Ihnen passende Version für Ihre Gespräche heraus. Und lernen Sie sie auswendig.

Beachten Sie überdies: Bei der Beantwortung der Budgetfrage des Verkäufers ist es wichtig, dass Sie schnell reagieren. Je prompter Ihre Reaktion erfolgt, desto unauffälliger wirkt es im gesamten Gesprächsablauf. Und je prompter Ihre anschließende Zielfrage folgt, umso leichter können Sie die Führung direkt wieder übernehmen.

Formulierungsvorschläge, um die Budgetfrage zu kontern

Frage des Verkäufers	Einkäufer
„Welches Budget steht Ihnen zur Verfügung?"	■ „Wissen Sie, ich könnte Ihnen jetzt das Budget nennen. Letzten Endes wird Ihnen das aber nicht weiterhelfen. Der beste Preis im Wettbewerb wird gewinnen. Was wäre der günstigste Preis, den Sie anbieten können?" ■ Oder auf die nachdenkliche Art: „Mhmm, welches Budget steht uns zur Verfügung ... tja ... Im Prinzip ist das egal. Es kommt darauf an, welche Angebote der Wettbewerb final abgibt. Stand jetzt würde es für Sie schon nicht ausreichen. Wie weit können Sie denn noch runter?"
„Was haben Sie sich denn so vorgestellt?"	■ „Dass Sie noch mal deutlich im Preis runtergehen! Wie weit können Sie maximal senken?" ■ „Einen erheblich günstigeren Preis als den, den Sie bisher angeboten haben. Wie weit können Sie von diesem Preis noch nach unten gehen?"

Frage des Verkäufers	Einkäufer
„Was verlangt der Wettbewerb?"	▨ „Sie sind der erste von mehreren Lieferanten, die ich nach dem Preis frage. Insofern bitte ich Sie, mir gleich Topkonditionen anzubieten. Was ist möglich?" ▨ Oder kurz und knapp: „Weniger! Was ist von Ihrer Seite her möglich?"
„Geben Sie uns doch mal eine Hausnummer, wo wir hinmüssen!"	▨ „Als Hausnummer kann ich Ihnen sagen, dass Sie mit dem jetzigen Preis nicht zum Zuge kommen werden. Wie weit können Sie Ihr Angebot noch verbessern?"
„Wie weit müssen wir runtergehen?"	▨ „Mit einem kleinen Schritt wäre es nicht getan. Welchen deutlich großen Schritt können Sie denn machen?"
„Was können Sie maximal zahlen?"	▨ „Das, was minimal im Wettbewerbsvergleich notwendig ist, um die angestrebte Lösung zu realisieren. In diesem Bereich liegt Ihr Angebot jedoch nicht. Wie weit können Sie runtergehen?"
„Was haben Sie bisher bei Ihrem jetzigen Lieferanten bezahlt?"	▨ „Wenn wir das Angebot des bisherigen Lieferanten neben Ihres legen, würden wir auch weiterhin bei ihm kaufen. Wie weit können Sie uns denn konditionell noch entgegenkommen?"
„Welchen Wert hat Ihr Kalkulator errechnet?"	▨ „Solange Sie mit Ihrem Preis noch derart weit entfernt liegen, kann ich Ihnen unseren Kalkulationswert nicht offenlegen. Wenn Sie Interesse an dem Auftrag haben, liegt es jetzt an Ihnen, ein realitätsgerechtes Angebot abzugeben. Auf welchen Preis können wir uns verständigen?"
„Passt das in das Budget?"	▨ „Ich kann Ihnen leider nur sagen, ob Sie innerhalb des Budgets liegen oder nicht. Allerdings werde ich auch nicht akzeptieren, dass Sie sich häppchenweise dem Budget nähern wollen. Was können Sie denn preislich noch tun?"
„Wie hoch ist Ihr Budget?"	▨ „Das Budget zu nennen, wäre in der jetzigen Situation unklug. Wie weit können Sie mir noch entgegenkommen?" Damit zeigen Sie als Einkaufsverhandler, dass Sie die Frage / den Trick des Verkäufers, Ihre Vorstellung konkret zu erfahren, durchschaut haben und nicht darauf reinfallen werden.
„Welches Budget haben Sie für die nachträgliche Veränderung vorgesehen?"	▨ „Ich möchte Sie nicht in Verlegenheit bringen, daher nenne ich Ihnen unser Budget lieber nicht." Begleiten Sie diese Antwort mit einem leichten Augenzwinkern.

Wenn es nicht um den Preis geht: Frageformulierungen für alternative Ziele

Sicher wird immer wieder der Preis das zentrale Thema in Verhandlungen zwischen Einkäufern und Verkäufern sein. Genauso gut jedoch können weitere Themen die oberste Priorität in Verhandlungen einnehmen. Dann gilt es, alles bisher Gesagte auf dieses Thema hin umzuformulieren.

In der Übersicht finden Sie für einige gängige Themen Beispiel-Formulierungen, die Ihnen Ihren Verhandlungsalltag erleichtern. Nutzen Sie diese Beispiele und entwickeln Sie Ihren persönlichen Fragenkatalog. Fokussieren Sie die Frage stets konkret auf Ihr Ziel und formulieren Sie die Frage als offene W-Frage.

Fragen für alternative Ziele

Ziel	Darauf abgestimmte offene Zielfrage(n)
Schnellerer Liefertermin	„Wie viel schneller können Sie liefern? Wann ist der früheste Liefertermin? Wie viele Tage können Sie diesen Termin noch vorziehen?"
Preiserhöhung verhindern/ verschieben	„Wie lange sind Sie bereit, zu den bisherigen Preisen weiterzuarbeiten?" „Um wie viele Monate können Sie die Preiserhöhung nach hinten hinausschieben?" „Inwieweit sind Sie bereit, aus der Preiserhöhungsforderung eine Preissenkung zu machen?" „Eine Preiserhöhung ist nicht möglich. Wie gehen wir damit um? Wie können wir dennoch weiter zusammenarbeiten?"
Bessere Qualität	„Wie weit können Sie die Qualität verbessern?" „Auf wie viele defekte Teile pro 1.000 Stück können Sie die Fehlerrate senken?"
Bessere Qualität bei gleichbleibendem Preis	„Wie weit können Sie die Qualität verbessern, ohne dass dabei der Preis steigt?"

Ziel	Darauf abgestimmte offene Zielfrage(n)
Langfristige Exklusivitätsrechte	▪ „Wie lang sind Sie bereit, uns Exklusivrechte an dem Produkt einzuräumen?" ▪ „Was ist der maximale Zeitraum für die Exklusivität? Wen können wir beide in Ihrem Unternehmen ansprechen, um eine weitere Verlängerung zu erreichen? Und wie lang kann dieser Ansprechpartner den Zeitraum maximal ausdehnen?"
Zurücknahme von Überbeständen	▪ „Welche Menge sind Sie bereit zurückzunehmen?"

Fazit:

→ Nach der Startrampe arbeiten Sie vor allem mit Fragen.

→ Stellen Sie Ihr individuelles Fragen-Set zusammen, mit dem es Ihnen gelingt, Zugeständnisse des Verkäufers oder Lieferanten ohne Gegenleistung zu erhalten.

→ Konzentrieren Sie sich bei Ihrer nächsten Verhandlung darauf, den ersten Preis direkt abzulehnen.

→ Überlegen Sie sich für die verschiedenen Herausforderungen aus Ihrem Praxisalltag mehrere alternative Frageformulierungen, die Sie auswendig lernen, um sie rasch und zielorientiert einsetzen zu können.

→ Definieren Sie die Ausweichmanöver des Verhandlungspartners als Herausforderung, konstruktiv mit ihnen umzugehen – das gilt vor allem für die Budgetfrage.

7 Zugeständnisse mit Gegenleistung: „Unter welchen Umständen können Sie das jetzige Angebot nochmals verbessern?"

Was Sie in diesem Kapitel erfahren

→ Jetzt geht es darum, wie Sie Zugeständnisse mit Gegen-leistungen erreichen und verhandelbare Elemente gewinn-bringend so dirigieren, dass Sie die bestmöglichen Konditionen erzielen.

→ Sie erhalten Antworten auf die Kernfrage: „Was müssen wir Einkäufer verändern, damit der Verkäufer den Preis weiter senkt?"

→ Sie erfahren, wie Sie mit dem Best Case Price unter opti-malen Bedingungen das beste Angebot herausholen.

→ Nutzen Sie die verhandelbaren Elemente, um Zugeständnis-se zu erhalten, die sich nicht direkt in Preis und Nachlass niederschlagen.

7.1 Nutzen Sie alle Einsparpotenziale, die möglich sind

Im vorherigen Kapitel haben wir die Sahne abgeschöpft: Wir haben Zugeständnisse des Lieferanten eingefordert, ohne dabei eine eigene Gegenleistung zu erbringen. Das funktioniert, wenn wir entweder durch eine Wettbewerbssituation Druck aufgebaut haben oder der Verkäufer aus Sorge, den Auftrag zu verlieren, seine Kalkulation schmaler gestrickt hat.

Irgendwann erreichen Sie damit ein Limit. Der Verkäufer ist dann nicht mehr bereit, Ihnen weiter entgegenzukommen. Doch haben wir damit tatsächlich schon das Finale unserer Verhandlungen erreicht? In der Regel nicht! Denn wir haben bisher nur einen Teil der Möglichkeiten ausgeschöpft. Im vorigen sechsten Kapitel haben wir lediglich den Verkäufer aufgefordert, auf uns zuzukommen. Nur der Verkäufer hat sich bewegt, indem er beispielsweise den Preis gesenkt hat. Und wir selbst haben uns gar nicht oder kaum auf ihn zubewegt.

Jetzt ist es an der Zeit, dass auch wir unsere Bereitschaft erklären, Entgegenkommen zu zeigen. In der Praxis erhalte ich an dieser Stelle sofort Einwände von Einkäufern: „Wir können doch nicht einfach das Produkt verändern, das wir kaufen sollen!" Das ist richtig. Allerdings: Wir beschränken uns im Zuge des Entgegenkommens nicht allein darauf, das Produkt zu verändern. Es gibt unzählige Stellschrauben, die es dem Verkäufer ermöglichen, sein Produkt günstiger anzubieten, die aber die Leistung, die wir erwarten, nicht schmälern. Nehmen wir das Beispiel der Verpackungseinheiten: Allein durch die Tatsache, dass der Einkäufer bei seiner Bestellung auf besonders vorteilhafte Mengen für den Verkäufer achtet, schafft er Bewegung im Preis, den der Verkäufer anbieten kann.

Wie das? Nun, angenommen, von einem zu bestellenden Gerätegehäuse befänden sich jeweils 30 Stück auf einer Palette. Der Einkäufer würde wöchentlich bestellen und hat dabei schwankende Bedarfe. Diese Woche 44 Stück, nächste Woche 23 Stück usw. Da wäre es doch ein

Leichtes, dem Lieferanten mit Bestellungen zu jeweils 30 Stück entgegenzukommen, wenn dabei ein akzeptabler Preisvorteil winkt. Das Produkt an sich bleibt unverändert.

Wie Sie diese Chancen auf zusätzliche Savings, also Einsparpotenziale, sicher und zielgerichtet lokalisieren, behandeln wir in diesem Kapitel. Sie erhalten konkrete Anregungen, wie Sie in den jeweiligen Situationen vorgehen. Im Detail kann das ganz unterschiedlich sein. Lassen Sie uns die notwendigen Schritte im Überblick betrachten:

1. Sie fragen, welche Faktoren das Angebot und den Angebotspreis beeinflussen.
2. Sie sammeln *alle* verfügbaren Informationen zu diesen Faktoren.
3. Sie fragen den Verkäufer, welcher Preis machbar wäre, wenn alle Faktoren optimal eingestellt sind. Das ist der „Preis im besten Falle" – der Best Case Price.
4. Sie verhandeln den Best Case Price weiter und bringen ihn mit der tatsächlichen Situation zusammen.
5. Abschließend fragen Sie nach Zugeständnissen, die außerhalb des Preises liegen.

7.2 Grundvoraussetzung: die Entscheidungslandkarte der Gegenseite verstehen

Ein Angler steht an der Isar. Erstaunlicherweise befindet sich an seinem Angelhaken ein Schokoriegel. Ein verwunderter Passant fragt, was er denn da vorhat. Woraufhin der Angler antwortet: „Heute will ich einen besonders dicken Fisch fangen und der Schokoriegel ist echt lecker!" Klar, ein besonders leckerer Köder ist geeignet, um den begehrten Fisch an die Angel zu locken. Sie werden mir aber zustimmen, dass wir davon ausgehen können, dass Fische nicht auf Schokoriegel stehen. Der Angler wird sich abends also eher an nassen, durchbohrten Schokoriegeln satt essen müssen als an einem leckeren Fisch ...

Warum ich Ihnen diese Geschichte erzähle? Weil ähnliche Situationen in der Verhandlungspraxis vorkommen, und zwar ständig: Wir versuchen unserem Verhandlungspartner zu erklären, aus welchem Grund er bestimmte Dinge zu tun hat. So auch, dass er angesichts bestimmter Umstände den Preis zu senken hat. So wie nicht jeder Köder jedem Fisch schmeckt, so ist auch nicht jedes Argument für jeden Verkäufer gleich wirksam.

Stellen wir uns vier Verkäufer vor, dann erkennen wir direkt sehr unterschiedliche Motive. Zum Beispiel den Verkäufer Hans Jung: Er erklärt sich bereit, bei einem langfristigen Vertragsabschluss entsprechende Zugeständnisse zu gewähren. Der Senior-Verkäufer Willi Rente dagegen zielt auf einen kurzfristigen Abschluss, bevor er das Unternehmen in Richtung Ruhestand verlässt. Langfristige Vereinbarungen interessieren ihn überhaupt nicht.

Verkäufer Peter Durstig hingegen hat seine Ziele noch nicht erfüllt und legt hohen Wert auf einen Geschäftsabschluss vor Quartalsende. Sein Kollege Rüdiger Star schließlich ist durch einen Großauftrag bereits weit über seine Zielvorgabe hinausgeschossen und würde weitere Aufträge gerne in die folgende Abrechnungsperiode schieben.

Die Beispiele machen deutlich, dass bereits kleinste Unterschiede in der Motivation die Entscheidung, ob der Verkäufer bereit ist, einen weiteren Nachlass zu gewähren, beeinflussen.

Zur Verdeutlichung vergleiche ich die Entscheidungsmuster der Verkäufer, der Geschäftsführer und der Unternehmen als Ganzes gerne mit Landkarten. Auf diesen Landkarten gibt es mit Sicherheit bekannte Straßen. Die großen Autobahnen, die jeder kennt. Im übertragenen Sinne sind das die großen Motivationsfaktoren der Lieferanten. Direkt fallen uns ein: größere Mengen, schnelle Abnahme, frühzeitige Zahlung ... Daneben gibt es eine unübersehbare Zahl an kleinen Straßen auf diesen Entscheidungslandkarten, die wir unmöglich alle kennen können. Diese stehen im übertragenen Sinne für die riesige Zahl an Motiven, die unser Gegenüber in der Entscheidung „Nachlass ja/nein" beeinflussen. Diese kleinen Straßen können gute Abkürzungen sein, die zu einem weiteren Nachlass führen. Es können aber auch verschlungene Wege sein, die uns in die falsche Richtung bringen, wenn wir etwa eine zu hohe Menge abnehmen sollen, die wir gar nicht brauchen.

Lernen Sie die gesamte Landkarte kennen. Wenn Sie die Landkarte nicht vollständig kennen, muss Ihnen der Verkäufer die Wege erklären: Finden Sie also heraus, was den Verkäufer dazu bewegt, Ihnen weitere Zugeständnisse zu machen.

Stopp, Herr Altmannsberger! Ich hätte da mal eine Frage!

Was interessiert mich, was der Lieferant will? Wenn er nicht spurt, fliegt er eben raus!

Urs Altmannsberger: Haben Sie denn einen weiteren Lieferanten, der nahtlos zu besseren Konditionen einsteigt? Sicher: Wenn Sie diese Entscheidungsmacht haben, brauchen Sie prinzipiell nicht zu verhandeln. Allein der Wettbewerbsdruck als Naturgesetz sorgt für genügend Nachlass-Druck. Wobei ich den „Nachlass" wiederum stellvertretend für alle anderen Forderungen nenne.

Ich vermute, jetzt kommt noch ein Aber?

Altmannsberger: Richtig. Aus meiner Erfahrung heraus erreichen Sie *aber* noch weitere Vorteile oder Nachlässe, wenn Sie einen weiteren Anlauf über das „gegenseitige Entgegenkommen" starten. Im schlechtesten Fall erzielen Sie keinen Fortschritt, im besten geht es noch mal deutlich voran. Und berücksichtigen Sie ebenfalls die menschliche Seite. Fühlt sich ein Verkäufer von Ihnen arrogant behandelt, blockiert er. Die Folge sind zu geringe Zugeständnisse.

7.3 So erzielen Sie Zugeständnisse mit Gegenleistung

Im vorherigen Kapitel haben Sie Formulierungen zum Thema „Verhandeln ohne Gegenleistung" kennengelernt – jetzt geht es um das „Verhandeln mit Gegenleistung".

Fragen nach Bewegungsfaktoren

Standard-Fragen für das Feld „Zuständnisse mit Gegenleistung"	Bemerkung
„Welche Faktoren würden den Preis günstig beeinflussen?"	Sachlich und schnörkelfrei auf das Ziel zu
„Was noch?"	Schlichte Verlängerung einer bereits gestellten Frage
„Darüber hinaus, was sonst?"	Alternative Verlängerung, mit der Sie nachhaken können
„Unter welchen Umständen können Sie den Angebotspreis weiter senken?"	Obwohl das Wort „Umstände" einzeln betrachtet negativ belastet ist, führt diese Formulierung zu guten Praxisergebnissen.
„Unter welchen Bedingungen sind Sie bereit, uns weiter entgegenzukommen?"	„Entgegenkommen" betont den partnerschaftlichen Ansatz dieser Methode.
„Was müssten wir unsererseits tun, um einen besseren Preis zu erhalten?"	Gibt dem Verkäufer ein Signal, dass auch wir bereit sind, uns zu bewegen. Bei dieser Formulierung müssen Sie besonders darauf achten, wie vorteilhaft für Ihre Position die Vorschläge des Verkäufers sind.
„Wie setzt sich der Preis zusammen, und wie können wir das so verändern, dass es für uns bei gleicher Leistung günstiger ist?"	Die Frage nach der Preiszusammensetzung ist an sich umständlich. Sie wollen ja eigentlich gar nicht erfahren, wie sich der Preis zusammensetzt, sondern wie er sich für Sie günstiger gestaltet. Als alternative Formulierung und damit als Sprungbrett für das eigentliche Ziel ist die Frage aber akzeptabel.

Standard-Fragen für das Feld „Zugeständnisse mit Gegenleistung"	Bemerkung
„Was machen andere Kunden, um einen besseren Preis zu erzielen?"	⇒ Damit bewegen wir den Verkäufer nochmals auf ein ganz anderes gedankliches Gebiet. Wenn die Frage funktioniert, wird er im Geiste bisherige Aufträge und dort gefundene partnerschaftliche Ansätze scannen.
„Was ist für Ihren Chef wichtig?" Oder: „Woraufhin würde Ihr Chef weitere Nachlässe freigeben?"	⇒ Noch mal eine ganz neue Denkrichtung: der Chef als Anker. Was gefällt ihm gut? Was ist für ihn ein Grund, den Preis weiter zu senken?
„Gesetzt den Fall, die bisherigen Ideen wären nicht umsetzbar, was könnte alternativ noch eine Lösung sein?"	⇒ Sie wischen gedanklich die bisher an die Tafel geschriebenen Ideen weg und schaffen damit Raum für neue Ideen. Das ist insbesondere dann sinnvoll, wenn der Verkäufer im Geiste für jedes „Geben und Nehmen" den Nachlass aufaddiert. Jetzt würde er die Summe nochmals auf null stellen und von vorne beginnen. Das kann durchaus neue Ansatzpunkte zutage fördern. :-)
„Welche Alternative bietet sich noch, um den Preis zu senken?"	⇒ Ideal geeignet, um weitere Ideen zu fördern, wenn bereits eine ganze Zahl an Ideen gefunden wurde.
„Was wären weitere Ansätze, zueinander zu finden?"	⇒ Die gleiche Idee noch mal mit partnerschaftlicher Wortwahl

Springen Sie nicht auf das erstbeste Pferd! Das ist der alte Klepper!

Starten wir gleich mit einem Versuch: Überlegen Sie sich ein beliebiges Ziel, über das Sie in Ihrem Umfeld sofort sprechen könnten. Im privaten Bereich bietet sich vielleicht ein Restaurantbesuch an. Im Business-Bereich vielleicht die Urlaubsregelung für den kommenden Sommer. Sie werden jetzt gleich an eine Person in Ihrem Umfeld eine Frage stellen. Ihre Frage könnte privat lauten: „Welches Restaurant schlägst du für heute Abend vor?" Oder im Büro: „Welche Wochen würden Sie gerne in den Urlaub gehen?"

Und? Wirklich gefragt? Was ist dabei herausgekommen? Hat Ihnen die Person eher

- den *eigenen* Wunsch genannt? „Ich würde gerne mal zu dem neuen Sushi-Restaurant!" bzw. „Ich muss die ersten drei Wochen in den Ferien nehmen, wegen des Kindergartens!"
- *Ihren* Lieblingswunsch genannt? Etwa: „Wir gehen in dein Lieblingsrestaurant!" bzw. „Ich würde gleich nach Ihnen in Urlaub gehen!"

In der überwiegenden Anzahl der Fälle wird die gefragte Person versuchen, sich ihren eigenen Wunsch zu erfüllen. Das wird das Erste sein, was sie äußern wird. Nur einige werden mehr an Sie als an sich selbst denken. Unglücklicherweise reagieren die meisten Verhandler dann falsch. Sie springen auf das erste Pferd. Sie beginnen direkt, sich mit dem ersten Vorschlag zu beschäftigen.

So würde der Ehemann vielleicht den Restaurantvorschlag seiner Frau kritisieren: „Oh nee! Nicht schon wieder asiatisch! Das ganze Fischzeugs hängt mir zum Hals heraus!" Woraufhin seine Frau kontert: „Fisch ist gut fürs Gehirn! Könntest du gut gebrauchen!" Und es entwickelt sich ein heftiges Streitgespräch, wobei das eigentliche Ziel aus dem Blickwinkel gerät.

Da verwundert es nicht, wenn auch in der Begegnung mit dem Verkäufer das Gleiche passiert. Da wir in der Regel keine enge private Beziehung zu den gegenübersitzenden Verhandlungspartnern unterhalten, wird der Prozentsatz der „Der-Verkäufer-hat-den-größeren-Nutzen"-Antworten weitaus höher sein. Und auch hier neigen wir dazu, direkt auf den ersten Vorschlag einzugehen. Hat der Lieferant beispielsweise eine deutliche Mengenerhöhung vorgeschlagen, um bessere Preise anbieten zu können, kontert der Einkäufer: „Was stellen Sie sich vor! Wir können doch hier nicht einfach die Menge verdoppeln!" Und wieder droht das eigentliche Ziel aus dem Blickwinkel zu geraten.

Packen Sie nur Themen an, die Sie anpacken wollen! Eine Mengenerhöhung kommt nicht infrage? Dann Finger weg von diesem Schattenthema!

In der praktischen Umsetzung wird es so sein: Sie fragen den Verkäufer, unter welchen Umständen er bereit ist, weitere Zugeständnisse anzubieten. Der Verkäufer wird Ihnen daraufhin als Erstes Punkte nennen, die zu seinem Vorteil sind, also jene „Der-Verkäufer-hat-den-größeren-Nutzen"-Antworten geben. Etwa, dass er bereit ist, den Preis zu senken, wenn Sie eine erheblich höhere Menge abnehmen oder Ihre Zahlung bereits weit vor der Lieferung auslösen. Über diesen egoistisch angehauchten Punkt müssen wir in der Verhandlung hinwegkommen. Sie dürfen nicht bei den „Der Verkäufer-hat-den-größeren-Nutzen"-Antworten hängen bleiben. Dabei gilt der Grundsatz:

Je mehr Bewegungsfaktoren – also Faktoren, die den Verkäufer zu weiterer Bewegung bringen und zu Zugeständnissen veranlassen – uns der Verkäufer nennen wird, umso eher werden wir beiderseitig akzeptable Ideen kreieren, die zu Zugeständnissen des Verkäufers führen. Also: Springen Sie nicht auf das erste Pferd! Dies ist zum einseitigen Nutzen für den Verkäufer. Fragen Sie stattdessen nach allen Alternativen!

In der Praxis hat es sich bewährt, die Punkte für beide Verhandlungspartner gemeinsam zu Papier zu bringen. Damit können Sie gleichzeitig verbal und nonverbal deutlich machen, dass Sie nicht auf den bereits genannten Vorschlag eingehen, sondern nach weiteren Bewegungsfaktoren suchen wollen. Die Abbildung 24 zeigt: Der Verkäufer erkennt: „Aha, meine Anregungen werden aufgenommen." Gleichzeitig zeigt der nächste Pfeil an, in welche Richtung weitergearbeitet wird.

© by Urs Altmannsberger

Unter welchen Umständen sind Sie bereit, die Preise noch weiter zu senken?

➡ 10 Jahre Vertragsbindung

➡ Abschluss noch heute

➡ ...

„Was würde noch zur Preissenkung führen?"

Abbildung 24: Bewegungsfaktoren notieren

Motivieren Sie den Verkäufer zu weiteren Vorschlägen

Notieren Sie dabei unbedingt auch die inakzeptablen Vorschläge. Nur so schaffen Sie eine Atmosphäre, die in einer Art Brainstorming-Modus weitere Vorschläge zutage fördert. Ihre Aufgabe ist es, zu verhindern, dass der Verkäufer Ihnen keine weiteren Ideen präsentiert.

Analysieren Sie dazu den folgenden Verhandlungsgespräch-Ablauf, und entscheiden Sie, ob der Verkäufer wohl weitere Vorschläge anbieten wird:

Einkäufer: *„150 Euro für dieses Bauteil sind schlichtweg zu viel. Was können wir tun, um eine weitere deutliche Preissenkung zu erreichen?"*
Verkäufer: *„Um hier preislich noch mal einen Schritt machen zu können, müssten Sie schon die doppelte Menge abnehmen."*
Einkäufer: *„Die doppelte Menge? Geht's noch? Wenn es nach Ihnen ginge, würden wir das gesamte Lager mit Ihrer Ware belegen müssen. Sicher nicht! Welchen besseren Vorschlag haben Sie noch?"*

Würden Sie an der Stelle des Verkäufers weitere gut gemeinte Vorschläge vortragen? Ich vermute: Die meisten Verhandler würden nach solch einem rüden Ablehnen des Vorschlags keine weitere Diskussion führen. Wenn es die Marktsituation erlaubt, wird der Verkäufer die Verhandlung abbrechen. Nehmen Sie also sämtliche Vorschläge des Verkäufers auf, schreiben Sie sie auf, auch die unannehmbaren.

Übrigens – für Ihre Telefonate habe ich den folgenden Praxistipp: Statt einer Visualisierung wiederholen Sie die bisher gemachten Vorschläge in Kurzform und halblaut: „Mehrabnahme, frühe Zahlung ...“, und dann in normaler Lautstärke: „Was würde den Preis noch beeinflussen?“

Zudem sollten Sie die Vorschläge des Verkäufers immer hinterfragen, bevor Sie sie ablehnen. Leider kommt es immer wieder vor, dass ausgerechnet die zukunftsträchtigen Vorschläge abgelehnt werden. Zu gerne beharrt man auf den bekannten und bewährten Vorgehensweisen und verschließt sich so für ganz andere und neue Ideen. Dabei sind die Einwände, die wir bezüglich der neuen Vorschläge haben, oft durchaus berechtigt. Nutzen Sie diese Einwände jedoch nicht als Ablehnungsalibi, sondern als Chance zur Verbesserung – wie dies in dem folgenden Beispiel geschieht.

Nutzen Sie Ihre Einwände, um die Lösung zu optimieren

Lieferant Lauth würde gerne weitere Subunternehmer qualifizieren, um damit ein günstigeres Angebot erstellen zu können. Der Einkäufer dagegen ist nicht einverstanden, weitere Subunternehmer zuzulassen, weil in einer früheren Phase dadurch Qualitätsprobleme entstanden waren. Lieferant Lauth schlägt vor: „Ich könnte Ihnen einen besseren Preis geben, wenn vier statt bisher zwei Subunternehmer zugelassen wären." Der Einkäufer lehnt aufgrund der früheren Erfahrungen ab: „Nein, weitere Subunternehmer kommen für uns nicht infrage. Das hat zu Qualitätsproblemen geführt."

Das Problem ist: Zum einen verfällt hiermit ein möglicher Lösungsweg zu besseren Preisen unangetastet. Und zum anderen bleibt der damit verbundene Preisvorteil unbekannt. Ein Lösungsvorschlag lautet: Es ist besser, alle potenziellen Chancen zu nutzen. Der Einkäufer sollte darum tatsächlich oder auch nur scheinbar auf den Vorschlag eingehen und fragen: „Welchen Effekt hätte es auf Ihr Angebot, wenn wir weitere zwei Subunternehmer zulassen?"

Jetzt gibt es zwei Möglichkeiten: Für den Einkäufer ist eine deutliche Einsparung möglich – oder nur eine unwesentliche. Beginnen wir mit der deutlichen Einsparung: Bietet Lieferant Lauth beispielsweise 30 Prozent Rabatt an, so wäre es durchaus überlegenswert für den Einkäufer, auf die Forderung nach den weiteren Subunternehmern einzugehen. Allerdings: Das befürchtete Qualitätsproblem kann nun natürlich auftauchen. Darum: Der Einkäufer thematisiert das Qualitätsproblem und lässt sich vom Verkäufer Vorschläge unterbreiten, wie seine Einwände und Befürchtungen ausgeräumt werden können.

Wenn ein lohnenswerter Preisvorteil winkt, rechtfertigt das zusätzliche Verhandlungsarbeit und sicher auch die eine oder andere Anpassung im Unternehmen. In unserem Beispiel könnte das eine zusätzliche Qualitätskontrolle sein – der Einkäufer fährt fort:

EXTRA-VORTEIL:
Für die Fragephase
steht Ihnen als Leser
eine Memo-Karte zum Download
zur Verfügung. Zurechtgeschnitten
findet sie im Portemonnaie oder
zwischen Visitenkarten Platz und
gibt Ihnen in heißen Verhandlungssituationen zusätzliche Orientierung:
www.altmannsberger-verhandlungstraining.de/
profitabler-einkauf-buch

„Wir könnten dann die Überlegung weiterer Subunternehmer fortführen, wenn Sie die Qualität sicherstellen. Durch die weiteren zwei Subunternehmer darf für uns kein Qualitätsnachteil entstehen! Wie stehen Sie dazu? Wie können Sie uns versichern, dass es zu keinen Qualitätseinbußen kommt?"

Von der Antwort des Verkäufers hängt die Reaktion des Einkäufers ab. Kann der Verkäufer eine befriedigende Absicherung anbieten? Wenn ja, hat der Einkäufer für sein Unternehmen zusätzliche Savings erzielt.

Diese Savings wären dem Unternehmen verloren gegangen, hätte der Einkäufer den Vorschlag des Verkäufers ungeprüft verworfen.

Kommen wir zu dem Fall der nur unwesentlichen Einsparung: Erfährt der Einkäufer jetzt, dass weitere Subunternehmer lediglich zu einem geringen Nachlass führen, sagen wir 0,1 Prozent, so kann er diese Diskussion immer noch ablehnen: „Das Einsparpotenzial ist zu gering. Dafür kann ich das zusätzliche Risiko nicht vertreten!" Oder noch besser: Er fragt nach dem nächsten Vorschlag: „Zwei weitere Subunternehmer würden also 0,1 Prozent Vorteil ergeben. Was wären weitere Vorschläge, die zu höheren Einsparungspotenzialen führen?"

Das Beispiel zeigt: Sie sollten die Vorschläge des Verkäufers prüfen, bevor Sie sie ablehnen, indem Sie:

1. sich die Idee / den Vorschlag genau anhören,
2. die Ideen / die Vorschläge sammeln,
3. den eigenen Widerstand erkennen und konstruktiv kommunizieren,
4. die Ideen / Vorschläge optimieren,
5. die optimierten Ideen / Vorschläge bezüglich des notwendigen Aufwands und des zu erwartenden Vorteils miteinander vergleichen und
6. sich entscheiden.

So reagieren Sie auf inakzeptable Vorschläge

Trotzdem: Sie werden immer wieder Ideen und Vorschlägen begegnen, die schlichtweg nicht annehmbar sind. Welche Formulierungen bieten sich dann an?

Vermeiden Sie Kommentare wie „Okay" oder „Sehr gut!". Zu schnell verankert sich im Kopf des Verkäufers, dass Sie eventuell doch noch seinen Vorschlag mit der doppelten Abnahmemenge in Erwägung ziehen könnten. Das würde den Verkäufer und damit auch das Gespräch auf die falsche Fährte setzen.

Inakzeptable Vorschläge des Verkäufers	Ihre Reaktion darauf	Bemerkung
„Wenn Sie einen 25-Jahresvertrag abschließen, kann ich Ihnen weiter entgegenkommen."	„Einen 25-Jahresvertrag werde ich leider nicht durchbekommen. Die Gedankenrichtung gefällt mir aber. Was wären alternative Wege, um einen besseren Preis abbilden zu können?"	25 Jahre geht nicht – das ist klar kommuniziert. Durch die wertschätzende Art wird der Verkäufer dennoch bereit sein, weiter Brainstorming mit Ihnen zu betreiben.
„Wenn Sie die doppelte Menge abnehmen, kann ich Ihnen weiter entgegenkommen."	„Mhm ..., die doppelte Abnahmemenge wäre ein Vorschlag – was noch würde ein weiteres Preiszugeständnis ermöglichen?"	Mit einem grübelnden „Mhm" signalisieren Sie eine äußerst zurückhaltende Begeisterung, die gegen null tendiert. Sie gehen aber nicht in Konfrontation zum Verkäufer, das würde auch nur Kraft verschwenden. Die direkt anschließende Frage lenkt weiter zu Ihrem Ziel, bessere Alternativen zu erhalten. Übrigens: Die Reaktion eignet sich gut für Telefonate.
„Wenn Sie die doppelte Menge abnehmen, kann ich Ihnen weiter entgegenkommen."	„Verstehe, eine deutliche Erhöhung der Abnahmemenge würde den Preis verändern. Was darüber hinaus würde uns helfen?"	Auch hier schwingt mit, dass die Abnahmemenge nicht erhöht werden kann, ohne es provokant auszusprechen. Ziehen Sie das Wort „verstehe" gedankenversunken in die Länge. Dann steuern Sie wieder auf wertvollere Themen zu.

7.4 Best Case Prices: So reagieren Sie auf Vorschläge, die überlegenswert klingen

Im Schwabenland gibt es das geflügelte Wort: „Nicht geschimpft ist genug gelobt!" Diese Maxime sollten wir uns zu Herzen nehmen, wenn wir dem Verkäufer eine Rückmeldung wegen seiner Vorschläge geben. Auf keinen Fall dürfen Sie Vorschläge direkt akzeptieren, nach dem Motto: „Umsetzung ist problemlos machbar." Denn mit jedem Wunsch, den der Verkäufer ausspricht, erhalten Sie wertvolle Informationen, die Sie verhandeln können.

Mit dem Best Case Price können Sie diese Informationen als verhandelbare Masse in möglichst große Zugeständnisse umwandeln. Mit jedem „Okay" oder „Kein Problem" hingegen verschenken Sie verhandelbare Masse. Verhindern Sie dies, indem Sie die entsprechende Formulierung aus der folgenden Übersicht auswählen und dabei auch den jeweiligen Verhandlertyp (nett bis hartnäckig) beachten, zu dem der Lieferant zählt.

Reaktionen auf akzeptable Vorschläge

Formulierungen für grundsätzliche Reaktionen auf Vorschläge	Bemerkung
„Puh, das klingt nicht einfach. Was gäbe es alternativ dazu?"	Sie sammeln verhandelbare Masse, indem Sie Vorschläge als „schwierig umsetzbar" deklarieren und später nur gegen möglichst viele Dukaten tauschen.
Seufzt: „Da müsste ich intern ziemlich boxen. Was gäbe es noch in dieser Richtung?"	Sie zeigen, dass Sie gewillt sind, sich dafür einzusetzen, und machen gleichzeitig klar, dass dies nicht ohne Gegenleistung durch den Verkäufer stehen bleiben kann.
„Darüber könnte man nachdenken, das ist sicher nicht einfach, aber ... (Satz offen stehen lassen und Frage anschließen:) Was wäre noch ein Weg, um voranzukommen?"	Von der Stimmung her eine ausgewogene Formulierung, die sowohl die Verkäufermotivation als auch die sportliche Gegenleistung zusammenbringt.
„Das ist eine gute Idee. Haben Sie noch weitere in der Art?"	Fast schon zu nett! Vorstellbar in Verhandlungen, die auf freundschaftlicher Basis mit gegenseitigem Vertrauen geführt werden.
„Klingt überlegenswert. Was könnte dazu noch ergänzend einen weiteren Schritt bedeuten?"	Setzt die Motivation ein, um bei Widerstand noch mal zu locken.

Als Grundregel halten wir fest:

. . . .

Fragen Sie den Best Case Price ab, selbst wenn die Forderungen des Verkäufers unrealistisch sind. Mit dem Best Case Price ist das bestmögliche Angebot gemeint, das sich für den Einkäufer bei optimalen Bedingungen erzielen lässt.

. . . .

Nehmen wir an, Sie haben nun alle Bewegungsfaktoren gesammelt, Sie haben alle Einflussfaktoren und Umstände auf einem Blatt notiert, die ein weiteres Entgegenkommen des Verkäufers auslösen könnten. Dann haben Sie die Grundlage geschaffen, den Best Case Price zu erfragen, und können jetzt wörtlich und schriftlich (siehe Abbildung 25) eine Klammer um alle Bewegungsfaktoren ziehen. Steigen Sie gedanklich mit dem Verkäufer in die schöne Welt des „Mal angenommen" ein.

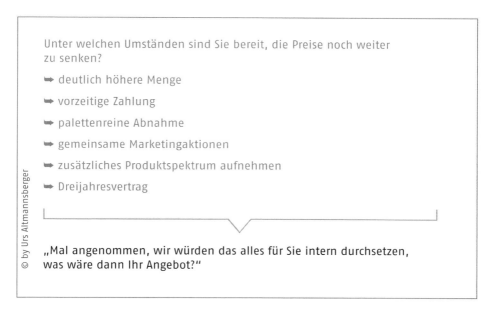

Abbildung 25: Bewegungsfaktoren notieren und „Mal angenommen"-Frage stellen

Welche konkrete Formulierung Sie dann wählen, ist auch abhängig von dem Grad der Umsetzbarkeit:

- Bei relativ umsetzungsnahen Vorschlägen: „Wenn ich mich darauf einlasse, was wäre dann Ihr Angebot/Entgegenkommen?"
- Bei mäßig tauglichen Vorschlägen: „Nur mal angenommen: Falls ich das intern tatsächlich umsetzen kann, dann muss aber schon riesig was von Ihrer Seite dagegenstehen. Was wären Sie bereit …?"
- Bei inakzeptablen Vorschlägen: „Alle Punkte, die Sie nennen, sind echte Schwergewichte. Mal den unwahrscheinlichen Fall angenommen, wir könnten uns dazu wirklich bereit erklären, muss von Ihrer Seite echt noch was geboten werden. Was wäre in diesem Fall Ihr Entgegenkommen?"

Stopp, Herr Altmannsberger! Ich hätte da mal eine Frage zu den inakzeptablen Vorschlägen!

Warum sollte ich den Best Case Price überhaupt noch abfragen, wenn die daran geknüpften Bedingungen für mich nicht infrage kommen?

Urs Altmannsberger: Es ist immer interessant, die Grenzen des Möglichen kennenzulernen. Das gibt uns die Gelegenheit, unsere Erwartungshaltung mit dem zu vergleichen, was eventuell doch möglich wäre.

Etwas deutlicher bitte!

Altmannsberger: Nehmen wir ein privates Beispiel: Es ist Winter. Sie planen, im kommenden Mai ein Fahrrad zu kaufen. Sie haben bereits jetzt damit begonnen, die umliegenden Fahrradhändler abzuklappern und sich die dort angebotenen Fahrräder näher anzuschauen. Ein Kauf kommt für Sie momentan jedoch noch nicht infrage, weil Sie noch drei Monate sparen müssen, um sich Ihr Traumbike leisten zu können. Die typischen Rabatte pendeln um 10 Prozent. Ihr Traumbike steht jetzt gerade vor Ihnen. Sie kommen mit dem Händler ins Gespräch und fragen nach dem Preis. Erwartungsgemäß ist der Preis so hoch, dass Sie sich das Rad momentan noch nicht leisten können. Trotzdem nutzen Sie die Best-Case-Price-Methode und fragen: „Unter welchen Umständen wären Sie bereit, den Preis deutlich zu senken?" Der Händler nennt Ihnen zwei Bewegungsfaktoren: „Wenn Sie das Rad sofort bezahlen, und das nicht mit Kreditkarte, sondern in bar, dann bin ich bereit, Ihnen deutlich entgegenzukommen." Statt den Vorschlag abzulehnen, fragen Sie nach dem Best Case Price: „Puh, heute noch zahlen? Das ist schwer. Gesetzt den Fall, ich lasse mich darauf ein, dann müssten Sie schon einen sehr attraktiven Preis aufrufen. Wie weit sind Sie bereit, mir entgegenzukommen?"

Ich verstehe. Der Verkäufer wird daraufhin wohl einen Nachlass ein-räumen.

Altmannsberger: Ja, er sagt: „Dann bin ich bereit, einen Winterpreis mit 50 Prozent Nachlass zu gewähren." Also: Egal, ob Sie nun zugreifen oder nicht, hat sich Ihre Marktkenntnis schlagartig ver-bessert. Sie wissen, dass der Händler grundsätzlich zu Nachlässen in der Region von 50 Prozent plus/minus bereit ist, wenn Sie anti-zyklisch kaufen.

Sie sehen: Oftmals öffnet der Best Case Price Ihnen die Augen für einen viel weiteren Horizont. Fragen Sie darum auch dann nach ihm, wenn Forderungen gestellt werden, die für Sie nicht akzeptabel sind. Ist ein besserer Preis erst einmal ausgesprochen, fällt es Ihnen leichter, die Verhandlung dorthin zu entwickeln. Denn ein bekanntes Ziel ist leich-ter zu erreichen als ein unbekanntes.

So gehen Sie mit inakzeptablen Gegenforderungen um

Viele Verkäufer koppeln an ein Zugeständnis irrwitzig hohe Gegenfor-derungen. Mit der Best-Case-Price-Methode ist es möglich, diesen Ver-käufern den Wind aus den Segeln zu nehmen – dazu ein Beispiel:

Einkäufer: *„Wenn ich Sie richtig verstehe, ist also kalkulatorisch ein Angebot in Höhe von 3.500 Euro möglich, wenn wir Ihnen in den Punkten X
und Y entgegenkommen. Richtig?"*

Verkäufer: *„Ja, genau so ist es."*

Einkäufer: *„Die Punkte X und Y intern durchzubekommen, halte ich für
unmöglich. Das wird nicht klappen. Ich sehe aber eine Chance, Ihnen
den Auftrag kurzfristig in die Hand drücken zu können, wenn wir uns
auf 3.500 Euro verständigen. Soll ich das für Sie intern mal antesten?"*

Verkäufer (zögert erst und windet sich): *„Na gut. Probieren Sie es!"*

Der Einkäufer hat sich also auf das Angebot eingelassen, konnte aber
verhindern, dem Verkäufer in den Punkten X und Y entgegenkommen
zu müssen.

Wenn der Verkäufer eine unmögliche Teil-Gegenforderung stellt, bietet sich eine Alternative an. Gehen wir davon aus, der Verkäufer stellt einige annehmbare Gegenforderungen, darüber hinaus aber einen völlig
marktfremden Anspruch: Er will einen Zehnjahresvertrag. Dann sieht
Ihre Visualisierung ungefähr so aus:

© by Urs Altmannsberger

Unter welchen Umständen sind Sie bereit, die Preise noch weiter zu senken?

➡ 10 Jahre Vertragsbindung

➡ Abschluss noch heute

➡ Forecast der Mengen (3 Monate)

➡ Anlieferung immer mittwochs

➡ ...

Abbildung 26: Vertragsbindung – Umgang mit inakzeptablen Forderungen

Da die Vorschläge zwei bis vier infrage kommen, nehmen Sie diese in
Ihre Best-Case-Price-Abfrage hinein. Der erste Punkt, die „10 Jahre Vertragsbindung", kommt für Sie überhaupt nicht infrage. Daher interessieren Sie sich auch nicht dafür, welchen Preisunterschied das ergeben
würde. In diesem Fall decken Sie schlicht den ersten Punkt ab und fra-

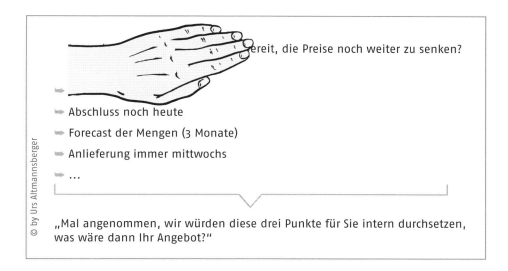

© by Urs Altmannsberger

...ereit, die Preise noch weiter zu senken?

⇒ Abschluss noch heute
⇒ Forecast der Mengen (3 Monate)
⇒ Anlieferung immer mittwochs
⇒ ...

„Mal angenommen, wir würden diese drei Punkte für Sie intern durchsetzen, was wäre dann Ihr Angebot?"

Abbildung 27: Inakzeptable Forderung verdecken

gen: „Gesetzt den Fall, wir werden uns in diesen drei Punkten handelseinig, was wäre dann Ihr Entgegenkommen?"

Der Wert des Best Case Price für Ihre Verhandlungsführung

Der Best Case Price lässt auch Rückschlüsse auf die Kalkulation zu. Der Lieferant hat Ihnen zum Beispiel gesagt, dass Sie bei einer deutlich höheren Menge einen erheblich besseren Preis erwarten können. Dieser Effekt der Fixkostendegression tritt häufig auf: Der Lieferant hat bestimmte fixe Kosten, die sich auf die Menge verteilen, die Sie abnehmen. Beispielsweise, wenn extra gefertigte Werkzeuge für die Herstellung eines Spritzgussteils benötigt werden oder eine Druckerei aufgrund von Sonderfarben erst die Maschine reinigen muss, um die neuen Farben benutzen zu können.

Wenn Sie dann wissen, welchen Preis Sie bei Menge 1 zahlen und welchen bei Menge 2, können Sie mithilfe einer Formel die Fixkosten errechnen. Haben Sie dann sogar noch Menge 3 bepreist, können Sie Wahrheit und Lüge unterscheiden. Denn wenn die Ergebnisse unterschiedlich sind, hat der Lieferant mit widersprüchlichen Fixkosten gerechnet. Das Rechenbeispiel verdeutlicht dies:

Die Formel zur Fixkostenberechnung lautet: $Kf = (M_1 \times M_2 \times D)/(M_2 - M_1)$

Es geht um die folgenden Zahlen:
- Menge: 1.000, Preis: 5,50 Euro
- Menge: 5.000, Preis: 5,10 Euro
- Variablen M_1, M_2 für die Mengen, D für den Preisvorteil P_1 zu P_2, also 0,40 Euro

Wir setzen die Zahlen in die Formel ein:
- $Kf = (1.000 \times 5.000 \times 0,40)/(5.000 - 1.000)$
- $Kf = 500$ Euro
- Die Fixkosten betragen also 500 Euro.

Wenn Sie zusätzlich noch erfahren, dass ab 10.000 Stück das Bauteil nur noch 5,05 Euro kostet, ergibt sich:
- $Kf = (5.000 \times 10.000 \times 0,05)/(10.000 - 5.000)$
- $Kf = 500$ Euro

Der Lieferant hat also eine saubere Kalkulation aufgestellt, die sich linear aus 500 Euro Fixkosten plus 5 Euro variable Kosten zusammensetzt. Optimierungen sollten vor allem auf die variablen Kosten zielen, da der Fixkostenanteil bei diesen Mengen recht gering ist.

Der Best Case Price ist genauso wie andere Preisnennungen verhandelbar

Gehen wir davon aus, Sie haben den Verkäufer nach den Bewegungsfaktoren gefragt, die Klammer gezogen und von ihm den Best Case Price genannt bekommen:

Einkäufer: *„Gesetzt den Fall, wir werden uns in all diesen Punkten handelseinig, was wäre dann Ihr Angebot?"*
Verkäufer: *„Dann kann ich Ihnen 2 Prozent Nachlass anbieten!"*

Die im Beispiel genannten 2 Prozent sind genauso verhandelbar wie jeder andere Preisnennung eines Verkäufers.

Nehmen wir weiter an, alle genannten Gegenleistungen kommen für Sie infrage, könnte das Gespräch folgenden Verlauf nehmen:

Einkäufer (erregt, zählt noch mal alle Vorteile für den Verkäufer auf): *„2 Prozent?! Wir geben Ihnen zukünftig einen Forecast, lassen uns auf nur eine Anlieferung am Mittwoch ein und bieten Ihnen noch heute den Abschluss an – und Sie honorieren das mit nur 2 Prozent? Das ist zu wenig! Was wäre wirklich ein annehmbares Angebot?"*
Verkäufer (windet sich): *„Na ja, auf 3 Prozent kann ich es sicher noch erhöhen."*

Also, es geht doch! Auch auf diesem Weg können Sie bisher erhaltene Zugeständnisse weiter aufbohren.

Stopp, lieber Leser! Jetzt habe ich mal eine Frage!

Urs Altmannsberger: Haben Sie das besondere Signal in der Antwort des Verkäufers erkannt, lieber Leser?

Was meinen Sie?

Altmannsberger: Lesen Sie sich die Antwort nochmals durch: „... auf 3 Prozent kann ich sicher noch ...". Der Verkäufer hat gesagt, dass 3 Prozent sicher noch möglich sind.

Ja, wir können davon ausgehen, dass also auch oberhalb der 3 Prozent noch Chancen auf Einigung bestehen.

Altmannsberger: Richtig, offensichtlich ist das Verkäufer-SAMA, also Sein Areal Möglicher Abschlüsse, noch nicht ausgereizt. Bleiben Sie weiter am Ball!

7.5 Nutzen Sie die verhandelbaren Elemente, um Einsparpotenziale zu generieren

Sie sind jetzt schon sehr gut vorangekommen. Wenn Sie nach unserem Ablaufplan vorgegangen sind, sind Sie mit einer Startrampe schwungvoll in das Gespräch eingestiegen und haben dabei den Verkäufer zu weitreichenden Zugeständnissen bewegt. Danach haben Sie die Sahne abgeschöpft, indem Sie Preiszugeständnisse ohne eine Gegenleistung von Ihrer Seite erreicht haben. Und zu guter Letzt haben auch Sie Entgegenkommen gezeigt und gemeinsam mit dem Verkäufer Einsparpotenziale beleuchtet, die von Ihren Gegenleistungen abhängen. Mit dem Best Case Price haben Sie ausgelotet, wie weit der Entscheidungshorizont des Verkäufers reicht.

Jetzt jedoch stehen Sie vor einer neuen Herausforderung. Von dem Verkäufer hören Sie Aussagen wie: „Weiter kann ich jetzt nicht mehr gehen! Unter keinen Bedingungen!"

Die Übersetzung in unser Einkäufer-Deutsch heißt: Es gibt jetzt keine Umstände mehr, die Sie nutzen können, um Zugeständnisse zu erreichen. Die überwiegende Zahl der Verhandlungen würde an dieser Stelle zum Erliegen kommen. In der Praxis steht dann lediglich die Entscheidung an, ob der Auftrag auf dieser Basis durchgeführt wird oder nicht.

Steuern Sie Zugeständnisse außerhalb des Preises an

Natürlich gehören Ihre Verhandlungen nicht zu denjenigen, die jetzt beendet sind. Sie kämpfen und verhandeln weiter. Ihr Ansatzpunkt sind Zugeständnisse, die außerhalb des Preises möglich sind. Private Autokäufer würden jetzt über Fußmatten sprechen. Business-Einkäufer sprechen über die frachtfreie Lieferung. Und worüber sprechen Sie?

Wie viele verhandelbare Elemente gibt es Ihrer Einschätzung nach? Setzen Sie die Liste fort, notieren Sie weitere Elemente in Ihrem Notizheft:

1. Zahlung mit Abzug von Skonto
2. Lieferung frachtfrei
3. Rücknahme zu viel bestellter Ware bis … Prozent des Bestellvolumens zum Buchwert/Einkaufspreis
4. Garantieverlängerung um … Monate
5. Sicherheitsbestände als Puffer beim Lieferanten
6. …

Es gilt, diese verhandelbaren Elemente zu nutzen.

Stellen Sie einen Katalog mit Ihren firmentypischen verhandelbaren Elementen zusammen und aktualisieren Sie diesen Katalog regelmäßig.

So können Sie in allen Situationen die Möglichkeiten voll ausschöpfen, indem Sie stets auf einen innovativen Pool an Ideen zurückgreifen. Künftig gehören Erleuchtungen *nach* der Verhandlung wie „Verdammt, jetzt habe ich ganz vergessen, nach dem Rückgaberecht zu fragen!" der Vergangenheit an.

Am besten, Sie gehen dabei wie folgt vor:

1. Bitten Sie alle Mitarbeiter im Einkauf, eine Woche lang aufzuschreiben, welche verhandelbaren Elemente im Tagesgeschäft auftauchen.
2. Am Ende der Woche treffen Sie sich mit allen Kolleginnen und Kollegen und notieren die verhandelbaren Elemente auf Moderationskarten, die Sie an einer Pinnwand befestigen.
3. Ziehen Sie sich in kleinen Gruppen zurück und führen Sie ein 30-Minuten-Brainstorming durch, um auf Basis der bisherigen Ideen die Sammlung zu vervollständigen.

Dabei gelten die folgenden Regeln:

- Ideen sammeln, sammeln, sammeln
- Zurückhaltung jeglicher Kritik, auch keine nonverbale Kritik wie Naserümpfen oder Kopfschütteln

- Jede Idee schriftlich festhalten
- Auch halb fertige und ungeprüfte Ideen direkt aufnehmen
- Möglichst vielfältige Gedankenwelten ansprechen
- Bewegung schaffen, Ideenspaziergänge ermöglichen, etwa: rausgehen, eine Runde um das Gebäude drehen

EXTRA-VORTEIL:
Als registrierter Käufer können Sie Ihre 20-minütige kostenlose Coachingzeit mit mir auch nutzen, um Ihre Sammlung der verhandelbaren Elemente weiter zu besprechen und zu ergänzen. Alle Formulare zur Vorbereitung des Coachings erhalten Sie bei der Registrierung (siehe letzte Seite) via E-Mail.

Sammeln Sie dann wieder alle Ideen an der Pinnwand im Plenum. Achten Sie darauf, dass die Ideen verständlich formuliert sind. Verdichten Sie die Ideen in einem Kernsatz, statt nur ein Schlagwort zu notieren. Ein Kernsatz wie „Rücknahme zu viel bestellter Ware bis … Prozent des Bestellvolumens zum Buchwert/Einkaufspreis" ist besser als „Rücknahme" – das könnte zu Missverständnissen führen.

Im Trainings und Coachings sammeln wir mit dieser Methode regelmäßig mehr als 100 verhandelbare Elemente, die in der Praxis der Einkaufsabteilung gewinnbringend genutzt werden. Es reicht dann, vor oder in der Verhandlung einen Blick auf die Liste zu werfen.

So verarbeiten Sie die verhandelbaren Elemente optimal

Zur Erinnerung: Noch befinden wir uns in der Fragephase! Wir senden keine Informationen aus, wie das in der Sagephase üblich ist. Das bedeutet: Auch bei der Bearbeitung der verhandelbaren Elemente lenken wir das Gespräch vor allem mit Fragen.

Einkäufer: *„Was ist jetzt tatsächlich das Äußerste, das Sie unter den zusätzlichen Bedingungen a, b und c bieten können?"*
Verkäufer: *„7,25 Prozent sind tatsächlich jetzt das Äußerste der Gefühle. Aufgrund der zusätzlichen Bedingungen konnte ich bis dahin gehen, weiter ist aber nichts mehr möglich. Ansonsten müsste ich tatsächlich den Auftrag sausen lassen."*

Einkäufer (grübelt): *„Ich erkenne Ihre Bereitschaft, uns entgegenzukommen, wirklich an. 7,25 Prozent sind ja auch tatsächlich schon ein Schritt nach vorn. Allerdings reicht es so noch nicht für die Auftragsvergabe an Sie."*

Einkäufer (fährt fort und geht zu den verhandelbaren Elementen über): *„Was können Sie mir neben dem Preis anbieten, was das Angebot noch mal attraktiver machen würde?"*

Verkäufer: *„Ich wäre bereit, Ihnen einen Musterkoffer für Ihren Fachbereich ‚Entwicklung' bereitzustellen. Dann hätten die Ingenieure jederzeit Zugriff auf die verschiedenen Bauteile. Ihnen würde das die vielen Einzelbestellungen aus diesem Bereich ersparen."*
Einkäufer: *„Aha, ein Musterkoffer könnte es sein. Was noch?"*

Stellen Sie jetzt immer wieder die gleiche Frage „Was noch?" in verschiedenen Formulierungen, um herauszufinden, was der Verkäufer zusätzlich zu bieten hat.

Kommt der Verkäufer nicht so recht in Schwung und zeigt an dieser Stelle kein Entgegenkommen, bietet es sich an, einmalig nach einem verhandelbaren Element zu stochern. Danach verlegen Sie sich wieder aufs Fragen:

Einkäufer: *„Was können Sie mir neben dem Preis anbieten, was das Angebot noch mal attraktiver machen würde?"*
Verkäufer: *„Keine Ahnung. Was meinen Sie denn?"*
Einkäufer: *„Beispielsweise eine Garantieverlängerung um mehrere Monate."*
Verkäufer (etwas skeptisch): *„Jaaaa, das könnte man zur Not machen."*
Einkäufer (wendet wieder Fragetechnik an): *„Was gäbe es sonst, was Ihnen leichter fällt?"*

Indem Sie die Vorschläge des Verkäufers abfragen, erhalten Sie Antworten, die für Sie wiederum zu neuen verhandelbaren Elementen führen.

Das heißt: Jede Verkäuferantwort stellt für Sie ein mögliches, vom Verkäufer akzeptiertes verhandelbares Element dar.

Bedenken Sie dabei: Würden Sie stattdessen Vorschläge unterbreiten, würde sich erst durch die Antwort des Verkäufers zeigen, ob Sie einen Treffer gelandet oder eine Niete gezogen haben. Besser ist es, mit Fragetechnik den Verkäufer zu motivieren, seinerseits Vorschläge zu formulieren, die Sie dann als verhandelbare Elemente nutzen.

Die Mauer: unüberwindbar oder nicht?

Es ist so weit: Sie erreichen nun eine Mauer. Diese Mauer stellt im übertragenen Sinne „*die* Wahrheit" dar. Sie haben – wenn bisher alles nach Plan gelaufen ist – den wahren Verkaufspreis erreicht. Sie sind am Rand des AMA auf dem für Sie günstigsten Punkt „AMA optimal" gelandet, also am untersten Rand der gemeinsamen Übereinstimmung des Areals Möglicher Abschlüsse. Das Messkriterium dafür ist „Job erledigt!" und bedeutet:

- Es geht nichts mehr bei der puren Betrachtung des Preises.
- Es geht auch nichts mehr, wenn wir Bewegungsfaktoren verändern.
- Es geht nichts mehr außerhalb des Preises.

Aber stimmt das wirklich? Klare Antwort: Nein! Im folgenden Kapitel beschäftigen wir uns mit der Mauer. Ist die Mauer wirklich echt? Oder ist die Mauer nur ein Mäuerchen? Vielleicht sogar nur eine Gummimauer? Doch jetzt folgt erst einmal das Fazit zum siebten Kapitel.

Fazit:

→ Es ist möglich, weitere Einsparpotenziale zu nutzen, indem Sie Zugeständnisse mit Gegenleistungen verknüpfen.

→ Berücksichtigen Sie dabei die Motivation des Verhandlungspartners, also die Ziele, die er verfolgt.

→ Erfragen und nutzen Sie alle Bewegungsfaktoren – die Faktoren, die den Verkäufer zu weiteren Zugeständnissen bewegen –, um Ihr Verhandlungsergebnis zu optimieren.

→ Fragen Sie den Verkäufer, welcher Preis machbar wäre, wenn alle Faktoren optimal eingestellt sind. Kommen Sie so dem „Preis im besten Falle", dem Best Case Price, auf die Spur.

→ Stellen Sie fest, welche verhandelbaren Elemente außerhalb des Preises es gibt, um zu weiteren Zugeständnissen zu gelangen.

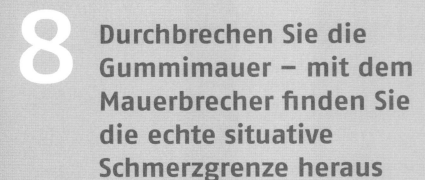

8 Durchbrechen Sie die Gummimauer – mit dem Mauerbrecher finden Sie die echte situative Schmerzgrenze heraus

Was Sie in diesem Kapitel erfahren

→ Sie erhalten Hinweise, wie Sie mit dem Verkäuferstatement „Da geht nichts mehr!" konstruktiv umgehen.

→ Sie lernen verschiedene Methoden kennen, wie Sie Gummimauern durchbrechen.

→ Sie erlernen Methoden, Bluff von Wahrheit und echte Mauern von Gummimauern zu unterscheiden.

→ Sie erhalten Anregungen, wie Sie Ihre Verhandlungen professionell abschließen.

8.1 Gummimauer: Gibt es die EINE, WAHRE, ECHTE Mauer?

Eines vorweg: Optimaler Preis, Schmerzgrenze, Preisuntergrenze, Mauer, letztes Angebot – vergessen Sie die Diskussion um den korrekten Namen. Konzentrieren wir uns darauf, diese Grenze zu erreichen.

Der Verkäufer wird diese Grenze aus Eigennutz verstecken, um möglichst viel Gewinn zu erzielen. Das bedeutet: Er wird seinerseits versuchen, Ihre Schmerzgrenze als Kunde auszuloten. Fragen wie „Welchen Preis haben Sie sich vorgestellt? Wie hoch ist das Budget? Wie weit dürfen wir das Budget maximal überschreiten?" zielen genau darauf ab. Übrigens: Der Verkäufer wird mit Provision dafür belohnt, wenn er besonders hochpreisig, mit geringem oder gar ohne Nachlass verkauft. That's the game!

Mit den Methoden, die Sie bisher kennengelernt haben, konnten Sie sich Zug um Zug an die Wahrheit heranpirschen. Nach dem ursprünglichen Erstangebot haben Sie sich wie ein fleißiger Steinmetz an den wahren, harten Kern herangemeißelt. Früher oder später jedoch wird Sie der Verkäufer mit der Killerphrase „Da geht nichts mehr!" konfrontieren. Ist diese Mauer unüberwindlich? Oder trügt der Schein? Sie wissen ja nicht genau: Ist dies das wirklich letzte Wort Ihres Verhandlungspartners? Was Sie aber genau wissen: Es ist die Definition Ihres Einkäuferjobs, das (Best-)Mögliche herauszuholen.

Fragen Sie sich darum: Haben Sie Ihr persönliches Ziel tatsächlich mit dem Erreichen der Killerphrase des Verkäufers verwirklicht? In Kapitel 4 zum „relativen Ausloten" haben wir gemeinsam erarbeitet: Es gibt keine wahre, echte Schmerzgrenze. Wir können aufgrund der unzähligen Einflussfaktoren nicht genau vorhersagen, wo heute und unter den im Augenblick geltenden Umständen die situative Schmerzgrenze liegt. Mit anderen Worten: Wir haben uns zwar dem wahren situativen Kern schon deutlich genähert, können aber noch nicht zweifelsfrei beantworten, ob wir das Optimum tatsächlich erreicht haben. Darum kümmern wir uns jetzt!

Wir fassen die Situation zusammen:

- Ihr Lieferant kennt die situativ gültige Grenze.
- Er hält mit der wahren Grenze hinter dem Berg.
- Daher müssen wir ihm diese Wahrheit oder Grenze trickreich entlocken.

Mit der im nächsten Absatz folgenden Mauerbrecher-Frage blicken Sie hinter die Theaterkulissen des Lieferanten. Sie rufen aktiv, also durch Ihr bewusstes Zutun, klarere Signale ab. So entscheiden Sie, was an der Mauer passiert! Das ist allemal besser, als sich reaktiv mit Killerphrasen des Verkäufers herumzuschlagen.

Sie können die Entscheidung, ob Sie in Ihrer Verhandlung das Optimum erreicht haben, erst fällen, wenn Sie wissen, ob es sich bei der Killer-phrase des Verkäufers um einen Bluff handelt oder nicht. Sie müssen aktiv herausfinden, ob Sie nicht Gefahr laufen, doch noch zu früh abzuschließen, und ob weitere Zugeständnisse möglich sind.

Mauerbrecher: So überwinden Sie künftig das „Da geht nichts mehr!"

Mit der Mauerbrecher-Frage gelingt es Ihnen rasch, sich Klarheit zu verschaffen und Bluff von Wahrheit zu unterscheiden. Um die Mauerbre-cher-Frage passgenau einzusetzen, sollten Sie die Mechanik kennen und erkennen, die sich im Hintergrund bewegt.

Lassen Sie uns im Folgenden von der „Gummimauer" sprechen, wenn der Lieferant blufft und noch Luft in den Konditionen hat. Dagegen soll von der „echten Mauer" die Rede sein, wenn diese hart und unumstöß-lich das bestmögliche Angebot begrenzt.

Schauen Sie mit der Mauerbrecher-Frage hinter die Stirn des Gegenübers. Um die Wirkungsweise der Mauerbrecher-Frage zu verdeutlichen, nutzen wir ein einfaches Beispiel:

- Nehmen wir an, in dem Gespräch zwischen dem Verkäufer und Ihnen beläuft sich der ursprüngliche Angebotspreis auf 100 Euro.
- Mithilfe unserer Methoden haben Sie den Angebotspreis auf 80 Euro gesenkt.
- Der Verkäufer hat die Freigabe von oben, von seinem Chef, auf minimal 60 Euro herunterzugehen.
- Sie haben ein Budget von 75 Euro.
- Die letzten beiden Werte sind beiden Gesprächspartnern jeweils unbekannt.

Bisher haben wir den Verkäufer immer näher an unser Budget herangeführt (also jene 75 Euro). Bei jedem weiteren Zugeständnis hat er sich mehr geziert. Jetzt spiegelt uns der Verkäufer eine Mauer vor. Er glaubt, mit dem jetzt angebotenen Preis von 80 Euro sein Ziel erreichen zu können, also den Auftrag zu erhalten. Wobei der Preis natürlich wieder stellvertretend für alle anderen verhandelbaren Kriterien steht. Unsere Aufgabe besteht nun darin, herauszufinden, ob die sprachliche Mauer, die sich in der Äußerung „Da geht nichts mehr" niederschlägt, tatsächlich unüberwindbar ist.

Wir steigen also in die Verhandlung an der Stelle ein, an der der Verkäufer sagt: „80 Euro sind das Beste, was ich machen kann. Weiter runter geht es nicht! Sonst legen wir mit jedem Bauteil Geld drauf!"

Und jetzt stellen Sie die Mauerbrecher-Frage. Die Formulierung wurde auf Basis meiner langjährig eingesetzten Methode „1-Euro-Frage" entwickelt, die ich heute noch gerne als Alternative zur Mauerbrecher-Frage einsetze und die von meinem sehr geschätzten Kollegen Tim Taxis in der Formulierung nochmals verfeinert wurde:

„80 Euro sind nicht akzeptabel!
Lassen SIE es jetzt daran scheitern?"

EXTRA-VORTEIL:
Sie finden Videobeispiele
zur richtigen Betonung
des Mauerbrechers
wieder unter:

www.altmanns-
berger-verhand-
lungstraining.de/
profitabler-
einkauf-buch

Mein Tipp: Betonen Sie dabei besonders das SIE!

Eine Mauerbrecher-Frage umfasst immer vier Bausteine, die wir uns jetzt im Einzelnen anschauen.

Baustein 1: Was geht vor im Kopf des Verkäufers?

Baustein 1 der Mauerbrecher-Frage besagt, dass Sie die folgende Frage beantworten müssen: „Befinden sich Hirn und Mund des Verkäufers miteinander im Einklang?" Vergleichen wir dazu idealtypisch die Vorgänge im Verkäufer-Hirn. Einmal ist erst bei 60 Euro Schluss (es handelt sich dabei um den Verkäufer-Bluff, die Gummimauer), das andere Mal wäre bei 80 Euro tatsächlich die Grenze erreicht (der Verkäufer sagt also Wahrheit):

Das geht im Verkäuferkopf vor:

Gummimauer	Echte Mauer
Hirn: „80 Euro geht locker. Ich kann auf 60 Euro runter. Ich habe noch 20 Euro Luft. Meine Geschäftsführung erwartet den Auftrag auch, wenn der Einkäufer 60 Euro fordert."	Hirn: „80 Euro sind die Grenze!"
Mund: „80 Euro sind die Grenze."	Mund: „80 Euro sind die Grenze!"

Im Wahrheitsfall besteht im Kopf des Verkäufers eine Übereinstimmung zwischen Denken und Sagen, zwischen tatsächlicher und ausgesprochener Wahrheit. Bei der Gummimauer dagegen nicht.

Baustein 2: Den Verkäufer unter Stress setzen

Kommen wir zu Baustein 2 der Mauerbrecher-Frage, mit dem wir den Verkäufer unter Stress setzen, um die Wahrheit zu erfahren. Wenn Sie nun fragen, warum es notwendig ist, den Verkäufer unter Stress zu setzen, lautet meine klare Antwort: Stress ist ein Wahrheitsserum. Unter Stress reagieren wir Menschen schneller, fast schon im Affekt. In entspannten Phasen der Verhandlung reagieren wir dagegen bedacht. Das Hirn arbeitet und mischt sich ein, wir lassen uns mehr Zeit. Denken, reden, hören ... – für all das gibt es im entspannten Zustand viel mehr Raum. Diesen Raum benötigt der Verkäufer, um im Falle der Gummimauer die Wahrheit und seine ungefilterte Reaktion, nämlich „Es geht noch 20 Euro günstiger, meine Geschäftsführung hat mir bis 60 Euro die Freigabe erteilt" in die Fiktion „Da geht nichts mehr! Bei 80 Euro ist Schluss!" zu übersetzen.

Eine Frage dazu, Herr Altmannsberger!

Das kann doch nicht so schwer sein für den Verkäufer. Er behauptet einfach, dass nichts geht, und Punkt!

Urs Altmannsberger: Können Sie sich bei einem Horrorfilm so richtig entspannen? Oder geht es Ihnen nicht vielmehr so wie den meisten, dass Sie angespannt sind, was gleich passieren wird? Ich erinnere mich gut an den Spannungsaufbau bei dem Film „Der weiße Hai". Klar, uns als Zuschauer war bewusst: Das ist nur ein Film! Gleichzeitig jedoch knabberten wir nervös an den Salzstangen und ließen im spannendsten Moment den Mund offen stehen.

Und so geht es auch den Verkäufern?

Altmannsberger: Auch die schauen im übertragenen Sinne einen Horrorfilm. Bei Wikipedia heißt es unter dem Stichwort „Vertriebssystematik": „Oft folgt dieser Prozess dem bekannten Trichtermodell, wobei aus 1000 Adressen 100 Kontakte mit 10 Kunden werden." Demnach benötigt der Verkäufer 100 potenzielle Aufträge, um zehn wahre Aufträge zu erreichen. Der Horror für den Verkäufer: Von 100 Verhandlungen enden 90 im übertragenen Sinne im Magen des weißen Hais. Man spricht dann von einer negativen Vorkonditionierung. Der Verhandler geht innerlich bereits von einem Scheitern aus, bevor es tatsächlich passiert. Dadurch gerät er zusätzlich unter Stress.

Baustein 3: Den Preis und Wert des Verkäufers testen

Wenn Sie den Verkäufer unter Stress gesetzt haben, sind wir immer noch nicht am Ende angelangt. Denn bei Baustein 3 der Mauerbrecher-Frage wird der Wert – also der Preis von 80 Euro – des Verkäufers getestet. Wichtig ist: Greifen Sie den Wert des Verkäufers an. Also nicht den eigenen! Bedenken Sie: Da es keine fixe Schmerzgrenze gibt, sagt der Verkäufer folglich stets die Unwahrheit, wenn er äußert: „Da geht nichts mehr!" Es geht ja eben doch immer noch etwas, selbst wenn dieses Etwas nur ein Cent wäre.

Damit treffen wir den Verkäufer an einer besonders empfindlichen Stelle. Mit der Frage „80 Euro sind nicht akzeptabel, lassen Sie die Verhandlung daran scheitern?" steht im Raum, dass 79,99 Euro vielleicht schon ein akzeptabler Wert sein *könnte*. Damit führen wir den Verkäufer in ein Dilemma und setzen ihn gewaltig unter Stress. Wegen eines Cents oder auch eines Euros würde er die Verhandlung doch sicher nicht scheitern lassen. Er hat ja noch Luft. Dennoch muss er jetzt Farbe bekennen. Elektrisiert von dem Schock „Lassen SIE es daran scheitern?" wird er sich jetzt zur Wahrheit bekennen.

Andererseits gilt: Wenn wir tatsächlich die situative Schmerzgrenze erreicht haben, der Verkäufer folglich die Wahrheit sagt, dann haben wir unser Ziel ebenfalls erreicht. Der Verkäufer wird mit einem „Ja, dann scheitert es!" reagieren. Wir wollten herausfinden, ob die Mauer echt ist. Das wissen wir jetzt. Auch ein „Ja" ist dann ein qualifiziertes Ergebnis, mit dem Sie weiterarbeiten können. In der Tabelle „Fortsetzung der Verhandlung durch Sie" finden Sie die richtige Reaktion darauf.

Betrachten wir noch die andere Seite der Medaille: Hätten wir *unser* Budget getestet – „Wir verlangen 75 Euro!", wäre das nahezu stressfrei für den Verkäufer. Wir sagen: „Wir sind bereit, für 75 Euro abzuschließen", und bekunden damit nochmals unseren Willen, mit dem Lieferanten zusammenzuarbeiten, und werden gleichzeitig angreifbar. Stellen Sie sich vor, der Verkäufer fragt Sie dann: „Zu 75 Euro können wir nicht anbieten! Lassen Sie es jetzt daran scheitern?" Dann hat der Verkäufer die Verhältnisse umgedreht – jetzt läuft Ihr Horrorfilm ab: „Wenn ich es jetzt scheitern lasse, werden mich alle als Schuldigen bezeichnen, falls die Ware eines Ersatzlieferanten zu spät kommt, falls ich überhaupt einen Ersatzlieferanten habe. Und was habe ich davon, wenn ich mich jetzt in dieses Spannungsfeld begebe? Ich bekomme ja nicht einmal Provision für die Einsparungen." Das heißt: Jetzt stehen Sie gewaltig unter Stress!

Wir testen also nicht unseren Preis, sondern den des Gegenübers – das zeigt die nächste Tabelle:

Die richtige Wahl: Angebot des Verkäufers testen!

Angebot des Verkäufers	Unser Budget
Soll getestet werden, hierüber wollen wir mehr erfahren.	Kennen wir. Ein Test ist nicht nötig.
Wollen wir weiter reduzieren oder als wahre Schmerzgrenze untermauern.	Hat mit der Schmerzgrenze des Verkäufers wenig zu tun. Weder mit der situativen noch mit der behaupteten Schmerzgrenze.
Wenn sein Wert gelogen ist, ist der Verkäufer an den Folgen schuld.	Wenn unser Wert zu niedrig ist, sind wir an den Folgen schuld.
79,99 Euro liegen mit einem Cent knapp neben 80 Euro. Ist aber von uns noch nicht als möglicher Wert einer Einigung ausgeschlossen.	75 Euro sind dagegen schon erhebliche 5 Euro vom bisherigen Zugeständnis entfernt – der Preis kann vom Verkäufer als Alibi genutzt werden, nicht am Scheitern schuld zu sein.

Baustein 4: Der Verkäufer soll schuld sein

Wenn eine Verhandlung scheitert, stellt sich die Frage: „Wer ist daran schuld?" Das Schuldfragen-Szenario hat jeder schon durchlebt oder bei anderen miterlebt, sei es nun als Einkäufer oder als Verkäufer. Niemand möchte diese Erfahrung des Öfteren machen. Wir setzen diesen Baustein bewusst ein, indem wir sinngemäß fragen: „Wollen Sie daran schuld sein, dass diese Verhandlung scheitert?"

Dieses Mal läuft im Kopf des Verkäufers das Folgende ab:

Hirn- und Körperreaktion nach der Mauerbrecher-Frage

Gummimauer	Echte Mauer
Hirn: „Ich kann auf 60 Euro runter, aber mein Mund behauptet 80 Euro. Wenn ich den Auftrag bei 80 Euro verliere, obwohl ich die Freigabe für 60 Euro habe, bekomme ich Ärger mit der Geschäftsführung. Mir wurde klar gesagt, dass wir den Auftrag dringend benötigen, und ich pokere hier leichtsinnig, um eine höhere Provision zu erhalten. Wenn das ins Auge geht! Oje!"	Hirn: „80 Euro sind die Grenze! Und mehr kann und darf ich nicht! Wenn ich den Auftrag jetzt verliere, ist die Entscheidung der Geschäftsführung daran schuld – nicht ich. Eher werde ich mich intern beschweren, dass unsere Preise nicht marktgerecht sind."
Körperreaktion: Stress.	Körperreaktion: Neutral.

Wir ziehen ein Zwischenfazit:

■ Pokert der Verkäufer, steht er verstärkt unter Stress.
■ Für Pokern fehlt ihm die Rückendeckung der Geschäftsführung.
■ Der Verkäufer ist auf das Scheitern vorkonditioniert, er weiß: In neun von zehn Fällen scheitert er.
■ Wenn er zu hoch pokert und dadurch verliert, wird er beschuldigt, Aufträge leichtfertig aufs Spiel zu setzen und damit das Unternehmen zu gefährden.

So setzen Sie die Methode ein

Die Bausteine werden zu einer Abfrage kombiniert, mit der Sie selbst gestandenen Verkäufern die Wahrheit abringen:

1. Wir schalten den Horrorfilm plötzlich und für den Verkäufer nicht vorhersehbar ein – die Botschaft: „Der Auftrag scheitert!"
2. Unsere Begründung greift den Preis des Verkäufers auf (nicht unseren).
3. Damit erzeugen wir Stress, wodurch das Hirn des Verkäufers in höchste Alarmbereitschaft versetzt wird.

4. Die Konsequenz: Es erfolgt eine natürliche, unverstellte und wahrheitsgemäße Reaktion des Verkäufers.
5. Wir prüfen den Wahrheitsgehalt dieser Verkäufer-Äußerung.
6. Jetzt verstehen Sie bestimmt, warum die Mauerbrecher-Frage so erfolgreich ist:

„80 Euro sind nicht akzeptabel!
Lassen SIE es jetzt daran scheitern?"

Verstärken Sie die Wirkung der Mauerbrecher-Frage durch eine schuldzuweisende Handbewegung in Richtung des Verkäufers. Richtig formuliert, knallig betont und durch entsprechende Mimik und Gestik unterstützt, entfaltet die Mauerbrecher-Frage eine tolle Wirkung.

Die nächste Tabelle zeigt Ihnen die verschiedenen möglichen Reaktionen des Verkäufers, die sich daraus ergebende Interpretation und die dann empfohlene Handlungsweise.

Allgemein gesprochen sind drei hauptsächliche Reaktionen möglich:

1. **Keine Mauer:** Der Verkäufer gibt offen zu, dass noch weitere Zugeständnisse möglich sind.
2. **Gummimauer:** Der Verkäufer sagt zwar, es sei nichts möglich, die Reaktion belegt jedoch das Gegenteil.
3. **Echte Mauer:** Der Verkäufer reagiert völlig gelassen und bestätigt, dass ein Scheitern durchaus im Rahmen des Möglichen liegt.

Die Tabelle beginnt bei „keine Mauer", zeigt dann die Gummimauer (der Verkäufer sagt „Es geht nichts", reagiert aber wie „Es geht doch noch etwas") und endet mit der festen Mauer (Es geht tatsächlich nichts).

Analyse und Auflösung des Mauerbrecher-Tests

Reaktion des Verkäufers	Analyse
„Na ja, nein (stottert), scheitern lasse ich es daran jetzt nicht."	Keine Mauer. Der Verkäufer dreht seine Aussage „Da geht nichts mehr" komplett um.
„Also, äh, wir scheitern zwar nicht, aber da geht nur noch was im kosmetischen Bereich."	Mauer ist nicht hart! Es geht was! Sie haben gute Chancen, weitere Savings zu sichern! Bohren Sie weiter auf, damit aus der Kosmetik mehr wird.
„… so hart will ich das nicht ausdrücken."	Die Mauer ist weich!
„Dann müssen wir aber noch mal über … reden."	Der Verkäufer springt von selbst in die geplante Schleife „Zugeständnisse MIT Gegenleistungen".
„Äh, ja."	Das erste JA zur Mauer. Das Zögern (auch am Telefon wahrnehmbar) zeigt: Der Verkäufer musste denken. Er musste sich erst ausDENKEN, ob die Mauer hart ist. Folglich ist die Mauer weich!
Die Augen wandern kurz aus dem Blickfeld, schauen zum Beispiel kurz nach oben rechts.	Das ist ein Signal fürs DENKEN! Ist die Mauer hart und vorher festgelegt, braucht der Verkäufer nicht nachzudenken! Also: Gummimauer!
Hilfesuchender Blick zum Kollegen.	Es besteht Abstimmungsbedarf auf der Gegenseite. Der wäre nicht nötig, wenn beide wissen, dass die Mauer erreicht ist. Ergo: Der letzte Preis ist noch veränderbar.
„Wie viel müssten wir denn noch runter, damit es klappt?"	Eine Gegenfrage, die schon signalisiert: „Lass uns weiter über den Preis reden!"
Ohne Umschweife direkt und klar: „Ja, daran würde es scheitern!"	Die MAUER ist HART!
„Ich? SIE wollen doch den Preis nicht akzeptieren!"	
„Haha, das haben Sie wohl bei Tim und Urs gelernt!"	Keine Aussage zur Mauer. Offensichtlich haben Sie einen klugen Verhandler vor sich, denn er hat das Training bei den besten Trainern gebucht. Jetzt gilt es top zu reagieren.
„Wollen Sie es denn scheitern lassen?"	Gegenfragen-Alarm – das ist eine wirklich gute Reaktion des Verkäufers. Antworten Sie nicht! Sie sind in einem hochklassigen Tennisspiel gelandet! Schlagen Sie den Filzball zurück.

Fortsetzung der Verhandlung durch Sie

➡️ „Wie weit wären Sie im Zweifel denn bereit, noch runterzugehen?"

➡️ „Wie hoch ist dieser kosmetische Bereich?" Die dann folgende Antwort aufbohren: „Wie weit können Sie uns noch entgegenkommen?"

➡️ „Dann sagen Sie: Wie weit können Sie im Zweifel noch runtergehen?"

➡️ Arbeiten Sie heraus, welche Gegenleistung mit welchen weiteren Zugeständnissen verbunden ist.

➡️ Sprechen Sie das Zögern an: „Ich merke, Sie zögern noch. Was wäre im Zweifel preislich noch möglich?"
Oder legen Sie direkt los: „Was könnten Sie im Falle des Scheiterns maximal noch nachlegen?"
Oder: „Was würden Sie noch nachlegen, um das Scheitern zu verhindern?"

Kontern Sie mit der zielgerichteten Frage: „Wie viel wäre denn maximal möglich?"

Jetzt gilt es positiv zu reagieren: „Danke für Ihre Klarheit! Dann schreibe ich mir diesen Wert als Ihr finales Angebot auf. Ich fasse zusammen: Wir haben X, Y und Z besprochen. Von Ihrer Seite steht das Angebot von 80 Euro."
Und dann: „Wir werden bis Ende der kommenden Woche noch weitere Gespräche führen. Die Entscheidung wird also am … getroffen. Mich würde es freuen, wenn wir in die Kooperation starten können. Genaues kann ich Ihnen wie gesagt am … sagen. Bis dahin …".
Es folgt die Verabschiedung.

Kurz und eher säuerlich: „Tim und wer? Nein, kenne ich nicht." Und dann nachsetzen: „Lassen Sie es jetzt scheitern?" Plus auffordernde Geste mit beiden Händen.
Oder (auch sehr ernste Miene): „Ja! Und alles, was die beiden sagen, trifft auf diesen Fall zu. Denn das ist der Fall, bei dem wirklich der Preis entscheidet. Also noch mal: Lassen Sie es jetzt daran scheitern?"

Spielen Sie den Unbeteiligten: „Mir ist es letztlich egal, welcher Lieferant den Zuschlag erhält!" Und dann weiter mit Schleife in die Fragephase: „Was ist denn jetzt Ihr wirklich letzter Preis?" Oder mit Nachdruck: „Ich habe Sie noch nicht verstanden – lassen Sie es jetzt daran scheitern oder nicht?"

Wählen Sie Ihre authentische Formulierung

Verschiedene Situationen, verschiedene Menschen – das kann bedeuten, dass Sie von der ursprünglichen Version der Mauerbrecher-Frage abweichen müssen. Allerdings: Je weiter wir uns von der Ideal-Formulierung entfernen, umso undeutlicher werden die Ergebnisse. Im schlimmsten Fall kann sogar der Wahrheitsgehalt verloren gehen. Die Gefahr dafür wächst, wenn Sie mit einer abgeschwächten Formulierung auf einen professionell bluffenden Poker-Partner treffen.

EXTRA-VORTEIL:
Als registrierter Käufer können Sie Ihre inkludierte kostenlose Coachingzeit mit mir beispielsweise auch nutzen, um für Ihre Mauerbrecher mein Feedback einzuholen und weitergehende Tipps zu erhalten.

Dennoch biete ich Ihnen weitere Formulierungen an. Trainieren Sie deren Anwendung in verschiedenen Situationen, und Sie werden schnell feststellen, welche Version im Wechselspiel von Wirkung und Formulierung für Sie am besten passt. Wählen Sie dazu jeweils eine Formulierung aus Teil 1 und aus Teil 2.

Teil 1: Mauerbrecher-Frage Einleitung

Teil 1: Aufgreifen der Verkäufer-Aussage	Bemerkung
„80 Euro sind nicht marktgerecht."	➡ Zeigt, dass Sie mit den Angeboten von Wettbewerbern vergleichen.
„80 Euro sind zu hoch."	➡ Ist selbst in Monopolsituationen anwendbar.
„80 Euro können wir uns nicht leisten."	➡ Schon deutlich weicher und ohne Wettbewerb. Je nach Betonung auch mit Mitleidseffekt. Gerade in sehr persönlichen Beziehungen anwendbar.
„80 Euro liegen über unserem Budget."	➡ Wenn die Konsequenz „Über Budget wird nicht bestellt" glaubhaft im Raum steht, ist die Formulierung akzeptabel. Ist das nicht der Fall, wird die Formulierung zu schwach und führt womöglich zur Gegenfrage: „Welche Leistung kürzen wir, damit es zum Budget passt?"

Teil 1: Aufgreifen der Verkäufer-Aussage	Bemerkung
„80 Euro sind wir nicht bereit zu investieren."	⇒ Deutlich mit Konsequenz, ohne dass wir Wettbewerb als Druckmittel benötigen.
„80 Euro – das ist deutlich höher als der Wettbewerb."	⇒ Achten Sie darauf, dass diese Aussage auch glaubwürdig ist.
„80 Euro – das ist deutlich höher als Ihr alter Preis."	⇒ Gefahr: Sie vergleichen den Lieferanten mit sich selbst. Daraus kann er ablesen, dass Sie keine Alternative haben.
„Sicher ist Ihr Produkt 80 wert. Ich kann Ihnen dafür aber nicht so viel geben."	⇒ Nochmals eine Formulierung für sehr persönliche Beziehungen, bei denen man auf Mitleid und Verständnis hofft.

Teil 2: Mauerbrecher-Frage Test

Teil 2: Scheitern-Formulierung	Bemerkung
„Wollen Sie jetzt wirklich den Verhandlungstisch verlassen?"	⇒ Eine weichere Alternative, die nicht das Scheitern der Verhandlung, sondern nur eine Unterbrechung (er kommt später zurück an den Verhandlungstisch) als Konsequenz nutzt.
„Möchten Sie es daran scheitern lassen?"	⇒ Entspricht fast dem Original, etwas sanfter formuliert.
„Müssen Sie es daran scheitern lassen?"	⇒ Dem Verkäufer wird nur eine passive Schuld gegeben. Er wäre also nicht daran schuld, wenn es scheitert. Das schwächt die Wirkung der Mauerbrecher-Frage deutlich ab.
„Scheitert es daran?"	⇒ Noch passiver formuliert.
„Sollte der Preis uns wirklich trennen?"	⇒ Der Preis ist schuld. „Ich und du sind okay!" Das reduziert zwar den notwendigen Schock-Effekt. Wenn Ihr Gegenüber aber genauso nett ist wie Sie, wird es dennoch funktionieren.
„Wollen Sie davon das Fortbestehen unserer langfristigen Partnerschaft abhängig machen?"	⇒ Vom Inhalt her ein Treffer! Sie machen nicht nur den jetzigen Auftrag, sondern auch zukünftige von der Reaktion abhängig. Nachteil: Die Formulierung ist etwas lang und bremst damit den Knalleffekt.
„Wie machen wir denn jetzt weiter?"	⇒ Sie gehen davon aus, dass der Lieferant die situative Grenze erreicht hat? Dann ist das eine konstruktive Alternative, weiter am Preis zu bohren. Ich würde es Mauerüberwinder statt Mauerbrecher nennen.

8.2 Durchbrechen Sie Mauern: Der Mikrowert und weitere Praxismethoden

Wenn Sie die Mauer auch nur einen Millimeter (ver)schieben können, dann können Sie sie auch durchbrechen. Die „1-Euro-Frage" stellt eine hervorragende Alternative zum Mauerbrecher dar. Anstatt des Angebotspreises nutzen Sie einen Mikrowert, also einen so kleinen Wert, dass dieser sicher nicht zum Scheitern einer Verhandlung führen wird.

Konkret: Wenn Sie über die Anschaffung einer Maschine für 100.000 Euro verhandeln, betrüge der Mikrowert beispielsweise ein Euro. Geht es stattdessen um ein Bauteil für 100 Euro, wäre ein Euro als Mikrowert zu hoch. Dann bietet sich ein Cent an.

Betonen Sie Ihre Frage – egal, ob am Telefon oder von Angesicht zu Angesicht gestellt – so, als ob Sie es selbst nicht glauben könnten. Ihre Stimme wird also sehr hoch sein und sich zum Ende der Frage hin noch weiter nach oben schrauben.

Verkäufer: *„Allerhöchstens kann ich auf 99.999 Euro gehen! Weniger geht nicht, sonst reißt mir der Chef den Kopf ab!"*
Einkäufer (ungläubig): *„Das heißt, selbst wenn es nur um einen Euro ginge, selbst dann würden Sie das Geschäft scheitern lassen?"*

Bezogen auf unser 80-Euro-Beispiel könnte Ihre Reaktion wie folgt aussehen:

Verkäufer: *„80 Euro – das ist mein letzter Preis. Weiter kann ich nicht runtergehen!"*
Einkäufer: *„Das heißt, selbst wenn es nur um einen Cent ginge, auch dann würden Sie jetzt diesen Auftrag sausen lassen?"*

Jetzt kommt es wieder auf die Reaktion des Verkäufers an – hier die zwei wichtigsten Reaktionen und Vorschläge für Ihr weiteres Verhalten:

Reaktion des Verkäufers	Analyse	Fortsetzung der Verhandlung durch Sie
„Nein, wegen eines Euros scheitert es natürlich nicht!"	Keine Mauer! Der Verkäufer dreht seine Aussage „Da geht nichts mehr" komplett herum.	„Jetzt habe ich einen Euro gesagt – wie viel Euro sind tatsächlich noch möglich?" Oder alternativ dazu: „Jetzt habe ich einen Euro gesagt – wo käme dieser Euro her?" Woraufhin die Antwort des Verkäufers sein könnte: „Der käme aus unserem Marketingbudget." Sie entgegnen darauf: „Wie viel wäre in dem Marketingbudget denn noch drin?"
„Selbst bei einem Euro würde es scheitern!"	Echte Mauer! Wenn der Verkäufer selbstsicher und ohne nachzudenken reagiert, scheint das Limit erreicht.	„Gut, dann schreibe ich mir 80 Euro als Ihr finales Angebot auf. Kommenden Dienstag kann ich Ihnen sagen, ob es gereicht hat."

Nutzen Sie die „Soll ich Sie noch mal anrufen?"-Schleife

Wenn Sie zu den eher sanften Verhandlern zählen, bietet es sich an, den Anwalt der Gegenseite zu mimen. Dabei ist Ihre Tonlage halblaut, Ihre Mimik und Gestik zielen darauf ab, Vertrauen zu wecken. Sie sagen dazu nachdenklich grübelnd: „Mhh, 80 Euro?" Und dann in Richtung Verkäufer: „Ich werde den Betrag erst mal so zur Entscheidungsfindung notieren." Dann legen Sie eine wirkungsvolle Denkpause ein und äußern: „Gesetzt den Fall, bei den Gesprächen mit den Wettbewerbern kommt heraus, dass Sie ganz knapp danebenliegen, soll ich Sie dann noch mal anrufen?"

Die meisten Verkäufer antworten darauf freudig: „Oh ja! Bitte rufen Sie mich dann noch mal an!" Schließlich eröffnen sie sich so eine Chance, den Auftrag zu retten, falls sie die Gummimauer zu früh gesetzt haben.

Jetzt aber kommt die Kröte, die sie dabei schlucken müssen: Sie starten die zweite Verhandlung schon direkt innerhalb der ersten. Setzen Sie fort mit: „Bis zu welchem Betrag würde das noch Sinn machen?" Unsere Erfahrung zeigt: Obwohl doch eben angeblich nichts mehr ging, werden Sie in der Praxis tatsächlich das nächste Angebot erhalten – der Verkäufer sagt: „Na ja, bis 3 Prozent vielleicht noch!" Probieren Sie es einfach aus und setzen Sie die „Soll ich Sie noch mal anrufen?"-Schleife in Gang.

Eine effektive Hintertür-Alternative besteht darin, dass Sie sich in Ihrer Antwort mit einem Hinweis auf den Wettbewerb eben jene Hintertür zur Fortsetzung der Verhandlung offen halten:

Verkäufer: *„80 Euro – das ist mein letzter Preis. Weniger geht nicht."*
Einkäufer: *„80 Euro? Damit liegen Sie gerade mal auf Höhe des unverhandelten Wettbewerbs. Ich werde mit den Wettbewerbern jetzt noch sprechen. Vermutlich werden die im Preis weiter runtergehen. Das würde für Sie bedeuten, Sie wären raus! Wie wichtig ist Ihnen denn der Auftrag?"*

Und wieder kommt es darauf an, wie der Verkäufer darauf reagiert.

Reaktion des Verkäufers	Analyse	Fortsetzung der Verhandlung durch Sie
Ein unsicheres „Hm, der Auftrag wäre mir schon wichtig ..." wird gedehnt in den Raum gestellt.	Keine Mauer! Der Verkäufer ist kooperationswillig auf dem Weg zu weiteren Zugeständnissen.	Sie steigen wieder mit der Fragephase ein (Schleife nach oben im Ablaufplan!). Und zwar wieder in unterschiedlichen Tonlagen: „Was wäre denn dann noch möglich?" Oder: „Unter welchen Umständen könnten Sie denn noch einen weiteren Schritt machen?"
Ein sicheres Bedauern: „Also wenn die (Wettbewerber) unter meinen Preis gehen, dann kann ich auch nicht mehr helfen! Dann müssen Sie eben dort kaufen." Oft noch mit einer Killerphrase gekrönt: „Schließlich bin ich ja nicht zum Geldwechseln hier!"	Echte Mauer! Wenn der Verkäufer selbstsicher und ohne nachzudenken reagiert, scheint das Limit erreicht.	„Gut, dann schreibe ich mir 80 Euro als Ihr finales Angebot auf. In zwei Stunden (bei Telefonverhandlung, um mal eine Alternative zu zeigen) kann ich Ihnen sagen, ob es gereicht hat." 90 Minuten später: „Hallo, Frau Verkäuferin! Ich habe jetzt mit allen Lieferanten gesprochen. Tatsächlich sind die noch runtergegangen, aber nur einen unerwartet kleinen Schritt. Insofern liegt es in meinem Entscheidungsspielraum, auch Ihnen den Auftrag zu geben." Und dann: ▪ „Wollen wir gemeinsam starten?" Oder: ▪ „Ich schicke Ihnen gleich den Auftrag durch. Bitte achten Sie auf ..."

Sie haben nun verschiedene Möglichkeiten kennengelernt, die Beschaffenheit der Mauer zu analysieren und zu durchbrechen. Mein Tipp: Bleiben Sie in der Inszenierung beweglich! Und nutzen Sie die Vorlagen in Ihrer eigenen, authentischen Art. Dabei hilft Ihnen eine kleine Übung.

Übung: Inszenieren Sie den Text des Einkäufers auf unterschiedliche Art und Weise

1. Einmal stellen Sie sich einen harten, schlecht gelaunten Einkäufer vor. Der ist wegen der 80 Euro schon richtig sauer und droht dabei mit dem Zeigefinger. „Dann werden Sie schon sehen, was Sie davon haben! Dann sind Sie nämlich RAUS!"

2. Das zweite Mal stellen Sie sich einen sanften Einkäufer vor. Der ist traurig, dass der Lieferant nicht besser anbieten kann, und befürchtet, ihn daher nicht mit dem Auftrag beglücken zu können. Er spricht unterwürfig. Das Bedauern steht ihm ins Gesicht geschrieben. Er zuckt ohnmächtig mit den Schultern: „Tut mir leid, aber ich muss dann noch mit dem Wettbewerb sprechen, und dann wird es passieren, dass Sie leider, leider (bewusst doppelt!) rausfallen." Und wieder warm, besorgt und wie ein Anwalt, der für den Verkäufer argumentiert: „Wie wichtig ist der Auftrag denn für Sie? Würden Sie arg leiden, wenn er nicht käme?"

Je nachdem, wie Sie die Tonlage wählen, ergibt sich eine ganz andere Druck- und Beziehungsatmosphäre. Mein Tipp für den Einsatz in der konkreten Verhandlung: Bleiben Sie sich selbst treu. Wählen Sie den für Sie authentischen Stil. Sie sind eher der Hardliner, der direkt auf sein Ziel zumarschiert? Dann formulieren Sie die Mauerbrecherfrage und Ihre Reaktionen klar und ohne Umschweife. Ist es Ihnen eher unangenehm, unverblümt Ihre Meinung kundzutun? Dann nutzen Sie die weichere Variante. Seien Sie sich bewusst, dass damit die Funktion abgeschwächt wird. Das kann zu einem undeutlichen Ergebnis „Mauer hart oder weich?" führen.

Beseitigen Sie Zweifel durch mehrfache Mauerbrecher

Sie haben aus dem Mund des Verkäufers *gehört*: „Ja, daran scheitert es", und meinen, ein kurzes Nachdenken *gesehen* zu haben. Falls das Ergebnis Ihres ersten Mauerbrechers folglich nicht eindeutig ist, sollten Sie mehrere Mauerbrecher hintereinanderschalten. Vermeiden Sie dabei wortgleiche Wiederholungen, die leicht als Trick entlarvt werden. Im folgenden Beispiel setzt der Einkäufer drei unterschiedliche Methoden nacheinander ein. Das Gespräch könnte dann wie folgt ablaufen:

Einkäufer: *„Mit dem jetzigen Preis befinden Sie sich gerade mal auf der Höhe des unverhandelten Wettbewerbs, die werden sich also noch nach unten bewegen. Und dann wären Sie draußen. Wie wichtig ist Ihnen denn der Auftrag?"*

Verkäufer (verstärkt die Mauer): *„Der Auftrag an sich ist mir schon wichtig. Aber am Preis kann ich nichts machen."*

Einkäufer (hat immer noch Zweifel und fragt weiter): *„Mit 80 Euro kommen wir nicht klar. Wollen SIE es jetzt wirklich daran scheitern lassen?"*

Verkäufer (verstärkt weiter die Mauer): *„Ja, daran würde es scheitern! Der Auftrag wäre dann einfach nicht lukrativ für uns."*

Einkäufer (treibt es noch mal auf die Spitze): *„Das heißt, selbst wenn es nur um einen Cent ginge, selbst dann würden Sie auf den Auftrag verzichten?"*

Verkäufer (bestätigt dies ohne Zweifel): *„Ja, selbst bei einem Cent!"*

Einkäufer (schließt ab): *„Gut, dann schreibe ich mir 80 Euro als Ihr letztes Angebot auf. Am kommenden Dienstag kann ich Ihnen sagen, ob es ausgereicht hat. Ich bin selbst sehr gespannt."*

Der Verkäufer ist tatsächlich bereit, den Auftrag an dieser Stelle zu verlieren. Durch den mehrfachen Test dürfen wir einen Bluff ausschließen. Sollte es dennoch ein Bluff sein, „kippt" es aber an dieser Stelle in die Realität: Denn der Verkäufer ist ja bereit, die Konsequenzen zu tragen, den Auftrag zu verlieren. 80 Euro – das ist die Grenze, darunter schließt er nicht ab, aber oberhalb schließt er ab.

Wenn Bluff und tatsächliches Verhalten übereinstimmen, handelt es sich um keinen Bluff mehr. Wenn Ihr Gegenüber selbst bei einem Cent Unterschied bereit ist, auf den Auftrag zu verzichten, steht die Mauer.

Testen Sie mit Phantomprojekten, was bei Absagen passiert

Bestimmt ist Ihnen während der Lektüre dieses Buches das eine oder andere Mal der Gedanke gekommen: „Jenen Trick kann ich gar nicht anwenden, weil ich unbedingt mit einem vorbestimmten Lieferanten abschließen muss. Die Gefahr des Scheiterns wäre mir viel zu groß." Mit diesem Gedanken stehen Sie nicht allein: Rund 80 Prozent aller Verhandlungen im Einkauf sind bereits entschieden, bevor sie begonnen werden. Bei also weit mehr als der Hälfte aller Verhandlungen steht der Lieferant bereits fest, bevor der Einkauf in die Verhandlung eingreifen kann. Wenn Sie auch davon betroffen sind, könnte die Methode des Phantomprojekts an der einen oder anderen Stelle wirken. Aber Vorsicht: Phantomprojekte leben davon, dass sie nicht aufgedeckt werden.

Beispiel

Einkäufer Stark betreut die kaufmännische Seite beim Bau eines zusätzlichen Gebäudekomplexes. In rund 18 Monaten wird der Rohbau so weit fortgeschritten sein, dass die vorgeschriebene Brandmeldeanlage installiert werden kann. Zeitgleich wird ins Auge gefasst, in den bestehenden Gebäudeteilen ebenfalls auf die neueste Generation der Brandmeldeanlagen aufzurüsten. Erfahrungsgemäß wird es lange dauern, bis die Freigabe durch die Geschäftsführung erfolgt ist. Ab dem Zeitpunkt ist es dann aber plötzlich brandeilig. So eilig, dass dem Einkäufer kaum Zeit bleibt, um notwendige Verhandlungen zu führen. Aus diesem Grund fängt Einkäufer Stark schon 18 Monate früher mit der Verhandlung für das bestehende Gebäude an. Dabei nutzt er folgenden Joker, um den wahren Preis zu lokalisieren:

„Das Angebot ist zu teuer! Wenn Sie nicht weiter im Preis runtergehen, werden wir die Brandmeldeanlage für das bestehende Gebäude nicht tauschen oder zumindest nicht kurzfristig."

Einkäufer Stark nutzt die Gegebenheit, dass die Brandmeldeanlage noch nicht ausgetauscht werden muss, um die Reaktion des Verkäufers zu testen. Der Verkäufer seinerseits ist darauf aus, den Auftrag möglichst schnell in seinen Büchern zu finden. Daher geht er Zug um Zug mit dem Preis bis an seine situative Schmerzgrenze heran. Wo früher bereits nach 12 Prozent Schluss war, stehen nun schon 28 Prozent an.

Aber selbst bei diesem Preis beharrt Einkäufer Stark auf seiner Aussage: „Nein, auch das ist zu teuer. Wir werden aktuell den Auftrag nicht vergeben. Vielleicht sieht es in einem Jahr anders aus. Auf Wiedersehen!"

Der Verkäufer ist verzweifelt und bietet sogar 30 Prozent an. Doch die Reaktion bleibt gleich: „Nein, auch das ist zu teuer. Wir werden aktuell den Auftrag nicht vergeben. Wie gesagt: Vielleicht sieht es in einem Jahr anders aus."

Das heißt: Üblicherweise hätte Einkäufer Stark zu 12 Prozent einkaufen müssen. Der Druck interner Stellen und der Geschäftsführung, einen bestimmten Gebäudekomplex mit Brandmeldeanlage auszustatten, wäre zu groß gewesen. Der Schachzug, den Preis bereits zu verhandeln, wenn die Brandmeldeanlage noch nicht nötig ist, hat dem Einkäufer Luft zum Neinsagen gegeben. Somit konnte er die Reaktion des Verkäufers besser testen. Die gewonnene Erkenntnis – nämlich: der Verkäufer ist bereit, bis 30 Prozent anzubieten – kann er in der später anstehenden Verhandlung verwenden.

Nochmals sei betont: Phantomprojekte funktionieren dann, wenn der Verkäufer keinen Wind davon bekommt! Agieren Sie darum vorsichtig und umsichtig. Mein Tipp: Weihen Sie Ihre Umgebung ein. Sonst platzt noch jemand dazwischen und wirft ein: „Aber ich brauche die Anlage doch noch gar nicht!"

8.3 So nutzen Sie das Verhandlungsende gewinnbringend

EXTRA-VORTEIL:
Als registrierter Käufer haben Sie Zugang zu den Fragen & Antworten in meinem Blog und auf meiner Website. Schauen Sie dort regelmäßig nach, welche neuen Fragen und Antworten ergänzt werden.
Im Rahmen Ihrer inkludierten Coachingzeit können Sie auch direkt mit mir kommunizieren und eigene Fragen platzieren.
www.altmannsberger-verhandlungstraining.de/profitabler-einkauf-buch

Auch das Verhandlungsende sollte von Ihnen geplant werden. Schließlich haben vermutlich beide Gesprächsparteien strikt darauf hingearbeitet. Grundsätzlich können Sie das Gespräch offen oder geschlossen beenden.

Falls Sie das Gefühl haben, der Verkäufer habe noch weitere Zugeständnisse für Sie in der Tasche, empfehle ich das offene Ende. Stehen dagegen ein schneller Vertragsabschluss und Übergang in die Umsetzungsphase im Vordergrund, ist das geschlossene Ende vorzuziehen.

Das offene Verhandlungsende effektiv gestalten

Vielleicht hatten Sie nicht genügend Zeit, um alle Methoden aus den vorangegangenen Kapiteln einzusetzen. Oder der Wert der Verhandlung rechtfertigte den Zeitaufwand nicht. Sie haben auf jeden Fall das Gefühl: „Es geht noch was!", wollen jedoch nicht weitere Zeit dafür aufwenden, dies in letzter Konsequenz im Gespräch zu klären. In diesem Fall nutzen Sie das offene Gesprächsende. Hier eine Beispiellösung:

Einkäufer: *„Nun, dann werde ich den finalen Wert von 76,83 Euro in die Entscheidungsfindung einloggen. Weil Sie mir sympathisch sind, lege ich Ihnen jedoch nahe, noch einmal spitz zu kalkulieren. Wenn Sie bis Dienstag noch einen besseren Wert hereinreichen, würde ich dies ausnahmsweise noch berücksichtigen."*

Teilen Sie dem Verkäufer mit, dass Sie mit dem jetzigen Angebot für ihn nur eingeschränkte Chancen auf den Auftrag sehen. Gleichzeitig jedoch eröffnen Sie ihm so die Möglichkeit, mit einem besseren Angebot seine Chancen doch noch zu verbessern. Eine alternative Formulierung ist: „Mit dem jetzigen Wert sehe ich Ihre Chance auf den Auftrag allerhöchstens bei 20 bis 30 Prozent. Ausnahmsweise bin ich daher bereit ..."

Da habe ich einen Einwand, Herr Altmannsberger!

Wenn ich jedem Verkäufer jedes Mal diese Tür öffne, wird er das für die Zukunft lernen und mir innerhalb der Verhandlung niemals den finalen Preis nennen!

Urs Altmannsberger: Ganz richtig! Setzen Sie das offene Verhandlungsende darum auch nur punktuell und klar erkennbar als Ausnahme ein. Der sonst zu erwartende Lerneffekt hätte tatsächlich dramatische Auswirkungen auf das Verhalten des Verkäufers. Einen ähnlichen Lerneffekt beobachten wir bei großen Unternehmen, die gerne mehrere Verhandlungsrunden schalten, bis eine oberste Hierarchieebene in der finalen Verhandlung die tatsächliche Entscheidung trifft. Die Effektivität der vorherigen Verhandlungen durch hierarchisch tiefer gestellte Verhandler nimmt dann permanent ab.

Was schlagen Sie also vor?

Altmannsberger: Ideal ist es, wenn der Verkäufer nicht in der Lage ist, vorher genau zu sagen, wann es für ihn ums Ganze geht. Er muss schon in der ersten Verhandlung das Gefühl haben: „Wenn ich hier nicht den richtigen Preis nenne, laufe ich Gefahr, den Auftrag zu verlieren."

Geschlossenes Ende mit Zusage oder Absage

Sie beenden die Verhandlung, indem Sie das Ergebnis an den Verkäufer kommunizieren. Also wird es entweder eine Zusage oder eine Absage geben. Bei einer Zusage beachten Sie:

- Fassen Sie die einzelnen Vereinbarungen zusammen.
- Drücken Sie sich so aus, dass alle Beteiligten den gesamten Inhalt umfassend verstehen.
- Sorgen Sie für komplette Übereinstimmung.
- Klären Sie Unklarheiten direkt, und vermeiden Sie es, dass es bei Aussagen wie „Das können wir ja später noch mal im Detail besprechen" bleibt.
- Treffen Sie alternative Vereinbarungen für alle vorstellbaren Situationen: „Wenn x passiert, gilt dies; wenn y passiert, gilt das."
- Solange nicht in allen Punkten Einigkeit besteht, gelten alle Vereinbarungen nur unverbindlich.
- Lassen Sie nicht zu, dass einzelne Punkte zurückgedreht werden: Eine Aussage des Verkäufers wie „Das mit dem Skonto muss ich dann aber doch noch intern abstimmen" dürfen Sie so nicht stehen lassen.

Wenn es zu einer Absage kommt, sollten Sie einige elementare Punkte beachten. Zunächst einmal: Trennen Sie den Menschen vom Problem. Der Verkäufer hat womöglich viel Zeit und Hirnschmalz für Ihre Anfrage und Sie aufgewendet. Kommt es zu einer Absage, handelt es sich aus seiner Sicht um eine verlorene Investition. Wertschätzen Sie daher seinen Einsatz. Das ist professionell und angemessen.

Ein Formulierungsvorschlag dazu: „Vielen Dank, dass Sie sich an der Ausschreibung/Anfrage beteiligt haben. Auch wenn es jetzt final nicht zu einer Zusammenarbeit geführt hat, so haben wir doch einen guten Eindruck von Ihnen und Ihrem Unternehmen gewonnen. Sie sind uns auch künftig immer willkommen. Und vielleicht passt es ja beim nächsten Mal zusammen."

Beachten Sie: Man sieht sich fast immer zweimal im Leben. Zielführend für die nächste Ausschreibung oder Anfrage ist es, wenn Sie Ihr primäres Verhandlungsziel – in der Regel den Preis – als Absagegrund nennen. Damit schaffen Sie für die nächste Runde bessere Startvoraussetzungen.

In einer mittelgroßen Stadt im Bayerischen verhandelt ein Einkäufer mit den Verkäufern von zwei Premium-Autohäusern – nennen wir sie Autohaus A und B. Längst steht fest, welches Fabrikat er wählen wird (B). Beiden erzählt er wechselseitig, der jeweils andere Verkäufer würde deutlich günstigere Preise anbieten. Beide antworten interessanterweise mit identischem Wortlaut: „Ja, das ist mir bekannt, das andere Autohaus hat momentan starken Druck. Die müssen Autos dringend verkaufen. Deswegen machen die Kampfpreise!" Verkäufer A und B gehen immer weiter im Preis herunter, bis nichts mehr geht. Der Einkäufer bestellt daraufhin das Fabrikat B (wie ja vorher bereits feststand) und sagt A aufgrund des Preises ab. Zwei Jahre später wird er bei A erneut vorstellig. Dieser hat die Situation zwei Jahre zuvor noch präsent und steigt gleich mit einem unfassbar günstigen Preis ein.

Beispiel

Verraten Sie niemals Ihre Geheimnisse

Zauberer folgen einem Ehrenkodex: Alle Zaubergeheimnisse bleiben gegenüber Außenstehenden gewahrt. Diesen Ehrenkodex verfolgen Sie bitte auch bei Ihren und den hier beschriebenen Methoden. Lassen Sie sich auch bei vermeintlich privaten Einladungen der Gegenseite nicht zum Aufdecken Ihrer Methoden, Strategien und Taktiken hinreißen. Berauben Sie den Verkäufer nicht der Illusion, dass er stets teurer ist als sein Wettbewerb.

Manchmal greifen Verkäufer in diesem Zusammenhang zu einem Trick und fragen: „Jetzt wo wir ja eh verloren haben, sagen Sie doch bitte, wie weit wir vom Wettbewerb weg waren!" Dann antworten Sie am besten: „Ich kann Ihnen sagen, dass Ihr Angebot zu hoch war. Was ich Ihnen verspreche: Wenn SIE das nächste Mal der Gewinner sind, werde ich Ihren Wettbewerbern auch nicht verraten, wie weit sie danebenlagen. Wir sind immer fair und behandeln alle Gespräche und Verhandlungsergebnisse vertraulich."

Es empfiehlt sich überdies, direkt wieder eine Frage anzuschließen, nämlich: „Was wird dann nächstes Mal Ihr Limit sein?" Dies ändert zwar nichts mehr an der aktuellen Situation, gibt Ihnen aber vielleicht Hinweise für die nächste Verhandlung mit diesem Verkäufer.

Fazit:

→ Sie müssen herausfinden, ob es sich bei der Äußerung des Verkäufers „Da geht nichts mehr!" um einen Bluff handelt oder nicht. Ansonsten laufen Sie Gefahr, zu früh abzuschließen, obwohl weitere Zugeständnisse möglich sind.

→ Die Mauerbrecher-Frage umfasst vier Bausteine, deren Einsatz Sie konsequent üben sollten. Stimmen Sie die Vorgehensweise auf Ihre Verhandlungsmentalität und die konkrete Situation ab.

→ Wir unterscheiden: Es gibt „keine Mauer", die Gummimauer (der Verkäufer sagt „Es geht nichts", reagiert aber wie „Es geht doch noch etwas") und die feste Mauer (Es geht tatsächlich nichts).

→ Grundsätzlich gilt: Wegen eines Euros wird niemand die Verhandlung scheitern lassen.

→ Mit dem Mikrowert-Test, der „Soll ich Sie noch mal anrufen?"-Schleife und der Vorgehensweise, mehrere Mauerbrecher hintereinanderzuschalten, stehen Ihnen weitere Methoden zur Verfügung, die Mauer zu durchbrechen.

→ Setzen Sie das offene Verhandlungsende ein, wenn Sie noch weiteren Spielraum spüren.

→ Decken Sie niemals auf, ob Sie selbst geblufft haben. Das schwächt Ihre Position in zukünftigen Verhandlungen.

Nachwort

Sie haben noch Fragen? Ich stehe Ihnen gerne zur Verfügung!

Es gibt unendlich viele Verhandlungsvariationen. Die meisten werden Sie zukünftig mit den von mir beschriebenen Methoden leichter und schneller zum Erfolg führen. Und auch wenn Sie auf Ausnahmen und Sondersituationen treffen, hilft Ihnen das Buch dennoch weiter. Denn als registrierter Leser dürfen Sie mich jederzeit anrufen. Schildern Sie Ihren Fall und wir werden gemeinsam an der richtigen Lösung arbeiten. Nutzen Sie dazu Ihr 20-minütiges Autorenbudget. Es gelten die Hinweise auf der Registerkarte.

Lesen – Trainieren – Können

Kein Meister fiel bisher vom Himmel. Auch nicht in Sachen Verhandlungsführung. Sie haben mit diesem Buch genau das richtige Werk in Händen, um sich zum Vollprofi zu entwickeln. Darüber hinaus sollten Sie sich ein Training – oder sogar mehrere! – gönnen, um die Umsetzung in Ihre Praxis zu sichern. Qualifiziertes Feedback ist sinnvoll in Ihrem Wachstumsprozess. Im Dialog erstellen wir Ihren persönlich passenden Entwicklungsplan. Ob durch Training, Coaching oder die Teilnahme an den vertraulichen Strategiekreisen für Verhandler – Ihr Weg nach vorne ist sicher.

Wissenspool nutzen: vertrauliche Strategiekreise für Verhandler aus Einkauf und Verkauf

EXTRA-VORTEIL:
Den Aufnahmeantrag zu vertraulichen Strategiekreisen resp. Strategietagen für Verhandlungsführung sowie weitere Informationen dazu finden Sie hier: www.altmannsberger-verhandlungstraining.de/strategietageverhandlungsfuehrung

Oftmals stehen wir als Verhandler alleingelassen vor schweren Aufgaben. Ihnen fällt dies künftig viel leichter! Als Mitglied einer meiner Strategiekreise und Strategietage für Verhandlungsführung treffen Sie auf Verhandler anderer Unternehmen mit gleichen Aufgabengebieten. Durch den Ausschluss von Wettbewerb und Hierarchie schaffen wir den notwendigen vertraulichen Rahmen, um ganz offen miteinander sprechen zu können. Gegenseitig halten wir uns auf dem neuesten Stand der Verhandlungsführung.

Die Erfahrung zeigt: Die Hürde, die Ihnen unüberwindlich scheint, ist in der Regel von einem der Teilnehmer im Kreis bereits überwunden worden. Der Kollege aus dem Strategiekreis kann Ihnen mit Rat und Erfahrung weiterhelfen. Sie erweitern Ihren Erfahrungshorizont und Ihr Know-how mit einem Schlag, als hätten Sie bereits sieben Leben als Verhandler hinter sich. Damit werden Sie Ihre Verhandlungspartner „auf der anderen Seite", die Verkäufer, demnächst sehr beeindrucken. Und auch Ihre Vorgesetzten werden staunen und beeindruckt sein. Und das hat mit Sicherheit Auswirkung auf Ihre weitere Karriere.

Ihr eigenes Verhandlungskonzept

Aktive Leser haben während der Lektüre ihren eigenen Musterdialog aus den angebotenen Bausteinen erstellt. Lesen Sie zum Abschluss noch einmal meinen Musterdialog aus der Einleitung. Sicher standen Ihnen anfangs noch Fragezeichen vor Augen: „Was meint der Autor hiermit eigentlich?" Nachdem Sie das Buch durchgearbeitet haben, haben Sie anstatt der Fragezeichen nun zahlreiche Anregungen für Ihr persönliches Verhandlungskonzept vor Augen. Ich wünsche Ihnen viel Erfolg und viel Freude bei der Umsetzung.

Mein Tipp dazu: Feilen Sie täglich weiter an Ihrem Konzept. Ergänzen Sie Ideen, sammeln Sie treffende Formulierungen. Sie werden sehen: Es geht immer noch ein Stückchen besser und leichter! Bis Sie irgendwann die Verhandlungen locker aus dem Ärmel schütteln. Und dann würde ich mich freuen, wenn Sie meinem Motto zustimmen: „Mindestens 1 Prozent geht immer! Auch partnerschaftlich!"

www.altmannsberger-verhandlungstraining.de

Literatur

Buchempfehlungen

Taxis, Tim: *Heiß auf Kaltakquise. So vervielfachen Sie Ihre Erfolgsquote am Telefon.* Haufe Verlag, 2. Auflage 2013

Fisher, Roger; Ury, William; Patton, Bruce: *Das Harvard-Konzept. Sachgerecht verhandeln – erfolgreich verhandeln.* Campus Verlag, 21. Auflage 2000

Gay, Friedbert: DISG-Persönlichkeits-Profil. Persolog Verlag 1997

Ury, William: *Schwierige Verhandlungen. Wie Sie sich mit unangenehmen Kontrahenten vorteilhaft einigen.* Campus Verlag 1995

Weiterführende Literatur

Brandes, Dieter: *Die 11 Geheimnisse des Aldi-Erfolgs.* Campus Verlag, 2. Auflage 2003

Buhr, Andreas: *Vertrieb geht heute anders. Wie Sie den Kunden 3.0 begeistern.* GABAL Verlag, 6. Auflage 2015

Cialdini, Robert B.: *Die Psychologie des Überzeugens. Ein Lehrbuch für alle, die ihren Mitmenschen und sich selbst auf die Schliche kommen wollen.* Verlag Hans Huber, 7. Auflage 2013

Cicero, Antonia; Kuderna, Julia: *Clevere Antworten auf dumme Sprüche. Killerphrasen kunstvoll kontern.* Junfermann Verlag, 3. Auflage 2001

Johnson, Spencer: *Die Mäuse-Strategie für Manager. Veränderungen erfolgreich begegnen.* Ariston Verlag, Jubiläums-Ausgabe 2015

Kerkhoff, Gerd: *Milliardengrab Einkauf. Einkauf – die Top-Verantwortung des Unternehmens nicht nur in schwierigen Zeiten.* Wiley Verlag 2003

Lundin, Stephan C.: *Fish! Ein ungewöhnliches Motivationsbuch.* Redline Wirtschaft 2005

Macioszek, H.-Georg: *Chruschtschows dritter Schuh. Anregungen für geschäftliche Verhandlungen.* Ulysses Verlag 2003 (Nachdruck)

Schranner, Matthias: *Der Verhandlungsführer. Taktiken, die zum Erfolg führen.* Ecowin Verlag, 4. Auflage 2013

Seiwert, Lothar J.; Küstenmacher, Werner Tiki: *Simplify your life. Einfacher glücklicher leben. Die sieben Wege zu einem neuen Leben ohne Ballast.* Campus Verlag, 16. Auflage 2004

Seiwert, Lothar J.; Gay, Friedbert: *Das neue 1 x 1 der Persönlichkeit.* Graefe und Unzer, 13. Auflage 2004

Skambraks, Joachim: *Die Columbo-Strategie.* Frankfurter Allgemeine Buchreihe, 2001

Register

URS ALTMANNSBERGER –
Seine BERUFung:
Verhandeln im Einkauf

Urs Altmannsberger war über viele Jahre selbst Einkaufsleiter in mittelständischen und großen Unternehmen. In dieser Zeit hat er ein weltweites Lieferantennetz auf- und ausgebaut – und konnte so seine Begabung als Top-Verhandler einsetzen und immer wieder beweisen.

Er war damit für seine Firmen so erfolgreich, dass er sich 2001 als Trainer und Verhandlungsexperte selbstständig gemacht hat, um sein Wissen und sein Können an mehr Menschen zu vermitteln. Seither ist er als Verhandlungsberater in Unternehmen tätig, um dort den Einkauf strategisch voranzubringen, zu strukturieren und gleichzeitig gezielt zu trainieren. Er kann es sich aufgrund seines Könnens leisten, dort nach Erfolg bezahlt zu werden – denn den hat er! Außerdem begleitet er Unternehmen als Coach und berät und unterstützt sie dabei, anstehende Verhandlungen ergebnisorientiert zu verbessern, Konditionstitel zu entwickeln und die Beteiligten dafür fit zu machen.

Die Unternehmen stammen aus allen Branchen wie IT, Produktion, Industrie, Pharma, Chemie, Maschinenbau, Handel, Lebensmitteleinzelhandel, Kfz-Hersteller und Zulieferanten, Bau, Versicherung, Energie, Elektronik, Reise, Banken, Dienstleistungen, Telekommunikation, Marktforschung, Gesundheit, Werbung, TV.

„Mindestens 1 Prozent geht immer!", so das bekannte Motto von Urs Altmannsberger – und damit ist auch eingeschlossen: „immer noch". Selbst dann, wenn andere schon längst aufgehört haben zu verhandeln. Dabei wahrt er immer einen wertschätzenden Ansatz, denn Urs Altmannsberger kennt eben auch die andere Seite: den Vertrieb. Eine seiner Kernkompetenzen liegt darin, Einkäufer und Verkäufer zu beiderseitig optimalen Verhandlungsergebnissen zu führen.

Seit vielen Jahren richtet Urs Altmannsberger auch eine erfolgreiche Seminar- und Trainingsreihe gemeinsam mit Tim Taxis, dem Experten für nachhaltige Geschäftskundenakquisition, aus, in der beide ihre Kernkompetenzen zusammenführen. Auch dort ist der Wunsch seiner Kunden nach einem Buch, in dem Altmannsberger seinen einzigartigen Methodenschatz klar und direkt in der Praxis nutzbar zusammenfasst, laut geworden. Und diesen erfüllt er nun mit „Profitabler Einkauf – Wie Sie als Einkäufer unter Garantie das beste Angebot verhandeln"!

Weitere Informationen sowie die Termine der nächsten Verhandlungstechnik-Seminare unter:

 www.altmannsberger-verhandlungstraining.de

Gutschein für ein kostenloses Telefoncoaching mit Verhandlungstrainer Urs Altmannsberger

Dieser Gutschein ist eine freiwillige Sonderleistung des Autors Urs Altmannsberger für Sie als Käufer seines Buches „Profitabler Einkauf". Er kann für ein kostenloses Telefoncoaching durch den Autor in der Länge von bis zu 20 Minuten eingelöst werden. Das Telefoncoaching kann auch als Webcast durchgeführt werden.
Die Terminangebote hängen von den Buchungszeiten des Autors ab – er wird Ihnen nach Möglichkeit zeitnah zur Einreichung einen Termin anbieten.
Pro Leser kann nur ein Gutschein eingelöst werden, dieser ist nur für den Käufer persönlich nutzbar. Gutscheine können nicht kombiniert oder kumuliert werden. Kein Weiterverkauf, keine Barauszahlung, der Rechtsweg ist ausgeschlossen.

Zur Inanspruchnahme ist eine Registrierung notwendig. Dafür den Gutschein entweder
→ aus diesem Buch kopieren, ausfüllen und zusammen mit einer Kopie
  des Buch-Kaufbelegs ausreichend frankiert senden an:
  Urs Altmannsberger, Emminghausstr. 50, 61250 Usingen
→ oder einfach ausfüllen, einscannen und per Mail mit dem ebenfalls
  eingescannten Buch-Kaufbeleg senden an: **leserservice@altmannsberger.eu**

Gutschein für ein kostenloses Telefoncoaching mit Verhandlungstrainer
Urs Altmannsberger

– Bitte in Druckbuchstaben ausfüllen –

Herr/Frau, Vorname, Nachname

Unternehmen und Position

E-Mail-Adresse

Telefonnummer für das Coaching

☐ Bitte informieren Sie mich über aktuelle Tipps und Termine rund um die Verhandlungsführung im Einkauf (6 x jährlich Verhandler-Tipp, Termine für Webcast etc.).
  Diese Services erhalte ich kostenlos per Mail; sie können jederzeit abbestellt werden.

Whitebooks

Kompetentes Basiswissen für Ihren
beruflichen und persönlichen Erfolg

WH!TEBOOKS

Connie Voigt
**Innovativ mit
interkulturellen
Teams**

ISBN
978-3-86936-910-5
€ 22,90 (D)
€ 23,60 (A)

Jürgen Kurz,
Marcel Miller
**So geht Büro
heute!**

ISBN
978-3-86936-911-2
€ 24,90 (D)
€ 25,60 (A)

Johannes Stärk
Assessment-Center erfolgreich bestehen
ISBN 978-3-86936-184-0
€ 29,90 (D) / € 30,80 (A)

Monika A. Pohl
Selbstfürsorge 4.0
ISBN 978-3-86936-876-4
€ 19,90 (D) / € 20,50 (A)

Tomas Bohinc
**Grundlagen des
Projektmanagements**
ISBN 978-3-86936-912-9
€ 19,90 (D) / € 20,50 (A)

Barbara Kramer, Frauke Ion
Konflikte klären ist Chefsache
ISBN 978-3-86936-879-5
€ 24,90 (D) / € 25,60 (A)

Christiana Thiede, Ulrich Dietze
Reklamationen lösungsorientiert bearbeiten
ISBN 978-3-86936-877-1
€ 22,90 (D) / € 23,60 (A)

Anke Nienkerke-Springer
**Personal Branding durch
Fokussierung**
ISBN 978-3-86936-878-8
€ 22,90 (D) / € 23,60 (A)

  Alle Titel auch als E-Book erhältlich

gabal-verlag.de

Dein Business

Aktuelle Trends und innovative Antworten auf brennende Fragen in den Bereichen Business und Karriere.

Anne M. Schüller,
Alex T. Steffen
Die Orbit-Organisation
ISBN
978-3-86936-899-3
€ 34,90 (D)
€ 35,90 (A)

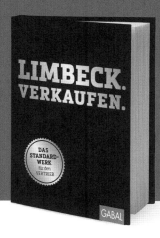

Martin Limbeck
Limbeck. Verkaufen.
ISBN
978-3-86936-863-4
€ 59,00 (D)
€ 60,70 (A)

Stephanie Borgert
Die kranke Organisation
ISBN 978-3-86936-900-6
€ 25,00 (D) / € 25,80 (A)

Anke van Beekhuis
Wettbewerbsvorteil Gender Balance
ISBN 978-3-86936-901-3
€ 24,90 (D) / € 25,60 (A)

Andreas Buhr, Florian Feltes
Revolution? Ja, bitte!
ISBN 978-3-86936-862-7
€ 32,90 (D) / € 33,90 (A)

Ulrike Knauer
Wahres Interesse verkauft
ISBN 978-3-86936-902-0
€ 24,90 (D) / € 25,60 (A)

Günter Schmitz
Unternehmertum ist nichts für Feiglinge
ISBN 978-3-86936-865-8
€ 29,90 (D) / € 30,80 (A)

Susanne Klein
Kein Mensch braucht Führung
ISBN 978-3-86936-903-7
€ 29,90 (D) / € 30,80 (A)

Alle Titel auch als E-Book erhältlich

gabal-verlag.de

Bei uns treffen Sie Entscheider, Macher ... Persönlichkeiten, die nach vorne wollen

Seit 40 Jahren bildet der GABAL e.V. ein Netzwerk für Menschen, die sich mit Persönlichkeitsentwicklung, Weiterbildung und Führungskompetenz befassen.

„Austausch, Praxisnähe, Inspiration und Professionalität – dafür ist GABAL e.V. mit seinen Angeboten ein Garant."
(Anna Nguyen, Lecturer Universität zu Köln)

Drei gute Gründe, warum sich rund 800 Mitglieder für GABAL entschieden haben und warum auch Sie dabei sein sollten:

1. Neue Impulse, Ideen und Strategien auf regionalen und nationalen Veranstaltungen mit White Papers, Webinaren, Newsletter und Printmagazinen.

2. Sie treffen sowohl Trainer, Berater und Coaches als auch Führungskräfte und Entscheider.

3. Sie erhalten viele wertvolle Vorteile, wie das Fachmagazin wirtschaft+weiterbildung, jährlich einen Buchgutschein im Wert von 40 € und vieles mehr ...

GABAL e.V.
Budenheimer Weg 67
D-55262 Heidesheim
Fon: 0 61 32 / 509 50 90
info@gabal.de

Neugierig geworden?
Besuchen Sie uns auf
www.gabal.de